城镇给排水工程

主　编　刘宏丽
副主编　李成明　崔　屾　袁　鑫　牛宏飞
主　审　钱　巍

中国水利水电出版社
www.waterpub.com.cn
·北京·

内 容 提 要

本书系统地阐述城镇给水和排水管道系统的基本理论、设计计算方法及运行维护管理等方面的专业内容，主要包括城镇给水排水系统概述；城镇给水系统工程规划与设计工况；水源及取水工程；城镇给水管网设计；给水管道、附属设施及维护管理；城镇排水系统规划设计；排水管道（渠）、附属构筑物及管理养护等。内容建设突出职业教育教学特点，厘清基本概念和基本原理，合理结合最新规范以及工程实例，重点、难点章节辅以数字资源讲解。

本书可作为高等职业院校水利工程、给水排水工程等专业教材，也可供从事城镇给水排水系统规划、设计、施工的专业技术人员和管理人员阅读参考。

图书在版编目（CIP）数据

城镇给排水工程 / 刘宏丽主编. -- 北京：中国水利水电出版社，2025.6. -- ISBN 978-7-5226-2822-6
Ⅰ．TU991
中国国家版本馆CIP数据核字第2024PB4137号

书　　名	城镇给排水工程 CHENGZHEN JIPAISHUI GONGCHENG
作　　者	主　编　刘宏丽 副主编　李成明　崔　屾　袁　鑫　牛宏飞 主　审　钱　巍
出版发行	中国水利水电出版社 （北京市海淀区玉渊潭南路1号D座　100038） 网址：www.waterpub.com.cn E-mail：sales@mwr.gov.cn 电话：（010）68545888（营销中心）
经　　售	北京科水图书销售有限公司 电话：（010）68545874、63202643 全国各地新华书店和相关出版物销售网点
排　　版	中国水利水电出版社微机排版中心
印　　刷	清淞永业（天津）印刷有限公司
规　　格	185mm×260mm　16开本　13.75印张　335千字
版　　次	2025年6月第1版　2025年6月第1次印刷
印　　数	0001—1000册
定　　价	**55.00元**

凡购买我社图书，如有缺页、倒页、脱页的，本社营销中心负责调换
版权所有·侵权必究

前言

本书是贯彻落实《国家职业教育改革实施方案》（国发〔2019〕4号）、《国务院关于加快发展现代职业教育的决定》（国发〔2014〕19号）等文件精神，依据教育部印发的《高等职业学校专业教学标准》中关于课程的教学要求，在辽宁省卓越专业群项目建设要求下组织编写的水利类专业教材。教材以学生能力培养为主线，体现出实用性、实践性、创新性的教材特色，是一套理论联系实际、教学面向生产的高职教育教材。

本书根据近年来国家及行业最新颁布的规范、标准、规定编写。注重吸收产业升级和行业发展的新知识、新技术、新工艺、新方法、新规范，有大量的视频、微课、动画、题库等数字化教学资源。因通俗易懂、全面系统、应用性知识突出、实用性强等特点，适合水利类专业师生及广大水利从业人员使用。

本书共分7个项目，包括：城镇给水排水系统概述；城镇给水系统工程规划与设计工况；水源及取水工程；城镇给水管网设计；给水管道、附属设施及维护管理；城镇排水系统规划设计；排水管道（渠）、附属构筑物及管理养护等内容。按照给排水系统运行管理内容较完整地叙述了有关系统的设计、管理方法，并列举了算例和工程案例，力求概念准确、计算简便。能够方便学生学习，提高运用专业知识和现行规范、标准处理工程实际问题的能力。

本书参加编写的人员和分工如下：项目4、项目6由辽宁生态工程职业学院刘宏丽编写；项目1、项目2由辽宁生态工程职业学院李成明编写；项目3由辽宁生态工程职业学院崔屾编写；项目5由辽宁生态工程职业学院袁鑫编写；项目7、附录由辽宁生态工程职业学院牛宏飞编写。本书由刘宏丽担任主编，并负责全书统一规划和统稿；由李成明、崔屾、袁鑫、牛宏飞担任副主编；由辽宁生态工程职业学院钱巍担任主审。在此特别感谢沈阳农业大学李波教授、沈阳市水务局蔺聪高级工程师为本书提供技术资料及编写建议！同时参考了其他文献资料，在此向上述书籍的作者和文献作者表示衷心感谢！

限于作者水平，编写经验不足，书中难免会出现缺点及不妥之处，恳请读者批评指正。

编者

2024年6月

资 源 索 引

序号	名　称	资源类型	页码
1.2.1	城镇供水系统	微课	5
1.2.2	排水体制	微课	7
2.1.1	给水系统各部分流量关系	微课	10
2.2.1	设计用水量的组成	动画	12
2.2.2	城镇水净化处理工艺	微课	25
2.2.3	建筑供水系统所需水压	动画	29
3.2.1	地下水取水构筑物	微课	38
3.3.1	地表水取水构筑物	微课	49
4.1.1	输配水管网定线与管网布置	微课	70
5.1.1	供水管材	微课	89
5.1.2	供水管网附件——阀门	动画	91
5.3.1	供水管道防腐	微课	116
5.3.2	管道防腐处理施工	动画	116
6.1.1	排水系统组成	微课	129
6.1.2	污水管渠系统平面布置	微课	129
6.2.1	污水设计流量的确定	微课	135
6.2.2	污水管道埋深与覆土厚度	动画	135
6.2.3	污水管道的衔接	动画	135
6.2.4	污水管道具体位置确定	微课	139
6.3.1	雨水管渠系统的布置	微课	151
6.4.1	合流制管渠系统	微课	170
6.4.2	截流式合流制排水系统	动画	170
7.1.1	排水管渠的断面形式	动画	179
7.1.2	排水管渠附属构筑物及设置	微课	187
7.1.3	排水管道附属构筑物的构造	动画	187
7.2.1	排水管渠清淤	微课	193
7.2.2	水力清通	动画	193

目 录

前言

项目1　城镇给水排水系统概述 ·· 1
1.1　给水排水系统的任务及组成 ·· 2
1.2　给水排水系统的分类 ·· 5
思考题 ··· 8

项目2　城镇给水系统工程规划与设计工况 ································· 10
2.1　城镇给水系统工程规划 ·· 10
2.2　城镇给水系统工况 ·· 12
思考题 ··· 33
实践训练题 ·· 33

项目3　水源及取水工程 ·· 34
3.1　水源与水质标准 ··· 34
3.2　地下水取水构筑物 ·· 38
3.3　地表水取水构筑物 ·· 49
思考题 ··· 69

项目4　城镇给水管网设计 ··· 70
4.1　输水管渠和配水管网布置 ··· 70
4.2　给水管网系统水力计算 ·· 73
思考题 ··· 88
实践训练题 ·· 88

项目5　给水管道、附属设施及维护管理 ··································· 89
5.1　给水管材及附属设施 ··· 89
5.2　给水管道的施工 ··· 96
5.3　给水管网的维护管理概述 ··· 109
思考题 ··· 126

项目6　城镇排水系统规划设计 ·· 127
6.1　城镇排水工程规划布置 ·· 127
6.2　污水管道系统设计 ·· 135
6.3　雨水管渠系统设计 ·· 149
6.4　合流制管渠系统 ··· 170

思考题 ··· 177
　　实践训练题 ··· 178
项目 7　排水管道（渠）、附属构筑物及管理养护 ·· 179
　7.1　排水管道（渠）及附属构筑物 ·· 179
　7.2　排水管渠系统的管理和养护 ·· 193
　　思考题 ··· 198
附录 ·· 199
　附录 A　钢筋混凝土圆管（不满流 $n=0.014$）水力计算图 ···································· 199
　附录 B　钢筋混凝土圆管（满流 $n=0.013$）水力计算图 ·· 211
参考文献 ··· 212

项目 1

城镇给水排水系统概述

【学习目标】

1. 知识目标：①能了解城镇给水排水系统的任务，掌握给水排水系统的组成。②能了解城镇给水排水系统的分类。

2. 技能目标：①能根据城镇给水排水系统的任务要求，合理确定给水排水系统组成。②能根据城镇对给水排水功能需求，合理选用适合的给水排水系统形式。

3. 思政和素质目标：培养社会责任感和使命感，提升专业意识与专业自信，为美丽中国和生态文明建设贡献力量。

水是人类生存的保障，也是一个国家工农业和整个经济建设的生命线。我国是一个水资源匮乏的国家，人均占有量只有世界人均占有量的 1/4，且时空分布不均，许多城镇供水水源地达不到饮用水标准。随着污水排放量不断增加，若污水处理能力跟不上，水的人工循环处于不良态势，必将导致水环境恶化，危及居民生活健康与城镇稳定发展。因此，城镇给水排水工程建设担负着城镇水资源的稳定供应与保护的重大任务。

从天然水体取水，为人类生活和生产供应各种用水，用过的水再排回天然水体。水的这一循环过程称为水的人工循环，又可称为水的社会循环，如图 1.1 所示。在水的人工循环中，人类与自然生态在水质、水量等方面都存在巨大的矛盾，这些矛盾的有效控制和解决是通过建设一整套工程设施来实现的，这一整套工程设施的组合体就称给水排水工程。所以给水排水工程就是在某一特定范围内（如一个城镇或一个工厂等），研究水的人工循环工艺和工程的技术学科。其主要包括水的开采、加工、输送、回收和利用等工艺和工程，通常由水源与取水工程、水处理工程和给水排水管道工程等部分组成。

给水排水工程的目的和任务就是保证以安全适用、经济合理的工艺与工程技术，合理开发和利用水资源，向城镇和工业供应各项合格用水，汇集、输送、处理和再生利用污水，使水的人工循环正常运行，以提供方便、舒适、卫生、安全的生活和生产环境，保障人民健康与正常生活，促进生产发展，保护和改善水环境质量。此外，大气降水（雨水和冰雪融水）的及时排除，也是给水排水工程的重要任务之一。

给水排水工程按服务范围可分为区域给水排水工程、城镇给水排水工程、建筑给水排水工程和工业给水排水工程等；按系统可分为给水工程（系统）和排水工程（系统）两大类。污水处理回用工程（即中水工程）实质上应属于给水工程的范畴。

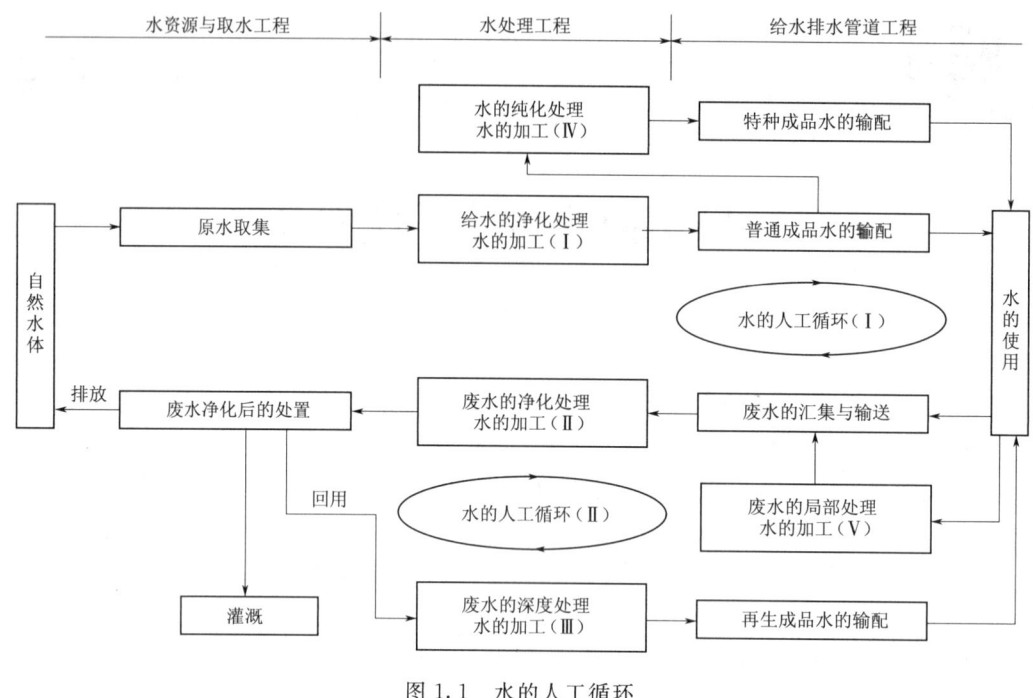

图 1.1　水的人工循环

1.1　给水排水系统的任务及组成

1.1.1　给水排水系统的任务

城镇水系统为城镇社会、经济和环境三个系统提供服务，并受以上三个系统的制约。城镇水系统为社会系统提供生活用水，主要包括居民饮用水、卫生设施用水；为经济系统供生产用水，其用水指标和总量受经济结构的影响；为环境系统提供生态用水，它受地面硬化比例、水体污染和乔灌草在绿化面积中的比例影响。同时，城镇环境系统也影响着城镇水源地的水量和水质。

给水排水系统是为人们的生活、生产和消防提供用水和排除废水的设施总称。它是现代化城镇最重要的基础设施之一，它的完善程度是城镇社会文明、经济发展和现代化水平的重要标志。给水排水系统的任务是向各种不同类别的用户供应满足需求的水质、水量和水压，同时承担用户排出的废水的收集、输送和处理，达到消除废水中污染物质对于人体健康的危害和保护环境的目的。给水排水系统可分为给水和排水两个组成部分，亦分别被称为给水系统和排水系统。

1. 给水系统

给水系统的用途分为生活用水、工业生产用水和消防用水三大类，它要满足各类用水对水量、水质、水压的要求。

（1）生活用水。生活用水是人们在各类生活活动中直接使用的水，主要包括居民生活用水、公共设施用水和工业企业生活用水。居民生活用水是指居民家庭生活中饮用、烹饪、洗浴、冲洗等用水。公共设施用水是指机关、学校、医院、宾馆、车站、公共浴场等公共建筑和场所的用水，其特点是用水量大、用水地点集中，该类用水的水质要求基本上与居民生活用水相同。工业企业生活用水是工业企业区域内从事生产和管理工作的人员在工作时间内的饮用、烹饪、洗浴、冲洗等生活用水，该类用水的水质与居民生活用水相同，用水量则取决于工业企业的生产工艺、生产条件、工作人员数量、工作时间安排等因素。

（2）工业生产用水。工业生产用水是指工业生产过程中为满足生产工艺和产品质量要求的用水，又可以分为产品用水（成为产品或产品的一部分）、工艺用水（作为溶剂、载体等）和辅助用水（用于冷却、清洗等）等，工业企业门类多，系统、工艺复杂，对水量、水质、水压的要求差异很大。

（3）消防用水。消防用水是指用于灭火和其他消防救援任务的水，它通常以城镇给水系统、消防水池、河流、湖泊等为水源。

为了满足城镇和工业企业的各类用水需求，城镇给水系统需要具备充足的水源、取水设施、水质处理设施和输水及配水管道系统。

2. 排水系统

上述各种用水在被用户使用以后，水质受到了不同程度的污染，成为污水。这些污水携带着不同来源的污染物质，会给人体健康、生活环境和自然生态环境带来严重危害，需要及时地收集和处理，然后才可排放到自然水体或者重复利用。为此而建设的废水收集、处理和排放工程设施，称为排水系统。另外，城镇化地区的降水会造成地面积水，甚至造成洪涝灾害，需要建设雨水排水系统及时排除。

根据排水系统所接纳的污水的来源，污水可以分为生活污水、工业废水和雨水三种类型。居民生活用水所造成的废水和工业企业中的生活污水，其中含有大量有机污染物，受污染程度比较严重，通常称为生活污水，是污水处理的重点对象。大量的工业用水在工业生产过程中被用作冷却和洗涤，其排水受到较轻微的水质污染或水温变化，称为生产废水，这类废水往往经过简单处理后重复使用；另一类工业废水在生产过程中受到严重污染，称为生产污水，如许多化工生产污水，含有很高浓度的污染物质，甚至含有大量有毒有害物质，必须进行严格的处理。雨水排水系统的主要目标是排除降水（系指雨水和冰雪融化水），防止地面积水和洪涝灾害。在水资源缺乏的地区，降水应尽可能被收集和利用。因此，只有建立合理、经济和可靠的排水系统，才能达到保护环境、保护水资源、促进生产和保障人们生活与生产活动安全的目的。

1.1.2　给水排水系统的组成

1. 给水系统的组成

给水系统的功能是从水源取得符合一定质量标准和数量要求的水，按照用户的用水要求进行必要的处理，将水输送到用水区域，按照用户所需的流量和压力向用户供水。因此，给水系统大致分为水源取水系统、给水处理系统和给水管网系统三个部分。

（1）水源取水系统。水源取水系统包括水源（如江河、湖泊、水库、海洋等地表水源，潜水、承压水和泉水等地下水源，复用水源）、取水设施、提升设备和输水管渠等。该系统要满足用户在规划期内的取水量要求，作为城镇给水水源，其水质必须符合国家生活饮用水水源水质标准或满足相应于用户供水要求、符合国家有关规定的水源水质要求。对水源地必须加强监测、管理与保护，使原水水质始终能够达到和保持国家标准要求。

（2）给水处理系统。给水处理系统包括各种采用物理、化学、生物等方法的水质处理设备和构筑物。生活饮用水常规处理般采用反应、絮凝、沉淀、过滤和消毒处理工艺与设施；工业用水处理一般有冷却、软化、淡化、除盐等工艺和设施。

工业、农业及生活污水未经适当处理而排入水体，会使许多城镇饮用水水源受到污染，对城镇居民身体健康构成严重威胁；水源水质污染的另一个重要方面是氮、磷营养物大量排入水体所导致的水体富营养化，水体中藻类的过量繁殖已经严重影响自来水厂的净化效果。对微污染水在常规处理流程前常采用各种生物预处理工艺，而在其后则多采用臭氧活性炭、膜技术等深化处理工艺，在消毒剂的选用上也更加谨慎。

给水处理系统的工艺流程选择要满足用户对水质的要求：供应城镇用户使用的水，必须达到国家生活饮用水水质卫生规范要求，工业用水和其他用水必须达到有关行业水质标准或用户特定的水质要求。

（3）给水管网系统。给水管网系统包括输水管渠、配水管网、水压调节设施（泵站、减压阀）及水量调节设施（清水池水塔等）等，简称输配水系统。该系统要满足用户对水量、水质、水压的要求。为用户的用水提供符合标准的用水压力，使用户在任何时间都能取得充足的水量，我国规定民宅的服务水头应满足一层楼 $10mH_2O$、两层 $12mH_2O$、以后每加一层增加 $4mH_2O$；我国城镇消火栓系统一般为低压网，则任一消火栓处的服务水头不得低于 $10mH_2O$。对地形高差较大的区域，应充分利用重力，提供供水的压力。对地形平坦的地区，给水压力一般采用水泵加压，必要时还需要通过阀门或减压设施降低水压，以保证用水设施安全。并且，要通过设计和运行管理中的物理与化学等手段控制储水和输配水过程中的水质变化，防止水质的二次污染。

2. 排水系统的组成

（1）排水管网系统。排水管网系统包括污水和废水收集与输送管渠、水量调节池、提升泵站及附属构筑物（如检查井、水井、水封井、雨水口等）。该系统要具有足够的高程和压力，保证将规划要求的、一定处理率的污废水顺利地输送至污水处理厂或排入受纳体。排水一般采用重力输送，必要时用水泵提升高程，或者通过跌水消能设施降低高程，以保证排水系统的通畅和稳定，以及排水管网的施工安全。

（2）污水和废水处理系统。污水和废水处理系统包括各种采用物理、化学、生物等方法的水质净化设备和构筑物。由于污水和废水的水质差异大，采用的处理工艺和使用方法的组合各不相同。该系统要根据尾水受纳水体的功能区划，将污水和废水处理到国家规定的达标水质，或者根据用户要求达到回用水质要求。

（3）排放和重复利用系统。排放和重复利用系统包括废水受纳体（如水体、土壤等）和最终处置设施，如排放口、稀释扩散设施、隔离设施和废水回用设施等。

1.2 给水排水系统的分类

1.2.1 给水系统的分类

由于工作环境和使用要求的不同，城镇给水系统通常存在多种形式，给水系统一般按照以下方式进行分类。

1. 城镇给水系统

（1）按照取水水源的种类进行分类。根据取水水源不同可将给水系统分为地表水源给水系统和地下水源给水系统见表 1.1。

表 1.1　　　　　　　　按取水水源分类的给水系统

水源种类		给水系统	
地表水	江河 湖泊 水库 海洋	地表水源给水系统	江河水源给水系统 湖泊水源给水系统 水库水源给水系统 海洋水源给水系统
地下水	浅层地下水 深层地下水 泉水	地下水源给水系统	浅层地下水源给水系统 深层地下水源给水系统 泉水水源给水系统

（2）按照给水能量来源进行分类。根据不同的供水能量来源可将给水系统分为自流式给水系统（又称重力给水系统）、水泵给水系统（又称压力给水系统）和混合给水系统（重力-压力结合供水）。

（3）按照给水使用的目的进行分类。根据给水使用的目的可将给水系统分为生活给水系统、生产给水系统和消防给水系统。

（4）按照给水服务的对象进行分类。给水系统的服务对象广泛，如城镇、工矿企业和居民小区等。可以按照给水服务的具体对象将给水系统区分为城镇给水系统、工业给水系统等。

（5）按照系统的给水方式进行分类。

1）统一给水系统：采用同一个给水系统、以相同的水质供给用水区域内所有用户的各种用水，包括生活用水、生产用水、消防用水等。

2）分质给水系统：按照给水区域内不同用户各自的水质要求或同一个用户有不同的用水水质要求，实行不同供水水质分别供水的系统。分质给水系统可以是采用同一水源，但水处理流程和输配水子系统各自独立供水；也可以是用完全相互独立的各个给水系统分别供给不同的水质。

3）分压给水系统：根据地形高差或用户对管网水压要求不同，实行不同给水压力分系统给水的系统。供给用户不同的水压，可以是采用同一水源的给水系统，也可以是采用完全相互独立的各个给水系统分别供给不同的水压。

4）分区给水系统：对不同区域实行相对独立给水的系统。当在城镇的供水范围内有显著的区域性地形高差的时候，可以采用特殊设计的输配水系统把水分别供给不同地形高程的用户。既有利于输配水管网的建设，又有节约能量的作用。分区给水可以是采用同一水源的给水系统，也可以是采用完全相互独立供水的各个给水系统分别供给不同的区域。

5) 区域给水系统：在一个较大的地域范围内统一取用一个水质较好、供水量较充沛的水源，组成一个跨越地域界限、向多个城镇和乡村统一供水的系统。区域给水系统具有保证水质水量和集中管理的优势，适用于经济建设比较发达、城镇分布比较集中、供水水源条件受到限制的地区。

2. 工业用水给水系统

工业用水给水系统是指供给工业企业生产用水的给水系统。一般情况下，多数的工业企业用水都是由城镇给水系统供给，但是工业企业的供水是一个比较复杂的问题，一是工业企业门类众多、系统庞大；二是不仅各企业对水的要求大不相同，而且有些工业企业内部不同的车间、工艺对水的要求也各不相同。用水量大、对水质要求不高的工业企业，用城镇自来水不经济时，或者远离城镇管网的工业企业，或者限于城镇给水系统的规模无法满足其用水需求的大型工业企业，就需要自己修建独立的给水系统；还有一些工业企业对水质的要求远高于城镇自来水的水质标准，需要自备供水处理系统，或者工业企业内部对水进行循环或重复利用，从而会形成自己的给水系统。概括起来，工业给水系统有以下几种类型。

(1) 直流给水系统。直流给水系统是指水经过一次使用后就排放或处理后排放的供水系统。该系统适用于水源充足且用水成本较低的情况。从节约资源、保护环境的角度来看，不宜采用这种供水系统。

(2) 循环给水系统。循环给水系统就是指水在使用过后经过处理重新回用的供水系统，如图1.2所示。水在循环使用过程中会有损耗，须从水源取水加以补充。

(3) 复用给水系统。复用给水系统就是按各车间、工厂对水质高低不同的要求，将水顺序重复使用。水经过水质要求高的车间、工厂使用后，直接或经过适当的处理再供给对水质要求低的车间、工厂，这样顺序重复用水，如图1.3所示。

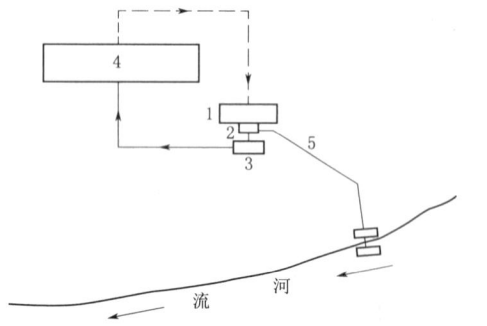

图 1.2 循环给水系统示意图
1—冷却塔；2—吸水井；3—泵站；
4—车间；5—新鲜补充水

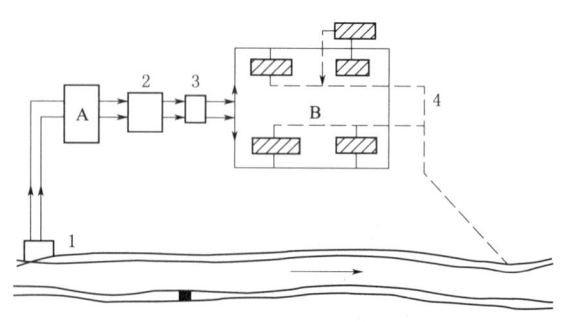

图 1.3 复用给水系统示意图
1—取水构筑物；2—冷却塔；3—泵站；
4—排水系统；A、B—车间

工业给水系统水的重复利用、循环使用，可做到一水多用，充分利用水资源，节约用水，减少污水排放，具有较好的经济效益和环境效益。工业用水的重复利用率（重复用水量占总用水量的百分数）反映工业用水的重复利用程度，是工业节约用水的重要指标。随着我国经济社会高质量发展及深入实施的国家节水行动，众多工业企业积极开展节水管理和技术改造，我国工业企业用水重复利用率已不断提升，工业废水实现高效循环利用，对推动绿色发展、缓解水资源供需矛盾具有重要的意义。

1.2.2 排水体制的分类和选择

1.2.2.1 排水体制的分类

生活污水、工业废水和雨水可以采用一个管渠来排除，也可以采用两个或两个以上独立的管渠来排除，污水的这种不同排除方式所形成的排水系统，称为排水系统的体制，简称排水体制。排水体制一般分为合流制和分流制。

1. 合流制

合流制排水系统是将生活污水、工业废水和雨水混合在同一套管道系统内排除的方式。根据污水汇集后处置方式的不同，合流制又可分为直流式和截流式。

（1）直流式合流制。直流式合流制是将混合污水收集后直接就近排入水体，如图1.4所示，该种排水体制排出的污水不经处理直接排入水体，对水体污染较重，因此目前已不宜采用。

（2）截流式合流制。截流式合流制是在临河岸边建造一条截流干管，同时在截流干管上设置溢流井，将混合污水输送到污水处理厂，如图1.5所示。

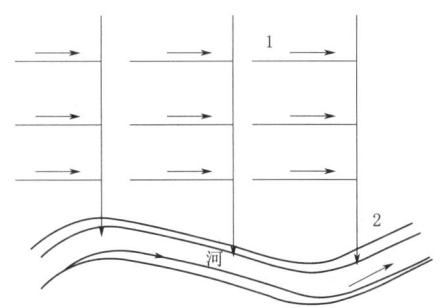
图1.4　直流式合流制排水系统示意图
1—合流支管；2—合流干管

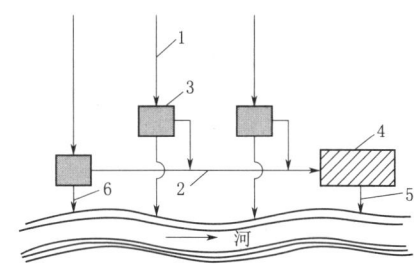
图1.5　截流式合流制排水系统示意图
1—合流干管；2—截流主干管；3—溢流井；
4—污水处理厂；5—出水口；6—溢流出水口

截流式合流制是对直排式合流制的改进，它可以在晴天时将生活污水和工业废水截流并送至污水处理厂进行处理，从而避免了污水直接排放到受纳水体，减轻了对水体的污染。然而，在雨天时，由于雨水和混合污水的流量过大，超过截流管道的截流能力，导致多余污水溢流排放进水体，这可能对受纳水体造成周期性的污染。

2. 分流制

分流制排水系统是指将生活污水、工业废水和雨水分别采用两套或两套以上各自独立的管道系统来排除的方式。排除生活污水和工业废水的系统称为污水排水系统；排除雨水的系统称为雨水排水系统。根据雨水排除方式的不同，分流制分为完全分流制和不完全分流制两种形式，如图 1.6 所示。

(1) 完全分流制。完全分流制排水系统是既有完整的污水排水系统又有完整的雨水排水系统。污水全部排入污水处理厂进行处理，雨水可就近排入水体。

(2) 不完全分流制。不完全分流制排水系统是有完整的污水排水系统，而没有或无完整的雨水排水系统。雨水主要沿地面、边沟等原有沟道系统排泄。

1.2.2.2 排水体制的选择

选择合适的排水系统体制是城镇和工业企业排水系统规划与设计的重要问题，

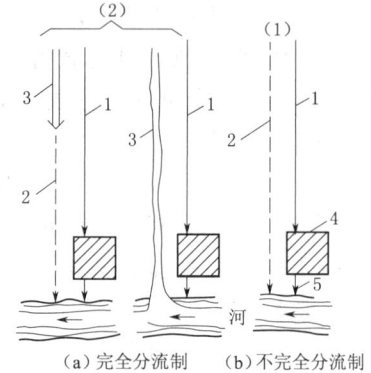

图 1.6 完全分流制和不完全分流制排水系统示意图
1—污水管道；2—雨水管渠；3—原有渠道；
4—污水处理厂；5—出水口

它会影响到设计、施工、维护管理、总投资和维护管理费用等。通常，选择排水体制应满足环保需求，结合当地气候特征、地形特点、水文条件、原有排水设施、污水处理与利用情况等，通过技术经济比较确定。在选择时，环保应为主要考虑因素。

(1) 从环保方面考虑，采用截流式合流制将所有混合污水送往污水处理厂处理对环境的污染最小；部分截流式合流制雨天时部分污水溢流入水体，会造成污染；分流制在降雨初期有污染，一般而言，分流制更利于保护环境。

(2) 从造价方面考虑，合流制管道比完全分流制可节省投资 20%～40%，但合流制泵站和污水处理厂投资要高于分流制，总造价看，完全分流制可能要高于合流制。为了节省初期投资，可采用不完全分流制，即初期只建设污水排水管网，随着城镇发展再逐步建设并完善雨水管网。

(3) 从维护管理方面考虑，合流制污水处理厂维护管理复杂。合流制管道在晴天时只有部分污水流动，流速较低，容易产生沉淀。但根据经验，管中的沉淀物容易被暴雨水流冲走，可降低合流管道的维护管理费用。但是，由于晴天和雨天时流入污水处理厂的水量变化很大，增加了合流制排水系统在污水处理厂运行管理方面的复杂性。相比之下，分流制系统可以保持管内的流速，避免沉淀的发生，并且流入污水处理厂的水量和水质变化比合流制小得多，使得污水处理厂的运行更容易控制。

我国《室外排水设计标准》(GB 50014—2021) 规定，除降雨量少的干旱地区外（年平均降雨量小于 200mm），新建地区的排水系统应采用分流制。老城区合流制的改造宜采用截流式合流制，同一城镇的不同地区可以采用不同的排水体制。

思 考 题

1. 什么是给水排水工程？主要包括哪些内容？通常由哪几部分组成？其基本任务是什么？
2. 什么是水的人工循环？

3. 试述给水管网系统的组成。
4. 影响给水管网系统类型选择的因素有哪些？
5. 什么是排水系统及排水体制？排水体制分为哪几类？各类的优缺点如何？选择排水体制的原因是什么？
6. 给水管道工程的任务是什么？通常由哪几部分组成？
7. 排水系统主要由哪几部分组成？各部分的用途是什么？
8. 工业给水系统应如何布置？如何考虑节水问题？

项目 2

城镇给水系统工程规划与设计工况

【学习目标】

1. 知识目标：①能了解城镇给水系统工程规划工作程序，掌握城镇给水系统工程规划工作内容。②能了解城镇给水系统工况关系，掌握城镇用水量、调节构筑物设计计算方法。

2. 技能目标：①能按照城镇给水系统工程规划程序，合理确定给水系统工程规划工作内容。②能根据城镇用水要求，合理确定给水系统工况，选用适合的调节构筑物形式。

3. 思政和素质目标：培养社会责任感和使命感，提升专业实践能力，为美丽中国和生态文明建设贡献力量。

2.1 城镇给水系统工程规划

城镇给水工程系统规划包括原水的取集、处理及成品水输配等项目工程设施而进行的规划，为城镇提供生产及生活等用水兴建必需的工程设施。

2.1.1 给水工程规划工作程序

给水工程规划的主要任务是根据城镇和区域水资源与用水状况，最大限度地保护和合理利用水资源，合理选择水源，进行城镇水源规划和水资源利用平衡工作；确定城镇自来水厂等给水设施的规模、容量；科学布局给水设施和各级给水管网系统，满足用户对水质、水量、水压等的要求；制定水源和水资源的保护措施。

给水工程规划工作程序如下。

（1）城镇用水现状与水资源研究：进行城镇用水现状与水资源的研究，结合城镇发展总目标，研究确定城镇用水标准。

（2）近远期规划用水量预测：根据城镇发展总目标和城镇规模，进行城镇近远期规划用水量预测。

（3）确定城镇给水系统规划目标：在城镇水资源研究的基础上，根据城镇用水量预测、区域给水系统与水资源调配规划确定城镇给水系统规划目标。

（4）设施布局与数量规模确定：进行城镇取水工程、自来水厂等设施的布局，确定其数量、规模、技术标准，制定城镇水资源保护措施。

（5）给水网络与输配设施规划布局：在研究城镇现状给水网络的基础上，根据城镇给水水源规划、城镇规划总体布局，进行城镇给水网络和泵站、高位水池、水塔、调节水池等输配设施规划布局。

(6) 分区内的给水管网与输配设施规划：根据分区规划布局、供水标准，估算分区用水量，然后根据分区用水量分布状况，进行分区内的给水管网与输配设施规划。

这一系列步骤旨在确保给水工程的科学性和合理性，保障城镇供水安全，同时考虑到水资源的可持续利用和环境保护。

2.1.2 给水工程建设程序

给水工程建设程序一般包括项目建议书阶段、可行性研究报告阶段、施工准备阶段、初步设计阶段、施工过程、验收及竣工阶段等。

(1) 项目建议书阶段：此阶段主要是对拟进行的给水工程项目进行初步说明，包括国民经济和社会发展长远规划、流域综合规划、区域综合规划、专业规划的考虑，以及国家产业政策和投资建设方针的遵循。项目建议书由政府委托有相应资格的设计单位编制，并按国家现行规定权限向主管部门申报审批。项目建议书被批准后，由政府向社会公布，若有投资建设意向，应及时组建项目法人筹备机构，开展下一建设程序工作。

(2) 可行性研究报告阶段：在项目建议书获批后，进行可行性研究，对项目进行方案比较，在技术上是否可行和经济上是否合理进行科学的分析和论证。可行性研究报告由项目法人（或筹备机构）组织编制，经过批准的可行性研究报告是项目决策和进行初步设计的依据。可行性研究报告应按照《水利水电工程可行性研究报告编制规程》（SL/T 618—2021）编制，且经批准后不得随意修改和变更，如主要内容有重要变动，应经原批准机关复审同意。

(3) 施工准备阶段：在可行性研究报告批准后，年度水利投资计划下达后，项目法人即可开展施工准备工作，包括施工现场的征地、拆迁，完成施工用水、电、通信、路和场地平整等工程，组织招标设计、咨询、设备和物资采购等服务，以及相关监理招标和主体工程招标准备工作。

(4) 初步设计阶段：初步设计报告应按照《水利水电工程初步设计报告编制规程》（SL/T 619—2021）编制，初步设计文件报批前，一般须由项目法人对初步设计中的重大问题组织论证，设计单位根据论证意见对初步设计文件进行补充、修改、优化。初步设计由项目法人组织审查后，按国家现行规定权限向主管部门申报审批。

(5) 施工过程：包括地基处理、结构施工、设备安装、管道铺设等，需要按照设计要求进行施工。

(6) 验收及竣工阶段：完成施工后，进行验收和竣工工作，验收是对施工质量进行检查和评价，确保工程符合设计要求和相关标准。竣工工作则是工程交付使用，向相关部门申请验收手续，完成工程的移交。

这些阶段共同构成了给水工程建设的基本程序，确保了项目的顺利进行和最终的成功完成。

2.1.3 给水工程规划与工程设计的关系

给水工程是城镇基础设施的重要组成部分，它关系着城镇的可持续发展，以及城镇的文明、安全和居民的生活质量，是创造良好投资环境的基础。城镇给水工程规划是城镇总体规划中的一个重要组成部分，它明确了城镇给水工程的发展目标与规模，合理布局了给水工程设施和管网，统筹安排了给水工程的建设，是城镇给水工程发展的政策性法规，是工程设计的指导依据，有效地指导实施建设。

2.2 城镇给水系统工况

城镇给水系统设计时，要满足用户对水量、水质、水压的要求。首先需确定设计供水量，即该系统在设计年限内需要保障的服务对象用水的设计水量。给水系统中取水、水处理、泵站和输配水管网等设施的规模都须参照设计供水量确定。

城镇给水系统的设计年限，应符合城镇总体规划，近远期结合，以近期为主，一般近期规划宜采用 5～10 年，远期规划的年限宜采用 10～20 年。

2.2.1 城镇用水量

城镇设计供水量应满足的给水系统服务对象用水组成包括：①综合生活用水（包括居民生活用水和公共设施用水）；②工业企业用水；③浇洒城镇道路、广场和绿地用水；④管网漏损水；⑤未预见用水。此外，在城镇校核消防用水时，还需要确定消防用水量。

在确定设计供水量时，除考虑各种供水对象的使用要求、近期发展规划，还应结合现行用水定额，计算出相应的用水量最后加以综合，作为设计供水工程的依据。

2.2.1.1 用水定额

用水定额是指一定时期内用水户单位用水量的限定值。它是确定设计用水量的主要依据，它直接影响给水系统相应设施的规模、工程投资、今后供水量的保证等各方面，所以必须慎重考虑确定。用水定额的选定涉及面广、政策性强，所以在选定用水定额时，必须以国家的现行政策、法规为依据，全面考虑其影响因素，通过实地考察，并结合现有资料和类似地区工业企业的经验，确定适宜的用水定额。

城镇给水系统设计时，需确定的用水定额主要有：生活用水定额，工业企业生产用水定额，浇洒城镇道路、广场和绿地用水定额，消防用水定额。

1. 生活用水定额

生活用水定额是指每个用水单位（如每人每日、每床位每日、每平方米营业面积等）用于生活目的所消耗的水量的标准或规定，一般以 L/(人·d) 为单位。生活用水定额与室内卫生设备完善程度及形式、水资源和气候条件、生活习惯、生活水平、收费标准及办法、管理水平、水质和水压等因素有关。设计选用时，上述因素必须给予全面考虑。

（1）居民生活用水定额和综合生活用水定额。居民生活用水指城镇居民的日常生活用水；综合生活用水指城镇居民日常生活用水和公共建筑用水。居民生活用水定额和综合生活用水定额应根据当地国民经济和社会发展、水资源充沛程度、用水习惯，在现有用水定额基础上，结合城镇总体规划和供水专业规划，本着节约用水的原则，综合分析确定其设计数值。

当缺乏实际用水资料的时候，居民生活用水定额和综合生活用水定额可参照《室外给水设计标准》(GB 50013—2018),按表 2.1、表 2.2 选用居民生活用水定额数值,按照表 2.3、表 2.4 选用综合生活用水定额数值。

表 2.1　　　　　　　　　最高日居民生活用水定额　　　　　　　单位:L/(人·d)

城市类型	超大城市	特大城市	Ⅰ型大城市	Ⅱ型大城市	中等城市	Ⅰ型小城市	Ⅱ型小城市
一区	180～320	160～300	140～280	130～260	120～240	110～220	100～200
二区	110～190	100～180	90～170	80～160	70～150	60～140	50～130
三区	—	—	—	80～150	70～140	60～130	50～120

表 2.2　　　　　　　　　平均日居民生活用水定额　　　　　　　单位:L/(人·d)

城市类型	超大城市	特大城市	Ⅰ型大城市	Ⅱ型大城市	中等城市	Ⅰ型小城市	Ⅱ型小城市
一区	140～280	130～250	120～220	110～200	100～180	90～170	80～160
二区	100～150	90～140	80～130	70～120	60～110	50～100	40～90
三区	—	—	—	70～110	60～100	50～90	40～80

表 2.3　　　　　　　　　最高日综合生活用水定额　　　　　　　单位:L/(人·d)

城市类型	超大城市	特大城市	Ⅰ型大城市	Ⅱ型大城市	中等城市	Ⅰ型小城市	Ⅱ型小城市
一区	250～480	240～450	230～420	220～400	200～380	190～350	180～320
二区	200～300	170～280	160～270	150～260	130～240	120～230	110～220
三区	—	—	—	150～250	130～230	120～220	110～210

表 2.4　　　　　　　　　平均日综合生活用水定额　　　　　　　单位:L/(人·d)

城市类型	超大城市	特大城市	Ⅰ型大城市	Ⅱ型大城市	中等城市	Ⅰ型小城市	Ⅱ型小城市
一区	210～400	180～360	150～330	140～300	130～280	120～260	110～240
二区	150～230	130～210	110～190	90～170	80～160	70～150	60～140
三区	—	—	—	90～160	80～150	70～140	60～130

注　1. 超大城市指区常住人口 1000 万及以上的城市,特大城市指区常住人口 500 万以上 1000 万以下的城市。Ⅰ型大城市指区常住人口 300 万以上 500 万以下的城市,Ⅱ型大城市指区常住人口 100 万以上 300 万以下的城市,中等城市指区常住人口 50 万以上 100 万以下的城市,Ⅰ型小城市指区常住人口 20 万以上 50 万以下的城市,Ⅱ型小城市指区常住人口 20 万以下的城市。以上包括本数,以下不包括本数。
　　2. 一区包括湖北、湖南、江西、浙江、福建、广东、广西、海南、上海、江苏、安徽,二区包括重庆、四川、贵州、云南、黑龙江、吉林、辽宁、北京、天津、河北、山西、河南、山东、宁夏、陕西、内蒙古河套以东和甘肃黄河以东的地区,三区包括新疆、青海、西藏、内蒙古河套以西和甘肃黄河以西的地区。
　　3. 经济开发区和特区城市,根据用水实际情况,用水定额可酌情增加。
　　4. 当采用海水或污水再生水等作为冲厕用水时,用水定额相应减少。

(2) 公共建筑生活用水定额。城镇公共建筑,如旅馆、医院、浴室、洗衣房、餐厅、剧院、游泳池、学校等的用水定额,不包括在表 2.1、表 2.2 内。公共建筑生活用水定额及小时变化系数按《建筑给水排水设计标准》(GB 50015—2019)的规定确定,见表 2.5。

表 2.5　　　　　　　　　公共建筑生活用水定额及小时变化系数

序号	建筑物名称		单位	生活用水定额		使用时数/h	最高日小时变化系数 k_h
				最高日	平均日		
1	宿舍	居室内设卫生间	L/(人·d)	150~200	130~160	24	3.0~2.5
		设公用盥洗卫生间		100~150	90~120		6.0~3.0
2	招待所、培训中心、普通旅馆	设公用卫生间、盥洗室	L/(人·d)	50~100	40~80	24	3.0~2.5
		设公用卫生间、盥洗室、淋浴室		80~130	70~100		
		设公用卫生间、盥洗室、淋浴室、洗衣室		100~150	90~120		
		设单独卫生间、公用洗衣室		120~200	110~160		
3	酒店式公寓		L/(人·d)	200~300	180~240	24	2.5~2.0
4	宾馆客房	旅客	L/(床位·d)	250~400	180~320	24	2.5~2.0
		员工	L/(人·d)	80~100	70~80	8~10	2.5~2.0
5	医院住院部	设公用卫生间、盥洗室	L/(床位·d)	100~200	90~160	24	2.5~2.0
		设公用卫生间、盥洗室、淋浴室		150~250	130~200		
		设单独卫生间		250~400	220~320		
		医务人员	L/(人·班)	150~250	130~200	8	2.0~1.5
	门诊部、诊疗所	病人	L/(病人·次)	10~15	6~12	8~12	1.5~1.2
		医务人员	L/(人·班)	80~100	60~80	8	2.5~2.0
	疗养院、休养所住房部		L/(床位·d)	200~300	180~240	24	2.0~1.5
6	养老院、托老所	全托	L/(人·d)	100~150	90~120	24	2.5~2.0
		日托		50~80	40~60	10	2.0
7	幼儿园、托儿所	有住宿	L/(儿童·d)	50~100	40~80	24	3.0~2.5
		无住宿		30~50	25~40	10	2.0
8	公共浴室	淋浴	L/(顾客·次)	100	70~90	12	2.0~1.5
		浴盆、淋浴		120~150	120~150		
		桑拿浴(淋浴、按摩池)		150~200	130~160		
9	理发室、美容院		L/(顾客·次)	40~100	35~80	12	2.0~1.5
10	洗衣房		L/kg 干衣	40~80	40~80	8	1.5~1.2
11	餐饮业	中餐酒楼	L/(顾客·次)	40~60	35~50	10~12	1.5~1.2
		快餐店、职工及学生食堂		20~25	15~20	12~16	
		酒吧、咖啡馆、茶座、卡拉OK房		5~15	5~10	8~18	
12	商场	员工及顾客	L/(m²营业厅·d)	5~8	4~6	12	1.5~1.2

续表

序号	建筑物名称		单位	生活用水定额		使用时数/h	最高日小时变化系数 k_h
				最高日	平均日		
13	办公	坐班制办公	L/(人·班)	30~50	25~40	8~10	1.5~1.2
		公寓式办公	L/(人·d)	130~300	120~250	10~24	2.5~1.8
		酒店式办公		250~400	200~320	24	2.0
14	科研楼	化学	L/(工作人员·d)	460	370	8~10	2.0~1.5
		生物		310	250		
		物理		125	100		
		药剂调制		310	250		
15	图书馆	阅览者	L/(座位·次)	20~30	15~25	8~10	1.2~1.5
		员工	L/(人·班)	50	40		
16	书店	顾客	L/(m²营业厅·d)	3~6	3~5	8~12	1.5~1.2
		员工	L/(人·班)	30~50	27~40		
17	教学、实验楼	中小学校	L/(学生·d)	20~40	15~35	8~9	1.5~1.2
		高等院校		40~50	35~40		
18	电影院、剧院	观众	L/(观众·场)	3~5	3~5	3	1.5~1.2
		演职员	L/(人·场)	40	35	4~6	2.5~2.0
19	健身中心		L/(人·次)	30~50	25~40	8~12	1.5~1.2
20	体育场（馆）	运动员淋浴	L/(人·次)	30~40	25~40	4	3.0~2.0
		观众	L/(人·场)	3	3		1.2
21	会议厅		L/(座位·次)	6~8	6~8	4	1.5~1.2

(3) 工业企业职工生活及淋浴用水定额。工业企业建筑管理人员的生活用水定额可取30~50L/(人·班)；车间工人的生活用水定额应根据车间性质确定，一般宜采用30~50L/(人·班)；用水时间为8h，变化系数为1.5~2.5。工业企业职工淋浴用水定额应根据《工业企业设计卫生标准》(GBZ 1—2010)中的车间的卫生特征分级确定，一般可采用40~60L/(人·次)延续供水时间为1h。

2. 工业企业生产用水定额

在城镇供水量计算时，工业企业的用水量所占的比例很大。但由于工业企业类繁多，生产工艺和设备种类千变万化，需要通过详尽的调查才能获得可靠的用水量数据。

通常，估算工业企业的用水量可选用以下方法。

(1) 按照每台工业设备单位时间用水量计算。

(2) 按照单位工业产品的用水量和企业产品产量计算。

(3) 按照单位工业产值（常用万元产值）的用水量和企业产值计算。

(4) 按照企业的用地面积，参照在相似条件下不同类型工业各自的用水定额估算。

设计年限内工业企业的用水量可根据国民经济发展规划,结合现有的工业企业用水资料进行分析预测。

大型企业的工业用水量或经济开发区用水量宜单独进行计算。

3. 浇洒城镇道路、广场和绿地用水定额

浇洒城镇道路、广场和绿地的用水量应根据路面、绿化、气候和土壤等条件确定。一般情况下浇洒道路和广场用水可根据浇洒面积按 $2.0 \sim 3.0 \text{L}/(\text{m}^2 \cdot \text{d})$ 计算;浇洒绿地用水可根据浇洒面积按 $1.0 \sim 3.0 \text{L}/(\text{m}^2 \cdot \text{d})$ 计算。

4. 消防用水定额

消防用水只在发生火灾时使用,一般历时很短(2~3h),但从数量上说它在城镇用水量中占有一定的比例。消防用水通常储存在水厂的清水池中,发生火灾时由水厂的二级泵送至火灾现场。消防用水量、水压和火灾延续时间等,应按照现行的《消防给水及消火栓系统技术规范》(GB 50974—2014)执行。

城镇消防用水量,通常按同时发生的火灾次数和一次灭火的用水量确定,见表2.6。

表2.6　城镇同一时间的火灾起数和一起火灾灭火设计流量

人数 /万人	同一时间内的火灾起数 /起	一起火灾灭火设计流量 /(L/s)
$N \leqslant 1.0$	1	15
$1.0 < N \leqslant 2.5$	1	20
$2.5 < N \leqslant 5.0$	2	30
$5.0 < N \leqslant 10.0$	2	35
$10.0 < N \leqslant 20.0$	2	45
$20.0 < N \leqslant 30.0$	2	60
$30.0 < N \leqslant 40.0$	2	75
$40.0 < N \leqslant 50.0$	3	75
$50.0 < N \leqslant 70.0$	3	90
$N > 70.0$	3	100

工厂、仓库和民用建筑的室外消防用水量,按同时发生火灾次数和一次灭火用水量确定,见表2.7。

2.2.1.2　用水量变化

城镇用户的用水量不是稳定不变的。例如:日常生活用水一般随着气候和生活习惯而变,居民的生活用水量在一天之间和在不同的季节中都有变化;某些工业用水的消耗量与设备运转规律有关,或者与气候变化有关,同样也会有一日之间的变化和季节性的变化。因此,城镇的用水量在一天之内,每小时的用水量不尽相同;在一年中,每天的总用水量也是不尽相同的。实践证明,细致研究城镇用水量变化规律,有利于城镇供水工程设计的安全可靠、经济合理。

表 2.7　　工厂、仓库和民用建筑同时发生火灾次数

耐火等级	建筑物名称及类别			建筑体积/m³					
				V≤1500	1500<V≤3000	3000<V≤5000	5000<V≤20000	20000<V≤50000	V>50000
一、二级	工业建筑	厂房	甲、乙	15	15	20	25	30	35
			丙		15	20	25	30	40
			丁、戊	15					20
		仓库	甲、乙	15		25		—	—
			丙	15		25		35	45
			丁、戊	15					20
	民用建筑	住宅		15					
		公共建筑	单层及多层	15		25		30	40
			高层	—		25		30	40
	地下建筑（包括地铁）、平战结合的人防工程			15		20		25	30
三级	工业建筑	乙、丙		15	20	30	40	45	—
		丁、戊		15			20	25	35
	单层及多层民用建筑			15		20		25	30
四级	丁、戊类工业建筑			15		20		25	—
	单层及多层民用建筑			15		20		25	—

注　1. 成组布置的建筑物应按消火栓设计流量较大的相邻两座建筑物的体积之和确定。
　　2. 火车站、码头和机场的中转库房，其室外消火栓设计流量应按相应耐火等级的丙类物品库房确定。
　　3. 国家级文物保护单位的重点砖木、木结构的建筑物室外消火栓设计流量，按三级耐火等级民用建筑物消火栓设计流量确定。
　　4. 当单座建筑的总建筑面积大于500000m²时，建筑物室外消火栓设计流量应按本表规定的最大值增加一倍。

1. 用水量变化特征系数

为了反映用水量逐日逐时变化幅度，在供水设计工程中，引入两个主要特征系数：日变化系数和时变化系数。

（1）日变化系数（K_d）：是指在一年之中的最高日用水量和平均日用水量的比值。

$$K_d = \frac{Q_d}{\overline{Q_d}} \tag{2.1}$$

式中　Q_d——最高日用水量，m³/d，即用水量最多的一年内，用水量最多一天的总用水量，该值一般作为取水与水处理工程规划和设计的依据；

　　　$\overline{Q_d}$——平均日用水量，m³/d，即规划年限内，用水量最多一年的总用水量除以用水天数，该值一般作为水资源规划和确定城镇污水量的依据。

（2）时变化系数（k_h）：是指最高日最高时用水量和最高日平均时用水量的比值。

$$k_h = \frac{Q_h}{\overline{Q_h}} \tag{2.2}$$

式中 Q_h——最高日最高时用水量，m^3/h，即用水量最多的一年内，用水量最高日中，用水最大的 1h 的总用水量，该值一般作为供水管网工程规划与设计的依据；

$\overline{Q}_h$——最高日平均时用水量，m^3/h，即用水最高日内平均每小时的用水量。

城镇供水的日变化系数和时变化系数应当根据城镇性质、城镇规模、国民经济、社会发展和给水系统布局，结合现状的供水变化和用水变化分析确定。根据我国部分城镇实际供水资料的调查，最高日城镇综合供水的时变化系数约为 1.2～1.6；日变化系数约为 1.1～1.5。工业企业内工作人员的生活用水时变化系数一般为 2.5～3.0；淋浴用水量按每班连续用水 1h 确定变化系数，工业生产用水一般变化不大，可以在最高日内各小时均匀分配。

2. 用水量变化曲线

在设计给水系统时，还可以采用用水量变化曲线来描述城镇用水在一天之内变化过程。以时间为横坐标，区间范围为 0～24 时，纵坐标为每小时用水量或每小时用水量占一天总用水量的百分数，建立的函数图像即为用水量变化曲线。

一般城镇供水常用的是用水最高日那一天的用水量变化曲线，应该通过有关实测数据的统计分析来确定这条曲线。图 2.1 为某大城市的用水变化曲线，图中每小时用水量按最高日用水量的百分数计，则图形面积等于 $\sum_{i=1}^{24} Q_i\% = 100\%$，$Q\%$ 是以最高日每小时用水量百分数计比例。图 2.1 中每小时用水量也可以用实际用水量 $\sum_{i=1}^{24} Q_i$ 表示，这时的图形面积即 $\sum_{i=1}^{24} Q_i$ = 最高日用水量。

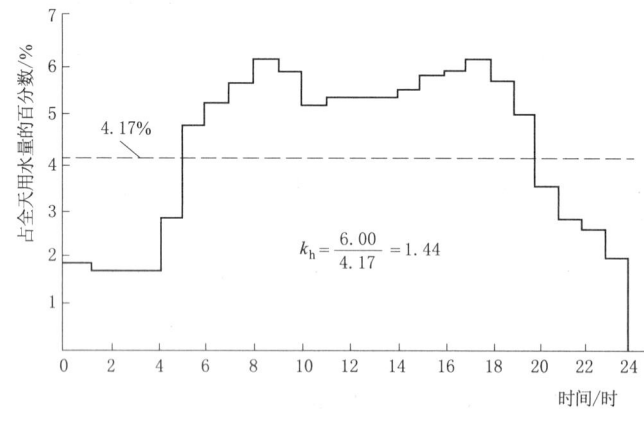

图 2.1 某大城市用水量变化曲线

由图 2.1 曲线可以看出：4.17% 的水平线表示最高日平均时用水量的百分数，即 $\frac{1}{24} \times 100\% \approx 4.17\%$；用水高峰集中在 8—10 时和 16—19 时，最高时（8—9 时）用水量为最高日用水量的 6.00%，则时变化系数 $k_h = \frac{6.00\%}{4.17\%} \approx 1.44$。

图 2.2 为某城郊最高日用水量变化曲线，其时变化系数 $k_h = \dfrac{14.60\%}{4.17\%} \approx 3.50$。对比以上用水过程可知：大城市用水量大，各种用户用水时间相互错开使各小时用水量相差较小，比较均匀；而人口较少用水标准较低的城镇，24 小时用水量的变化幅度会更大。

工业企业生产用水量逐时变化情况主要随生产性质和工艺过程而定，在实际设计中应通过调查研究合理确定。

用水量变化曲线是多年统计资料整理的结果，资料统计时间越长，数据越完整，用水量变化曲线与实际用水情况就越接近。对于新设计的供水工程，用水量变化规律只能按该工程所在地区的气候、人口、居住条件、工业生产工艺、设

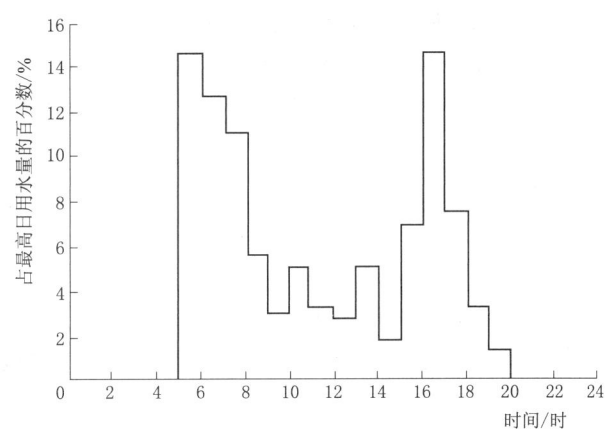

图 2.2 某城郊最高日用水量变化曲线

备能力、产值等情况，参考附近城镇的实际资料确定。对于扩建工程，可进行实地调查，获得用水量及其变化规律的资料。

2.2.1.3 用水量计算

城镇给水系统设计时，需要确定城镇最高日用水量、最高日平均时用水量、最高日最高时用水量以及消防用水量。

1. 城镇最高日用水量

（1）生活用水量。

1) 综合生活用水量 Q_1。城镇综合生活用水量包括居民生活用水量和公共建筑用水量。设计时，可根据规划年限内用水人数（或用水单位数）按分别选定的用水定额确定用水量，也可直接采用综合用水定额来计算。

$$Q_1 = \sum_{i=1}^{n} \frac{N_{1i} q_{1i}}{1000} \quad \text{m}^3/\text{d} \tag{2.3}$$

式中　　n——设计期限内城镇用水分区数；

　　　　q_{1i}——设计期限内城镇各用水分区的最高日综合生活用水定额，L/(人·d)，参见表 2.3；

　　　　N_{1i}——设计期限内城镇各用水分区的计划用水人口数，人。

一般地，城镇应按房屋卫生设备类型不同，划分不同的用水区域，以分别选定用水量定额，使计算更准确。城镇计划人口数往往并不等于实际用水人数，所以应按实际情况考虑用水普及率，以便得出实际用水人数。

2) 工业企业职工生活用水量 Q_2。城镇工业企业职工生活用水量可按式（2.4）计算：

$$Q_2 = \frac{1}{1000}(n'N_2'q_2' + n''N_2''q_2'') \quad \text{m}^3/\text{d} \tag{2.4}$$

式中 n'、n''——工业企业一般车间、高温车间日生产班制；

N'_2、N''_2——工业企业一般车间、高温车间最大班职工人数，人；

q'_2、q''_2——工业企业一般车间、高温车间职工最高日生活用水定额，L/(人·班)。

3) 工业企业职工淋浴用水量 Q_3

城镇工业企业职工淋浴用水量可按式（2.5）计算：

$$Q_3 = \frac{1}{1000}(n'N'_3q'_3 + n''N''_3q''_3) \quad \text{m}^3/\text{d} \tag{2.5}$$

式中 N'_3、N''_3——工业企业一般车间、高温车间最大班职工淋浴人数，人；

q'_3、q''_3——工业企业一般车间、高温车间职工最高日淋浴用水定额，L/(人·班)。

（2）工业企业生产用水量 Q_4。工业企业生产用水取自城镇供水管网时，应分别计算各类工业企业生产用水量。城镇生产用水量可按式（2.6）计算：

$$Q_4 = \sum Q_i = \sum q_{4i}N_{4i}(1-\eta_i) \quad \text{m}^3/\text{d} \tag{2.6}$$

式中 q_{4i}——某类工业企业生产用水定额，m³/万元 或 m³/单位产品 或 m³/(台·d)；

N_{4i}——相应工业企业每日总产值或总产量或同时使用设备台数；

η_i——相应工业企业用水重复利用率，%。

（3）浇洒城镇道路、广场和绿地用水量 Q_5。浇洒城镇道路、广场和绿地用水量可按式（2.7）计算：

$$Q_5 = \frac{1}{1000}(n_5A_5q_5 + A'_5q'_5) \quad \text{m}^3/\text{d} \tag{2.7}$$

式中 n_5——城镇最高日内浇洒道路、广场的次数；

q_5——浇洒道路、广场用水定额，L/(m²·次)；

q'_5——浇洒绿地用水定额，L/m²；

A_5——最高日内浇洒道路、广场的面积，m²；

A'_5——最高日内浇洒绿地浇洒的面积，m²。

（4）管网漏损水量。城镇配水管网的基本漏损水量宜按综合生活用水、工业企业用水、浇洒道路、广场和绿地用水量之和的10%计算，当单位供水量管长值大或供水压力高时，可按现行行业标准《城镇供水管网漏损控制及评定标准》（CJJ 92—2016）的有关规定适当增加。

（5）未预见用水量。城镇未预见水量应根据水量预测时难以预见因素的程度确定宜采用综合生活用水、工业企业用水、浇洒城镇道路、广场和绿地用水、管网漏损水量之和的8%～12%。

在城镇最高日设计用水量计算中，未预见水量及管网漏失水量一般按上述各项用水量（$Q_1 \sim Q_5$）之和的19%～25%计算。因此，设计年限内城镇最高日设计用水量 Q_d 为

$$Q_d = (1.19 \sim 1.25)(Q_1 + Q_2 + Q_3 + Q_4 + Q_5) \quad \text{m}^3 \tag{2.8}$$

2. 城镇最高日平均时用水量

城镇最高日平均时用水量可按式（2.9）计算：

$$\overline{Q}_h = \frac{Q_d}{T} \quad m^3/h \tag{2.9}$$

式中　$\overline{Q}_h$——最高日平均时用水量，m^3/h；

　　　T——城镇每日给水系统的工作时间，一般为24h。

3. 城镇最高日最高时用水量

城镇最高日最高时用水量可按式（2.10）计算：

$$Q_h = K_h \overline{Q}_h = \frac{K_h Q_d \times 1000}{24 \times 3600} = K_h \frac{Q_d}{86.4} \quad L/s \tag{2.10}$$

式中　K_h——时变化系数；

　　　Q_h——最高日最高时用水量，L/s。

式（2.10）中，K_h为整个供水区域用水量时变化系数。由于各种用水的最高时用水量并不一定同时发生，因此不能简单地将其叠加，一般是通过编制整个供水区域的逐时用水量计算表，从中求出各种用水按各自用水规律合并后的最高时用水量或时变化系数K_h，作为设计依据。

4. 消防用水量

城镇消防用水量Q_x一般单独成项，由于消防用水量是偶然发生的，不累计到城镇给水系统设计总用水量中，仅作为给水系统校核计算之用，消防用水量可按式（2.11）计算：

$$Q_X = N_X q_X \quad L/s \tag{2.11}$$

式中　N_X——城镇同一时间内灭火次数，参照表2.6～表2.8选用；

　　　q_X——一次灭火用水量，L/s，参照表2.6～表2.8选用。

【例2.1】 我国北方某城镇，规划居住人口10万，用水普及率预计为100%，其中老城区人口7.5万、新市区人口2.5万。老城区最高日综合生活用水量定额采用180L/(人·d)，新城区最高日综合生活用水量定额采用200L/(人·d)。居住区（包括公共建筑）生活用水量变化规律与现有某城镇实际统计资料相似，见表2.9第（2）项所列。城镇有两个生产企业：甲企业有职工6000人，分三班工作，每班2000人，无一般车间，每班下班后均需淋浴；乙企业有5000人，分两班工作，每班2500人，无高温车间，每班有1600人淋浴。生产用水量：甲企业每日24000m^3，企业每日6000m^3，按班制均匀使用。城镇浇洒道路面积为5.0hm^2，用水量定额采用1.5L/(m^2·次）每天浇洒1次；大面积绿化面积4.0hm^2，用水量定额采用2.0L/(m^2·d)。试计算该城镇以下各项用水量：①最高日用水量及逐时用水量；②最高日平均时和最高时用水量；③城镇消防所需用水量。

解：1. 城镇最高日用水量及逐时用水量计算

（1）生活用水量计算。

1) 居住区综合生活用水量。根据用水普及率、用水人口数以及选定的用水定额计算如下：

表 2.8 北方某城镇用水量计算表

时间	居住区生活用水		甲企业用水					乙企业用水				浇洒道路绿地用水/m³	未预见及漏失水量/m³	每小时水量	
	一天中占比/%	用水量/m³	高温车间生活用水		淋浴用水/m³	生产用水/m³		一般车间生活用水		淋浴用水/m³	生产用水/m³			累计水量/m³	一天中占比/%
			变化系数	用水量/m³				变化系数	用水量/m³						
(1)	(2)	(3)	(4)	(5)	(6)	(7)		(8)	(9)	(10)	(11)	(12)	(13)	(14)	(15)
0—1时	0.80	148	12.05	8.4		1000								1568.40	2.64
1—2时	0.16	30	12.05	8.5		1000							412	1451.10	2.44
2—3时	1.03	191	12.05	8.4		1000							413	1610.95	2.71
3—4时	1.33	246	12.05	8.4		1000							412	1666.45	2.81
4—5时	2.74	507	12.05	8.5		1000							412	1927.40	3.25
5—6时	4.40	814	12.05	8.4		1000							412	2235.40	3.77
6—7时	5.22	966	12.05	8.4		1000		6.25	3.9			75	413	2461.10	4.15
7—8时	6.56	1214	(31.30)	11.0	120	1000		12.50	7.8			80	412	2756.60	4.64
8—9时	8.60	1591	12.05	8.4		1000		12.50	7.8		375		412	3470.30	5.85
9—10时	6.85	1267	12.05	8.5		1000		18.75	11.7		375		413	3071.55	5.17
10—11时	5.47	1012	12.05	8.4		1000					375		412	2815.15	4.74
11—12时	5.21	964	12.05	8.4		1000					375		412	2770.95	4.67

续表

时间	居住区生活用水		甲企业用水					乙企业用水				浇洒道路绿地用水/m³	未预见及漏失水量/m³	每小时水量	
	一天中占比/%	用水量/m³	高温车间生活用水		淋浴用水/m³	生产用水/m³		一般车间生活用水		淋浴用水/m³	生产用水/m³			累计水量/m³	一天中占比/%
			变化系数	用水量/m³				变化系数	用水量/m³						
12—13时	5.43	1005	12.05	8.5		1000		6.25	3.9		375		412	2803.95	4.72
13—14时	5.23	968	12.05	8.4		1000		12.50	7.9		375		413	2771.85	4.67
14—15时	5.34	988	12.05	8.4		1000		12.50	7.8		375		412	2791.10	4.70
15—16时	5.52	1021	(31.30)	11.0	120	1000		(37.50)	11.7	60	375		412	3010.90	5.07
16—17时	5.40	999	12.05	8.4		1000		6.25	3.9		375		412	2798.30	4.71
17—18时	6.40	1184	12.05	8.5		1000		12.50	7.8		375		413	2988.30	5.03
18—19时	5.62	1040	12.05	8.4		1000		12.50	7.8		375		412	2842.90	4.79
19—20时	5.00	925	12.05	8.4		1000		18.75	11.7		375		412	2732.10	4.60
20—21时	3.24	599	12.05	8.5		1000		6.25	3.9		375		412	2398.80	4.04
21—22时	1.95	361	12.05	8.4		1000		12.50	7.9		375		413	2165.05	3.65
22—23时	1.70	315	12.05	8.4		1000		12.50	7.8		375		412	2117.70	3.57
23—24时	0.80	148	(31.30)	11.0	120	1000		(37.50)	11.7	60	375		412	2137.70	3.60
累计	100.00	18500		210	360	24000			125	120	6000	155	9894	59364	100.00

注 变化系数指该小时用水量占一班用水量的百分数；括号内的数值表示只在0.5h内用水。

$$Q_1 = \sum_{i=1}^{n} \frac{N_{1i}q_{1i}}{1000} = \frac{75000 \times 180 + 25000 \times 200}{1000} = 18500 (\text{m}^3/\text{d})$$

按照表2.9第（2）项采用的统计数据，分配居住区（包括公共建筑）每小时用水量列于表2.9第（3）项内。

2) 工业企业职工生活用水量计算。职工生活用水定额采用：高温车间为35L/（人·班），一般车间为25L/（人·班）。甲乙企业职工生活用水量计算为

$$Q_2 = \frac{1}{1000}(n'N_2'q_2' + n''N_2''q_2'') = \frac{3 \times 2000 \times 35 + 2 \times 2500 \times 25}{1000} = 210 + 125 = 335 (\text{m}^3/\text{d})$$

甲企业高温车间生活用水变化系数按第（4）项计算，则各小时生活用水量列于表2.9第（5）项；乙企业一般车间生活用水变化系数按第（8）项计算，各小时用水量列于表2.9第（9）项。

3) 工业企业职工淋浴用水量计算。职工淋浴用水定额采用：高温污染车间为60L/（人·班），一般车间为40L/（人·班）。甲、乙企业职工淋浴用水量计算：

$$Q_3 = \frac{1}{1000}(n'N_3'q_3' + n''N_3''q_3'') = \frac{3 \times 2000 \times 60 + 2 \times 1500 \times 40}{1000} = 360 + 120 = 480 (\text{m}^3/\text{d})$$

淋浴在下班后1h内进行，甲、乙企业职工淋浴用水量分别列于表2.9中第（6）、（10）项。

（2）工业企业生产用水量。甲、乙企业生产用水总量计算：

$$Q_4 = 24000 + 6000 = 30000 (\text{m}^3/\text{d})$$

甲企业24h均匀使用，平均每小时用水量为1000m^3；乙企业16h内均匀使用，平均每小时用水量为375m^3，分别列于表2.9中的第（7）、（11）项。

（3）浇洒道路及绿地用水量。浇洒道路及绿地用水量计算如下：

$$Q_5 = \frac{1}{1000}(n_5 A_5 q_5 + A_5' q_5') = \frac{1 \times 50000 \times 1.5 + 40000 \times 2.0}{1000} = 75 + 80 = 155 (\text{m}^3/\text{d})$$

考虑到供水的安全可靠性，在供水系统设计时，浇洒道路及绿地用水量一般放在用水高峰时段，浇洒道路及绿地用水量列于表2.9中第（12）项。

（4）未预见水量及管网漏失水量计算。未预见水量及管网漏失水量按上述各项用水量总和的20%计入，则

$$Q_6 = 0.2 \times (Q_1 + Q_2 + Q_3 + Q_4 + Q_5) = 0.2 \times (18500 + 335 + 480 + 30000 + 155) = 9894 (\text{m}^3/\text{d})$$

由于发生在每小时的未预见水量基本上随用水量的增加而增加，那么未预见及管网漏失水量24h均匀分配较为经济合理，见表2.9第（13）项。

因此，该城镇最高日用水量即为$Q_1 \sim Q_6$的合计值，计算如下：

$$Q_d = 18500 + 335 + 480 + 30000 + 155 + 9894 = 59364 (\text{m}^3/\text{d})$$

该城镇逐时用水量变化即表2.9中第（14）、（15）项所列。

2. 城镇最高日平均时和最高时用水量

（1）最高日平均时用水量计算如下：

$$\overline{Q}_h = \frac{Q_d}{T} = \frac{59364}{24} = 2473.5 (\text{m}^3/\text{h})$$

（2）最高日最高时用水量。由表2.9第（14）项查出：该城镇最高用水发生在8—9时，$Q_h = 3470.3 \text{m}^3/\text{h}$，占最高日设计用水量的百分数为5.85%。由此，可以计算出该城镇用水时变化系数K_h，即

$$k_h = \frac{Q_h}{Q'_h} = \frac{3470.3}{2473.5} \approx 1.40$$

3. 城镇消防用水量

该城镇在规划年限内的人口为 10 万，参照国家现行标准《消防给水及消火栓系统技术规范》(GB 50974—2014)，确定消防用水量为 35L/s，同时发生火灾次数为两次，则该城镇所需消防用水量计算如下：

$$Q_x = N_x q_x = 2 \times 35 = 70 (\text{L/s})$$

2.2.2 城镇供水系统流量工况

城镇供水系统各组成部分既连续，又具有各自独立功能，各项构筑物、设备和管道均应以城镇最高日用水量 Q_d 为设计计算基础，同时还要考虑到各组成部分功能的不同，确定的设计流量也会有所不同。

2.2.2.1 净水厂

城镇供水时，一般净水厂连续均匀地运行。一方面，为保证供水处理构筑物运行稳定及管理便利，要求流量稳定；另一方面，从基本建设投资角度来说，满足最高日用水需求下，按最高日平均时用水量进行净水厂供水设计，较按最高日最高时用水量进行设计更经济。因此，水厂内净水构筑物、设备和连接管道，均按最高日平均时用水量加上水厂自用水量设计计算。当考虑到有消防供水任务时，其设计流量还应根据有无调节构筑物，分别增加消防补给量或消防水量。

图2.2.2

水源为地表水或需净化处理的地下水时，各净水构筑物设计流量按式（2.12）计算：

$$Q_1 = \frac{(1+\alpha)Q_d}{T} \tag{2.12}$$

式中 Q_1——水厂净水构筑物设计流量，m^3/h；

　　　T——净水构筑物一天内的实际运行时间，h，一般按 24h 均匀工作考虑，夜间用水量较小的村镇可考虑一班或两班制运行；

　　　α——净水厂自用水率，根据原水水质、所采用的处理工艺和构筑物类型等因素通过计算确定，一般采用 5%～10%。当滤池反冲洗水采取回用时自用水率适当减少。

2.2.2.2 取水构筑物、一级泵站、原水输水管道

城镇供水取用地表水源水时，取水构筑物、一级泵站、从水源至净水厂的原水输水管道的设计流量将随着净水厂的工作状况而定。通常按式（2.13）计算：

$$Q_2 = \frac{(1+\alpha+\beta)Q_d}{T} \tag{2.13}$$

式中 Q_2——取水构筑物、一级泵站、原水输水管道设计流量，m^3/h；

　　　T——取水构筑物、一级泵站一天内的实际运行时间，h；

　　　β——输水管道漏损水量占最高日用水量的比例，与输水管道单位管道长度的供水量、供水压力、管道材质有关。

2.2.2.3 二级泵站、二级泵站到管网的输水管以及管网

二级泵站、二级泵站到管网的输水管设计流量的确定与供水管网内有无设置调节构筑物以及调节构筑物位置有关。

(1) 城镇管网内不设调节构筑物。当城镇管网内没有调节构筑物，二级泵站和从二级泵站到城镇配水管网输水管的设计流量应按照用户最高日最高时用水量确定。在这种情况下，二级泵站任何小时的供水量都应等于用户的用水量，最高日最高时供水流量按式（2.10）计算即可。

(2) 城镇管网内设有调节构筑物。当城镇管网中设有调节构筑物，如水塔（或高位水池）时，由于水塔可以调节二级泵站供水和用户用水之间的流量差，因此二级泵站每小时的供水量可以不等于用户每小时的用水量，即采用分级供水。但是，设计的最高日泵站的总供水量应等于最高日用户总用水量。

1) 管网起端设置水塔（或高位水池），二级泵站和从二级泵站到城镇管网输水管的设计流量，按照二级泵站分级供水的最大一级供水流量确定。

2) 网中或网后设水塔（或高位水池）时，二级泵站设计流量，仍按照二级泵站分级供水的最大一级供水流量确定。二级泵站到管网的输水管设计流量应按最高日最高时流量减去水塔（或高位水池）输入管网的流量计算。

城镇配水管网的设计流量按照最高日最高时供水流量确定。

2.2.2.4 调节构筑物

城镇供水需必要的调节构筑物。除在净水厂内设置清水池外，当城镇管网的供水区域较大配水距离较长，并且在供水区域内有合适的位置和地形的时候，可以通过技术经济比较，考虑在净水厂外设置高位水池、水塔、调节水池泵站等。

1. 清水池

由于一级泵站和水厂内的净化构筑物通常按照最高日平均时流量设计，而向管网供水的二级泵站供水流量和一级泵站的每小时流量并不相等。为了调节一级泵站供水量（经净水构筑物的处理水量）和二级泵站送水量之间的差值，必须在一、二级泵之间建造清水池。

(1) 清水池构造。清水池一般为圆形和矩形的钢筋混凝土水池。其主要由进水管、出水管、溢水管、放空管、通风孔及检修孔、导流墙、水位指示等组成，如图 2.3 所示。

(2) 清水池的一般要求。

1) 清水池的个数或分格数不得小于 2 个，并应能单独工作和分别泄空；有特殊措施能保证供水要求时，可修建 1 个。

2) 清水池内壁宜采用防水、防腐蚀措施，防水、防腐材料应符合现行国家标准《生活饮用水输配水设备及防护材料的安全性评价标准》（GB/T 17219—1998）的有关规定。

3) 清水池排空、溢流等管道严禁直接与下水道连通。清水池四周应排水畅通，严禁污水倒灌和渗漏。

4) 清水池应有保证流动、避免死角、防止污染、便于清洗和通气等措施。

5) 清水池周围 10m 以内不得有化粪池污水处理构筑物、渗水井、垃圾堆放场等污染源；周围 2m 以内不得有污水管道和污染物。当达不到上述要求时，应采取防止

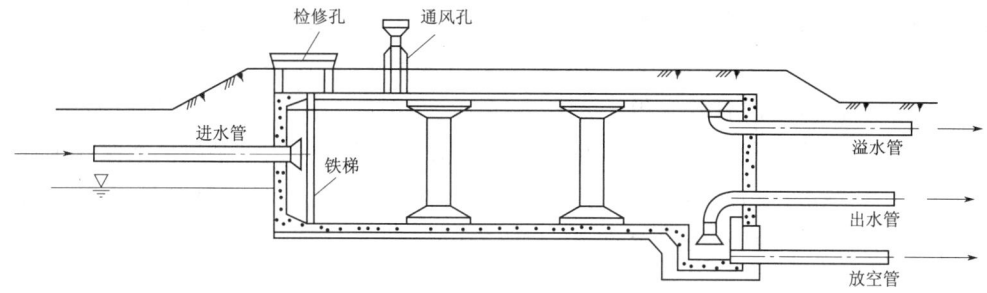

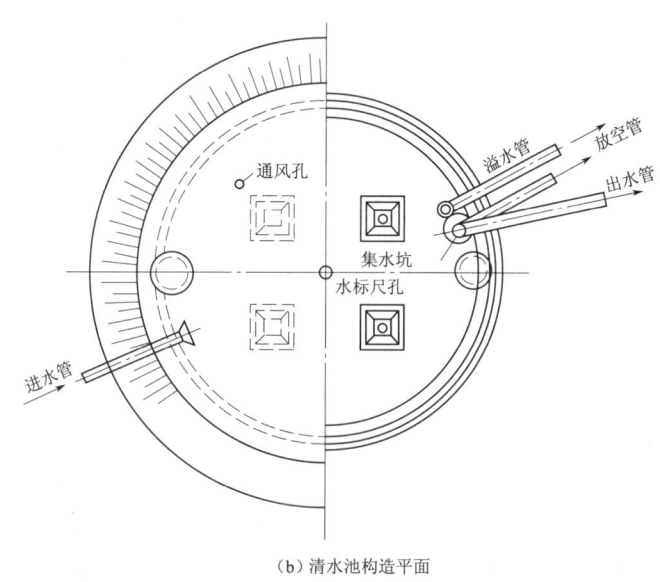

图 2.3 清水池构造示意图

污染的措施。

2. 水塔

水塔的主要作用是调节二级泵站供水量和用户用水量之间的差值，同时备用一部分消防水量。

(1) 水塔的构造。在供水工程中，水塔一般为倒锥壳钢筋混凝土水塔、平底筋混凝土或砖支水塔。水塔主要由水柜、塔体、进出水管、溢水管、放空管水位指示等组成。

(2) 水塔的一般要求。

1) 水柜应具有不透水性；塔体应有一定的稳定性以支撑水柜满水时的重量及抵抗风的侧压力。

2) 水柜应有保证流动、避免死角、防止污染、便于清洗和通气等措施。

3) 水塔应根据防雷要求设置防雷装置。

3. 清水池和水塔的容积

(1) 清水池有效容积的确定。清水池除起到调节水量的作用外，还需储存水厂的产用水（如滤池反冲洗用水等），备用一部分城镇消防水量。从水处理的角度来看，

清水池还应当满足净水消毒接触时间的要求。因此，清水池的有效容积为

$$W=W_1+W_2+W_3+W_4 \tag{2.14}$$

式中 W——清水池的有效容积，m^3；

W_1——调节容积，m^3，一般依据一级泵站制水曲线与二级泵站供水曲线求得；

W_2——净水厂构筑物冲洗滤池和沉淀池排泥等厂区自调节用水量，m^3，通常取用最高日用水量的 5%～10%；

W_3——安全储水量，m^3，为避免清水池抽空，威胁供水安全，清水池可保留一定水深的容量作为安全储量；

W_4——消防储水量，m^3，一般按 2～3h 消防历时计算。

清水池的容量尚需复核必要的消毒接触容量（复核时可利用消防储量和安全储量）。

在缺乏供水数据资料的情况下，当水厂外没有调节构筑物的时候，清水池的有效容积一般可按净水厂最高日设计水量的 10%～20% 计算，小规模的净水厂采用较大的数值。

（2）水塔有效容积的确定。一般水塔的有效容积应为

$$W=W_1+W_2 \tag{2.15}$$

式中 W——水塔的有效容积，m^3；

W_1——调节容积，m^3，根据水厂二级泵站的供水曲线和用户的用水曲线计算；

W_2——消防贮水量，m^3，按 10min 室内消防用水量计算。

当缺乏用户用水量变化规律资料的情况下，水塔的有效容积也可凭运转经验确定。当泵站分级工作时，可按最高日设计水量的 6%～8% 设计计算，城镇用水量大时取低值。工业用水可按生产上的要求（调度、事故及消防等）确定水塔的调节容积。

【例 2.2】 一城镇不同时段用水情况见表 2.9。试计算：

（1）若供水管网无水塔，确定清水池的调节容积；

（2）若供水管网设置水塔，二级泵站供水情况见表 2.9，供水量与用水量差额由水塔调节。确定清水池和水塔的调节容积。

表 2.9　　　　　　　　　　清水池和水塔的调节容积计算表

时间	用水量/%	有水塔时，二级泵站供水量/%	一级泵站供水量/%	清水池调节容积/%		水塔调节容积/%
				无水塔时	有水塔时	
(1)	(2)	(3)	(4)	(5)	(6)	(7)
0—1 时	1.18	2.78	4.17	−2.99	−1.39	−1.6
1—2 时	1.06	2.78	4.16	−3.10	−1.38	−1.72
2—3 时	1.03	2.77	4.17	−3.14	−1.40	−1.74
3—4 时	2.33	2.78	4.17	−1.84	−1.39	−0.45
4—5 时	2.72	2.78	4.17	−1.45	−1.39	−0.06

续表

时间	用水量/%	有水塔时,二级泵站供水量/%	一级泵站供水量/%	清水池调节容积/%		水塔调节容积/%
				无水塔时	有水塔时	
5—6时	3.31	5.00	4.16	−0.85	0.84	−1.69
6—7时	5.22	5.00	4.17	1.05	0.83	0.22
7—8时	6.36	5.00	4.17	2.19	0.83	1.36
8—9时	7.20	5.00	4.17	3.03	0.83	2.2
9—10时	5.65	5.00	4.16	1.49	0.84	0.65
10—11时	6.41	5.00	4.17	2.24	0.83	1.41
11—12时	5.21	5.00	4.17	1.04	0.83	0.21
12—13时	5.43	5.00	4.17	1.26	0.83	0.43
13—14时	5.23	5.00	4.16	1.07	0.84	0.23
14—15时	5.04	5.00	4.16	0.88	0.84	0.04
15—16时	5.02	5.00	4.17	0.85	0.83	0.02
16—17时	5.01	5.00	4.17	0.85	0.84	0.01
17—18时	5.82	5.00	4.17	1.65	0.83	0.82
18—19时	5.16	5.00	4.17	0.99	0.83	0.16
19—20时	5.12	5.00	4.16	0.96	0.84	0.12
20—21时	2.87	2.78	4.17	−1.30	−1.39	0.09
21—22时	2.79	2.78	4.17	−1.38	−1.39	0.01
22—23时	2.69	2.77	4.16	−1.47	−1.39	−0.08
23—24时	2.14	2.78	4.17	−2.03	−1.39	−0.64
累计	100.00	100.00	100.00	19.55	12.51	7.98

解：编制清水池和水塔的调节容积计算表2.9，做如下计算：表2.9中（1）～（4）项已定。第（5）项为第（2）项与第（4）项之差。第（6）项为第（3）项与第（4）项之差。第（7）项为第（2）项与第（3）项之差。第（5）、（6）、（7）项中的正值（或负值）连续相加，即得调节容积（以最高日用水量的百分数计）。若设最高日用水量为 $Q_d \mathrm{m}^3$，则有：供水管网不设水塔时，清水池应有的调节容积为 $19.55\% Q_d \mathrm{m}^3$；供水管网设水塔时，清水池应有的调节容积为 $12.51\% Q_d \mathrm{m}^3$，水塔应有的调节容积为 $7.98\% Q_d \mathrm{m}^3$。

2.2.3 给水系统水压工况

城镇给水系统必须保证一定的水压，以供用户使用。用户在用水接管地点的地面上测出的测压管水柱高度常称为该用水点的自由水压，也称为用水点的服务水头。当建筑由供水管网直接供水的时候，一般按照建筑的层数确定供水管网的最小服务水头：对于一层的建筑，最小为10m，二层的建筑为12m，二层以上的建筑每增加一层，服务水头增加4m。

城镇给水管网的供水压力，以满足数量上占主导地位的低层和多层建筑需要为准。

给水系统压力设计时,需要确定供水区最不利供水点。最不利供水点也称控制点,是指整个给水系统中水压应该满足而最不容易满足的地点。城镇供水区控制点确定时,需要考虑的因素包括地形最高点、要求自由水压最高点、距离供水起点最远点。

而对供水压力有特殊要求的情况:如地形高差大、高层建筑、高压工业用水等,可考虑分区、分压供水,或局部增设加压设施,以降低工程投资、节约能耗、提高供水安全性。同时,为有效地保证城镇用户所需水压,必须合理地设计水泵扬程、水塔或高位水池建设高度。

2.2.3.1 水泵扬程的确定

水泵扬程 H 是指单位重量液体通过水泵后所获得的能量增值,即静扬程与水头损失之和。

1. 一级泵站水泵扬程

一级泵站水泵静扬程指从吸水井最低水位到水厂最前端水处理构筑物(一般是混合池)最高水位的高程差。则如图 2.4 所示,一级泵站水泵扬程为

$$H_p = H_0 + h_s + h_d \tag{2.16}$$

式中 H_p——一级泵站水泵扬程,m;

H_0——水泵静扬程,m;

h_s——由最高日平均时供水量加水厂自用水量确定的吸水管的水头损失,m。

h_d——由最高日平均时供水量加水厂自用水量确定的压水管线中的水头损失,m。

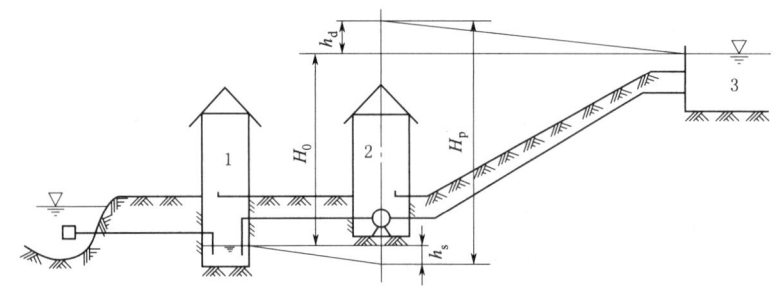

图 2.4 一级泵站水泵扬程计算图
1—吸水井;2—一级泵房;3—水处理构筑物

2. 二级泵站水泵扬程

(1) 当供水管网无水塔时,二级泵站水泵静扬程为清水池最低水位(或水泵吸水井最低水位)与管网控制点地形标高的高程差及控制点所需的最小自由水压之和,则如图 2.5 所示,二级泵站水泵扬程为

$$H_p = Z_c + H_c + h_s + h_c + h_n \tag{2.17}$$

式中 H_p——二级泵站水泵扬程,m;

Z_c——清水池最低水位(或水泵吸水井最低水位)与管网控制点 C 处地形标高的高程差,m;

H_c——控制点要求的最小服务水头,m;

h_s、h_c、h_n——吸水管、输水管和管网中的水头损失,m,按水泵最高供水时供水量计算。

(2)当供水管网设置水塔时,供水区的控制点为水塔。水塔在管网中的位置可以靠近水厂(称网前水塔)、位于管网中间(称网中水塔)或靠近管网末端(称网后水塔或对置水塔)。二级泵站水泵扬程视水塔设置位置而定。

1)如图2.6所示,网前水塔时,二级泵站水泵扬程为

$$H_p = Z_t + H_t + H_0 + h_s + h_c \tag{2.18}$$

式中 Z_t——清水池最低水位(或水泵吸水井最低水位)与水塔 t 处地形标高的高程差,m;

H_t——水塔的高度(水柜底到地面的距离),m;

H_0——水塔水柜的有效水深,m;

其余符号意义同上。

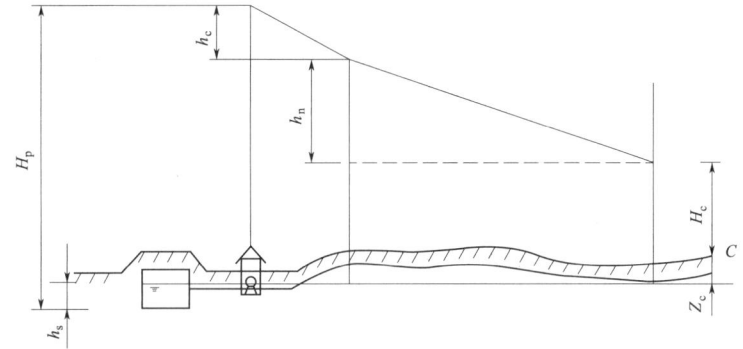

图2.5 无水塔二级泵站水泵扬程计算图

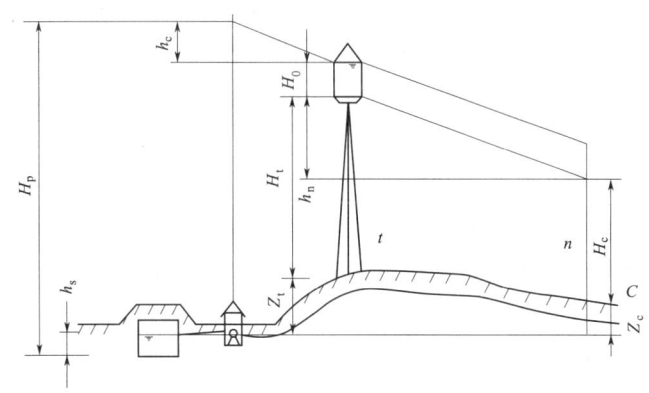

图2.6 网前水塔时二级泵站水泵扬程计算图

2)如图2.7所示,网后水塔时,二级泵站扬程可按与式(2.17)计算,式中 h_s、h_c、h_n 按管网最高供水时扣除水塔供水流量计算。

(3)二级泵站扬程校核。对于二级泵站,应根据具体情况对消防时、最大转输时及事故发生时的几种特殊工况进行校核。

1)消防时,应以消防流量进行核算。水泵扬程仍可按式(2.17)计算,只是控制点应选在设计时假定的着火点。对于高压消防系统来说,其水压应满足直接灭火的水压要求,具体水压值随建筑物层高、灭火水量而定;对于低压消防系统,允许控制

点水压降至10m。目前除重要的大型工业企业设置专用高压消防系统外，一般城镇均采用低压消防系统，由消防车或消防车泵自消火栓中接水加压。

2）最大转输时，以最大转输时的水量进行核算。如图2.7所示，最大转输时，二级泵站所需扬程可能大于管网最大供水时扬程，管网需满足最大转输水量进入调节构筑物的水压要求。管网向水塔最大转输时二级泵站扬程H_{pz}为

$$H_{pz} = Z_t + H_t + H_0 + h'_s + h'_c + h'_n \tag{2.19}$$

式中　h'_s、h'_c、h'_n——管网向水塔最大转输时吸水管、输水管和管网中的水头损失，m，按最大转输时流量计算；

其余符号意义同上。

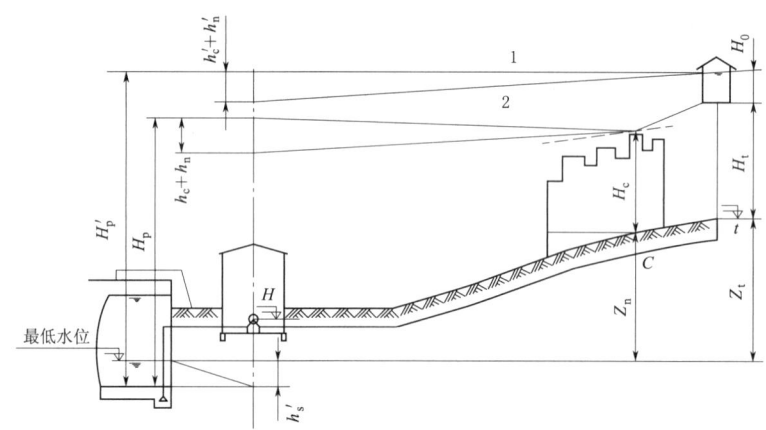

图 2.7　最大转输时二级泵站水泵扬程计算图
1—最大转输时；2—最高用水时

3）事故时，应考虑最不利管段发生故障时，以事故时的流量进行核算，使其水压仍能满足设计水压的要求。

2.2.3.2　水塔高度的确定

如前所述，水塔的主要作用是调节二级泵站供水量和用户用水量之间的差值，并需储存10min的室内消防水量。大城市一般不设水塔，因为大城市用水量大，水塔容积小了不起作用，而如果容积太大造价又太高，况且水塔高度一旦确定，不利于供水管网今后的发展。中小城镇和工业企业则可考虑设置水塔，因为这样既可以降低泵站能耗，又可以保证恒定的水压。水塔在管网中的位置不管是网前、网中、网后设置，它的水柜底高于地面的高度均可按式（2.20）计算（图2.6、图2.7），即

$$H_t = H_c + h_n - (Z_t - Z_c) \tag{2.20}$$

式中　h_n——水塔到控制点C的管路水头损失，m，水塔设置位置不同，按最高供水时供水量计算的从水塔到控制点的管网水头损失不同，一般网后设置水塔时，最高用水时的控制点在二级泵站与水塔各自供水区分界线上；

其余符号意义同上。

式（2-20）表明，建造水塔处的地面标高Z_t越高，则水塔高度H_t越小，充分利用高地建造水塔可降低水塔工程造价。

思 考 题

1. 试述给水工程规划工作程序及内容。
2. 给水管网布置应满足什么要求？
3. 配水管网布置有哪两种基本形状？各自的优缺点及适用条件如何？
4. 输水管渠定线应考虑到哪些方面？
5. 给水系统的流量设计依据是什么？
6. 城镇用水量的计算应包括哪些用水？
7. 最高日用水量变化曲线如何得到？由该变化曲线可以得到给水系统各子系统哪些设计参数？
8. 清水池和水塔的作用是什么？水塔的调节容积与其在管网中的位置有关吗？
9. 当供水系统中一级泵站扬程和二级泵站设计扬程如何计算？

实 践 训 练 题

1. 某城镇最高日用水量为 20 万 m^3，每小时用水量变化如表 2.10 所示。试求：

（1）该城镇最高日平均时和最高时用水量；

（2）绘制用水量变化曲线。

表 2.10　　　　　某城镇每小时用水量变化情况

时间	0—1时	1—2时	2—3时	3—4时	4—5时	5—6时	6—7时	7—8时	8—9时	9—10时	10—11时	11—12时
用水量/%	2.51	2.43	2.46	2.92	3.06	3.11	5.32	5.41	5.92	5.85	5.03	4.01
时间	12—13时	13—14时	14—15时	15—16时	16—17时	17—18时	18—19时	19—20时	20—21时	21—22时	22—23时	23—24时
用水量/%	4.32	4.44	4.67	4.66	4.71	4.33	5.21	5.27	4.52	4.13	3.06	2.65

2. 城镇某处管网的常年最小供水水压为 32m 水柱，试初步判定此处管网水压能保证供给的建筑住宅最高楼层是多少？

3. 某城镇总用水量为 $12400 m^3/d$，24h 用水量（m^3/h）见表 2.11，求一级泵站 24h 均匀抽水时所需要的清水池调节容积。

表 2.11　　　　　某城镇 24h 用水量情况

时间	0—1时	1—2时	2—3时	3—4时	4—5时	5—6时	6—7时	7—8时	8—9时	9—10时	10—11时	11—12时
水量/m^3	211	207	202	202	317	539	637	699	744	724	629	639
时间	12—13时	13—14时	14—15时	15—16时	16—17时	17—18时	18—19时	19—20时	20—21时	21—22时	22—23时	23—24时
水量/m^3	639	639	653	684	713	723	697	620	396	334	320	232

项目 3

水源及取水工程

【学习目标】

1. 知识目标：①能了解城镇水源种类及特点，熟悉水质标准，掌握水源的卫生防护方法。②能了解城镇地下水取水构筑物的类型与使用特点，掌握地下水取水构筑物的设计要点。③能了解城镇地表水取水构筑物的类型与使用特点，掌握地表水取水构筑物的设计要点。

2. 技能目标：①能根据水源种类及特点，合理选择城镇给水水源，制定水源卫生防护方案。②能根据地下水取水构筑物使用特点，合理选用适合的地下水取水构筑物形式。③能根据地表水取水构筑物使用特点，合理选用适合的地下表取水构筑物形式。

3. 思政和素质目标：培养社会责任感和使命感，提升专业实践能力，为美丽中国和生态文明建设贡献力量。

3.1 水源与水质标准

3.1.1 水源的种类及特点

1. 地表水

（1）江河水。流程长，汇水面积大且在取水区域以外。流量大，受季节和降水的影响也大。水中悬浮物和胶体杂质含量高，其浊度高于地下水。特别是我国西北和华北地区流经黄土高原的黄河水系及海河水系等，河水含沙量高。浊度随季节和天气的雨晴变化幅度很大。江河水的含盐量和硬度较低，一般均适合用于生活饮用水源。

江河水易受工业废水、生活污水、农药等污染，作为给水水源，应引起注意。

（2）湖泊及水库水。水体大，水量充足。水质、水量受季节和降水影响较江河小。因其动性小，储存时间较长，故浊度比江河水低，但含盐量因水体不断得到补给又不断蒸发浓缩，往往比江河水高。湖水浮游生物及藻类较多，也极易受到污染。

2. 地下水

根据地下水存在于地层间的位置，一般可分为上层滞水、潜水、承压水、裂隙水、岩溶水、泉水等。

（1）上层滞水。离地面较近，处于区域地下水位以上，滞蓄于局部隔水层的上部，分布范围不大，受季节影响较大，水量不稳，易受污染，不宜作为可靠的供水水源。

(2) 潜水。埋藏于地面以下第一个连续分布的隔水层之上，水体表面通过土层空隙与大气相通。其水位随大气降水和季节变化而变化，潜水分布范围广，埋藏浅，易开采。一般水量较丰富，浊度较低，硬度较高，宜作为生活饮用和工业冷却用水的水源。

(3) 承压水。存在于两个隔水层之间的地下水，其补给区域与承压水分布不一致。补给区的地面标高决定承压水头的大小。该层水量稳定，水质好，不易受到污染，一般硬度较高。承压水为生活用水的重要水源。

(4) 裂隙水。埋藏在基岩裂隙中的地下水。基岩大部分出露在山区，因此水主要在山区出现。对于裂隙发育、补给和汇集条件好的地段，可有丰富的水集存。

(5) 岩溶水。储存于可溶性岩层中的溶蚀洞穴和裂隙中的水称为岩溶水。我国岩溶水分布甚广，特别是广西、云南、贵州等地水量丰富，可作为供水水源。

(6) 泉水。涌出地表的地下水露头称为泉。来源于承压水的泉为上升泉，来源于潜水或上层滞水的泉为下降泉。上升泉的水量、水质、水温变化不大，为良好的生活饮用水源，下降泉的水量、水质、水温变化较大，选为供水水源时要慎重。

地下水硬度高于地表水。含铁、锰地下水在我国分布较广。某些地区的地下水源中，还存在高氟水、苦咸水。这反映出我国部分城镇水源水急需处理的特点。

3.1.2 水源选择

水源选择主要从以下几方面考虑。

1. 水质良好

选择水源首先要重视水源的水质，取得必要的水质资料。一般应满足下列要求。

(1) 原水要有良好的感官性状。

(2) 原水中的化学指标，特别是毒理学指标，应符合《生活饮用水卫生标准》(GB 5749—2022)。

(3) 只经加氯消毒即供生活饮用的原水，大肠菌群平均每升不超过 1000 个；经过净化处理和加氯消毒后作为生活饮用水的原水，大肠菌群平均每升不超过 10000 个。

(4) 其他水质指标，经常规净化与消毒后，也应符合《生活饮用水卫生标准》(GB 5749—2022)。

(5) 若受条件限制，水源不能满足上述要求时，应征得卫生主管部门的同意，慎重选用原水水质较为接近生活饮用水水质要求的水源，并应根据超标的程度，会同卫生部门共同研究，提出相应的处理方法。

2. 水量充沛可靠

水源水量要充沛可靠，既要满足目前需要，又要满足未来发展的要求。不仅在丰水期，即使在枯水期也能满足水量要求。为此，在选择水源时，必须对水源的水文和水文地质情况、丰枯变化情况进行认真调查，收集资料，综合分析。对于地表水源，应了解河流的最高洪水位、最低枯水位、河流的年平均流量、丰水期最大流量、枯水期最小流量等；对于湖泊、水库主要是了解丰、枯期的水位和可供水量等；对于地下水源，应了解地下水埋藏深度、含水层厚度、补给区面积大小、地下水在各种水文年的储量等。

3. 水源卫生条件好

选择水源时，应首先着眼于原水水质的好坏，以便卫生防护而不应依赖于净化处理，因为常规处理对于去除某些化学成分效果不理想。从防止人为地造成水源污染角度出发，在城镇规划布局时，就应选定卫生条件好的水源，并认真做好卫生防护工作。一般来讲，水源的取水点，按水流流向宜选在城镇上游。

4. 技术上可行，经济上合理

选定水源时，应使取水、净水、输配水构筑物投资省，技术可行，运行管理方便，制水成本低，供水安全可靠。当有两个以上水源可供选择时，应通过技术、经济比较选定。

3.1.3 天然水中的杂质

水在自然界的循环过程中，由于同外界的不断接触，不同程度地含有各种各样的杂质，根据这些杂质在水中的存在形态，可将其分为悬浮物、胶体和溶解物三类，见表3.1。

表 3.1　　　　　　　　　　水中杂质分类

杂　　质	溶解物 （低分子、离子）	胶　体	悬　浮　物
颗粒尺寸	0.1nm　　　1nm	10nm　　　100nm	1μm　　10μm　　100μm　　1mm
分辨工具	电子显微镜可见	超显微镜可见	显微镜可见　　　肉眼可见
水的外观	透　　明	浑　　浊	浑　　浊

1. 悬浮物和胶体杂质

天然水中的悬浮物主要来源于水流对地表、河床的冲刷、侵蚀和各种废水、废物的侵入。水生动植物及其残骸也是水中有机悬浮物的来源之一。

悬浮物尺寸较大，易于在水中下沉或上浮。易于下沉的一般是大颗粒泥沙及矿物质废渣等；能够上浮的一般是体积较大而密度小的某些有机物。胶体颗粒尺寸很小，在水中相当稳定，虽经长期静置也不会自然下沉。天然水中的胶体通常有黏土、某些细菌及病毒、腐殖质及蛋白质等。溶解性有机高分子物质，某些性质也与胶体相似。天然水中的胶体一般带负电荷，有时也含有少量带正电荷的金属氢氧化物胶体。

悬浮物和胶体是生活饮用水处理的主要去除对象，一般通过投加混凝剂即可去除，其中高分子物质的去除比较困难，需投加大量混凝剂才行。

2. 溶解杂质

溶解杂质是指水中的低分子和离子。它们与水构成均相体系，外观透明，称为真溶液，也有的具有色、臭、味。溶解杂质是某些工业用水的主要去除对象，但不能用常规的混凝沉淀及过滤工艺去除。

天然水体中，以低分子存在的溶解杂质主要是氧和二氧化碳，有时也含有少量氮、二氧化硫和硫化氢等其他气体。

天然水中的离子主要来源于矿物质的溶解。其中主要的阳离子有 Ca^{2+}、Mg^{2+}、Na^+，此外还有少量的 K^+、Fe^{2+}、Mn^{2+}、Cu^{2+} 等离子。有的地下水含 Fe^{2+}、Mn^{2+} 较多，成为净化处理的主要对象。主要阴离子有 HCO_3^-、SO_4^{2-}、Cl^-。此外还有少量的 $HSiO_3^-$、CO_3^{2-} 和 NO_3^- 等离子。

3.1.4 水质标准

水质标准是指用户所要求的各项水质参数应达到的指标或限值。饮用水水质标准，表示人体对水中各种元素的适应能力，其某些指标还会随着环境的变异和病理学研究的人而改变。因此，水质标准总是在不断修改和补充之中。城镇供水以生活饮用为主，其水质必须符合现行的国家标准《生活饮用水卫生标准》（GB 5749—2022）的规定。

生活饮用水水质应符合下列基本要求，保证用户饮用安全：

（1）生活饮用水中不应含有病原微生物。

（2）生活饮用水中化学物质不应危害人体健康。

（3）生活饮用水中放射性物质不应危害人体健康。

（4）生活饮用水的感官性状良好。

（5）生活饮用水应经消毒处理。

3.1.5 水源的卫生防护

国家对水资源实行资源保护，防治水害。在正确选择水源的同时，还必须事先采取水源保护措施，以防止水源枯竭和水质污染。

3.1.5.1 取水水源的保护措施

（1）防止水源枯竭、合理利用水源：配合水源行政主管部门或经济部门编制水资源综合利用规划；采取有效措施，加强加水源管理；进行流域面积上的水土保持，涵养水源工作。

（2）防止水源污染和水质恶化的措施：合理进行城镇和工业的规划，减轻对水源的污染；勘察新水源时，应从防止污染的角度，水源合理规划布局，提出防护措施；对海滨及其他水资源条件较差地区，注意由于地下水的开采而引起的咸水入侵与水质不良含水层发生的水力联系；进行水体污染调查，建立水体污染监测网；加强水源水质监督管理，制定污水排放标准，并贯彻实施。

3.1.5.2 取水水源的卫生防护

取水水源的卫生防护，是保证水源水质的重要环节，应遵照《中华人民共和国水法》和《生活饮用水卫生标准》的规定，进行水源的卫生防护。水源卫生防护的目的是防止水源污染。

（1）地表水源的卫生防护：在取水点周围半径不小于 100m 的水域内，不准停靠船只、游泳、捕捞以及从事一切可能污染水源的活动；在取水口上游 1000m 到下游 100m 的范围内不得排入工业废水和生活污水；在其沿岸的防护范围内，不得堆放废渣，设置化学品仓库或堆栈，不得设立装卸垃圾、粪便和有毒物质的码头；沿岸农田不得使用工业废水或生活污水灌溉和施用持久性或剧毒农药。

（2）地下水的卫生防护：一般生产区外围不小于 10m 的范围内，不得设立生活居住区，禽畜饲养场、渗水厕所、渗水坑；不得堆放垃圾、粪便、废渣或铺设污水管道，保持良好的卫生状况，并充分绿化；在单井或井群范围内，不许用污、废水灌溉农田和施用持久性或剧毒农药，不得修建渗水厕所，堆放废渣或铺设污水管道等。

3.2 地下水取水构筑物

由于地下水的类型、埋藏条件等各不相同，开采、取集地下水的方法和取水构筑物的形式也各不相同。取集地下水的构筑物有管井、大口井辐射井、渗渠等形式。

3.2.1 管井

管井是一种细而长的具有管状结构的水井，故称为管井。用于开采深层地下水。

管井的直径一般为 50～1000mm，常用的为 150～600mm，井深一般为 20～1000m，常用井深在 200m 以内，单井出水量约为 500～6000m³/d。随着凿井技术的不断发展，直径大于 1000mm，井深大于 1000m 的管井已有所使用。

管井由于施工方便，深度范围大，对各种含水层具有较强的适应性。尤其对于埋深大的含水层，是其他取水构筑物所不能替代的。因而管井是应用最广泛的一种地下水取水构筑物。

3.2.1.1 管井的构造

管井构造一般由井室、井壁管、过滤器及沉淀管组成，如图 3.1（a）所示。当有几个含水层且各层水头相差不大时，可用如图 3.1（b）所示的多层过滤器管井。当抽取结构稳定的岩溶裂隙水时，管井也可不装井壁管和过滤器。按其过滤器是否贯穿整个含水层，可分为完整井和非完整井，如图 3.2 所示。

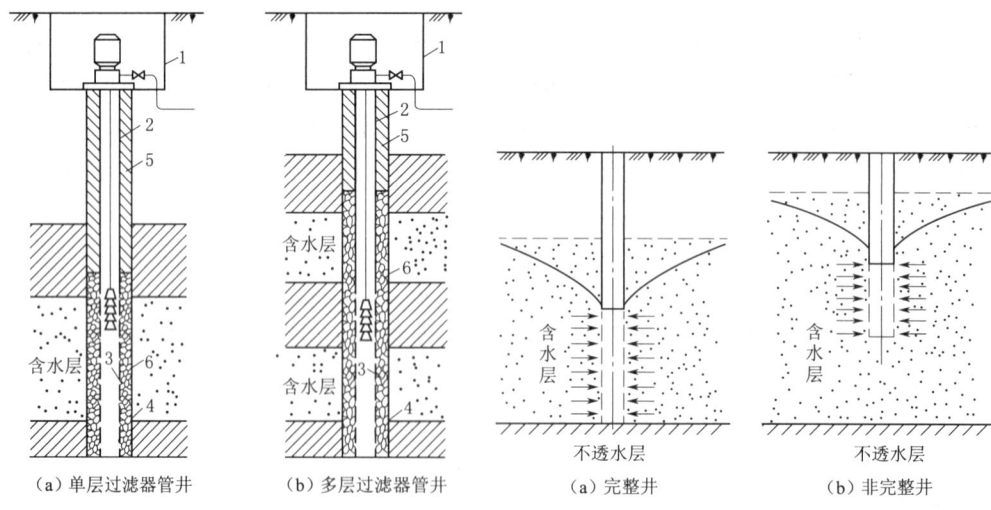

（a）单层过滤器管井　（b）多层过滤器管井
图 3.1　管井的一般构造
1—井室；2—井壁管；3—过滤器；4—沉淀管；
5—黏土封闭；6—人工填砾

（a）完整井　（b）非完整井
图 3.2　管井形式

1. 井室

井室通常是为保护井口免受污染、安放各种设备（如水泵机组或其他技术设备）及进行维护管理的场所。井室对采光、采暖、通风、防水、防潮设施有一定的要求，还要合乎卫生防护要求，为此，对于地下式井室需用黏土填塞井室外壁和底部，以防地层被污染，井口部分的构造应严密，并应使其高出井室地面0.3~0.5m，以防积水流入井内。

井室的形式主要取决于抽水设备及其管理条件及气候、水文地质条件，水源地的卫生状况也在不同程度上影响井室的形式与构造。

（1）自流井或用虹吸方式取水的管井井室。静水位及动水位较高时，能形成自流井或用虹吸方式取水，由于无须在井口设置抽水设备，且无须经常维护，因此井室多设于地面以下，其构造与一般给水阀门相似，自流井井室如图3.3所示。

（2）地面深井水泵井室。根据不同条件，深井井室可以设于地面、地下或半地下。图3.4（a）所示为地面深井井室布置图。

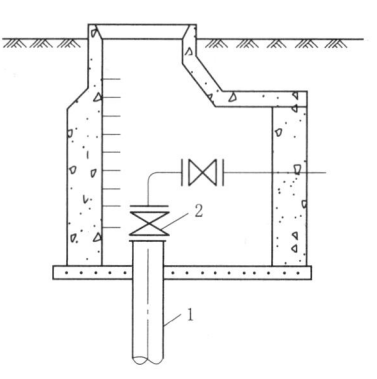

图3.3 自流井井室

1—井管；2—套管上的阀门

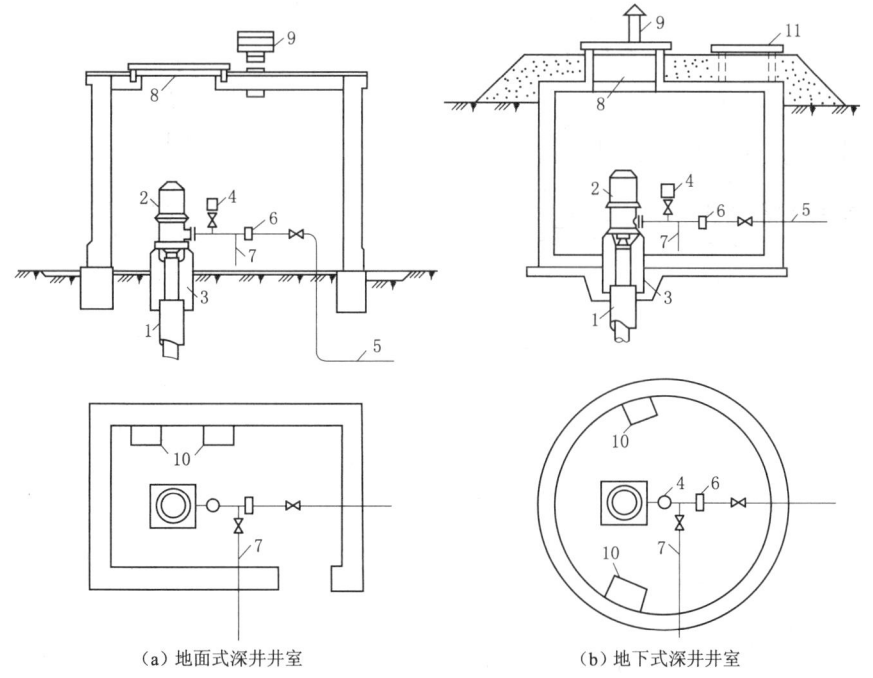

(a) 地面式深井井室　　　(b) 地下式深井井室

图3.4 深井井室布置图

1—井管；2—电机；3—水泵基础；4—排气阀；5—压水管；6—水表；
7—冲洗排水管；8—安装孔；9—通风孔；10—控制柜；11—人孔

（3）深井潜水泵井室。由于潜水泵生产技术的发展，取水工程已较多地采用深井潜水泵。深井潜水泵具有很多优点，诸如结构简单、使用方便、重量轻、扬程高、运转平稳、无噪声等。它还可简化井室构造，如图3.4（b）所示。

2. 井壁管

井壁管的作用是加固井壁、隔离水质不良的或水压较低的含水层。井壁管应具有足够的强度，以便承受地层和人工填充物的侧压力。对井壁管的要求是，内壁平直、光滑、圆整，以利安装时顺利下入抽水设备和井的清洗、维修。井壁管的材料有金属管（钢管、铸铁管）、非金属管（混凝土管、砾石水泥管、石棉水泥管、木管、塑料管等）两类。非金属管适用的井深有限，一般不超过150m。井壁管直径应按水泵类型、泵壳与吸水管的最大外形尺寸等来确定，并考虑一定的安装尺寸。

3. 过滤器

过滤器又称滤水管，安装于含水层中，用以集水和保持填砾与含水层的稳定性。过滤器是管井的重要组成部分，它的构造、材质、制作安装的质量对管井的出水量和使用年限有很大影响。对过滤器的基本要求是：应有足够的强度和抗蚀性；具有良好的透水性且能保持人工填砾和含水层的渗透稳定性。常用的过滤器有骨架式、缠丝式、包网式、砾石式等类型（图3.5～图3.8），按进水通道形状，有圆孔、条缝和筋条式滤水管三种。

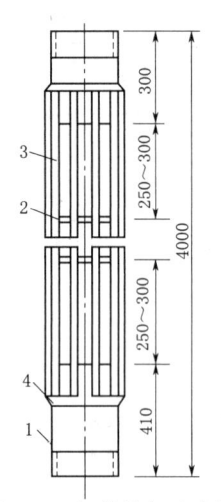

图3.5 钢筋骨架过滤器

1—短管；2—支撑环；3—钢筋；4—加固环

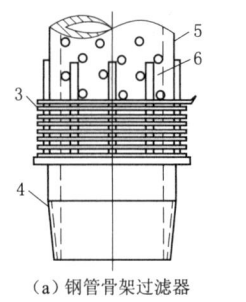

（a）钢管骨架过滤器　（b）钢筋骨架过滤器

图3.6 缠丝过滤器

1—钢筋；2—支撑环；3—缠丝；4—连接管；5—钢管；6—垫筋

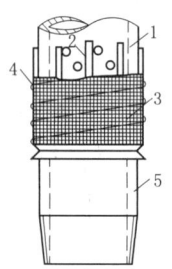

图3.7 包网过滤器

1—钢管；2—垫筋；3—滤网；4—缠丝；5—连接管

4. 沉淀管

沉淀管接在过滤器的下面，用以沉淀进入井内的细小砂粒和自地下水中析出的沉淀物，其长度根据井深和含水层出砂可能性而定，一般为2～10m。井深小于20m，沉淀管长度取2m；井深大于90m，沉淀管长度取10m。如果采用空气扬水装置，当管井深度不够时，也常用加长沉淀管来提高空气扬水装置的效率。

3.2.1.2 管井出水量

地下水渗流情况十分复杂，地下水流流态多变，可以分为承压与无压、平面流

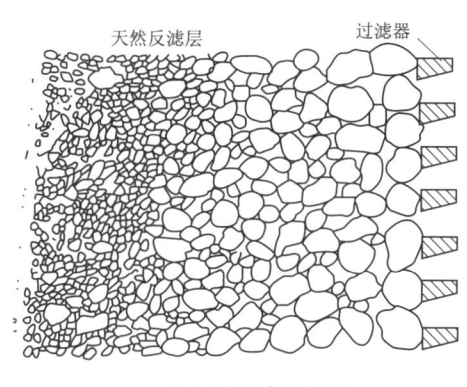
(a)天然反滤层过滤器

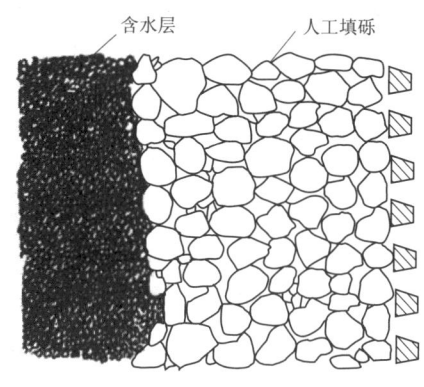
(b)工人填砾反滤层过滤器

图 3.8 砾石式过滤器

与空间流、层流与紊流或混合流；根据水文地质条件，有承压与无压、有无表面下渗及相邻含水层渗透、均质与非均质之分；而管井的构造有完整井和非完整井。于是，便有很多管井出水量计算公式，这里仅介绍几个稳定流单井出水量最基本的计算公式：

1. 无压含水层完整井出水量

如图 3.9 所示，无压含水层完整井出水量计算式：

$$Q = \frac{\pi K(H^2 - h_0^2)}{\ln\frac{R}{r_0}} = \frac{1.37K(2HS_0 - S_0^2)}{\lg\frac{R}{r_0}} \tag{3.1}$$

式中 Q——单井出水量，m^3/d；

H——无压含水层厚度，m；

h_0、S_0——与 Q 相适应的井壁外的水位和水位降落值，m；

r_0——过滤器的半径，m；

K——渗透系数，m/d；

R——影响半径，m。

2. 承压含水层完整井出水量

如图 3.10 所示，承压含水层完整井出水量计算式：

$$Q = \frac{2\pi KmS_0}{\ln\frac{R}{r_0}} = \frac{2.73KmS_0}{\lg\frac{R}{r_0}} \tag{3.2}$$

式中 m——承压含水层厚度，m；

其他符号意义同前。

公式中的 H、m、K、R 等值，可根据水文地质勘查资料确定。正确地确定 K 值和 R 值，可使计算结果接近实际情况。K 值可按抽水试验资料确定，无抽水试验资料时，可参考同类水文地质条件地区的 K 值确定，也可参考表 3.2 给出的经验数值确定。R 值的影响因素很多，不仅取决于含水层的透水性能，还取决于含水层的补给条件。当用经验确定值时，可参考表 3.3。

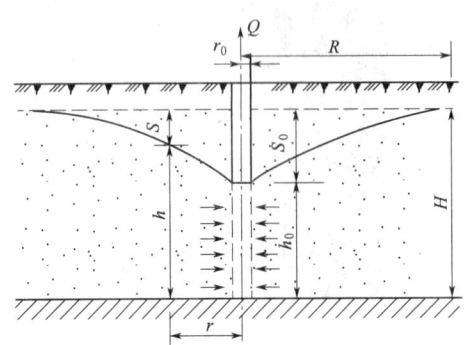

图 3.9　无压含水层完整井出水量计算简图

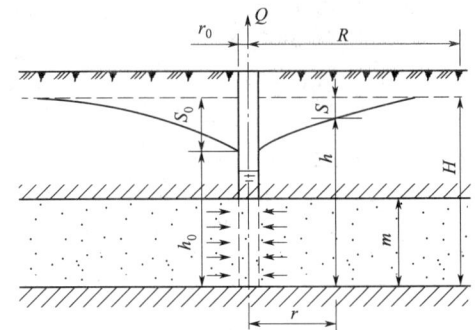

图 3.10　承压含水层完整井出水量计算简图

表 3.2　　　　　　　　　　地层渗透系数 K 值经验数据

地层	地层颗粒		渗透系数 K /(m/d)
	颗粒/mm	所占比例/%	
粉砂	0.05~0.1	70 以下	1~5
细砂	0.1~0.25	>70	5~10
中砂	0.25~0.5	>50	10~25
粗砂	0.5~1.0	>50	25~50
极粗的砂	1~2	>50	50~100
砾石夹砂			75~150
带粗砂的砾石			100~200
漂砾石			200~500

表 3.3　　　　　　　　不同地层的抽水影响半径 R 值经验数据

地层	地层颗粒		影响半径 R /m
	颗粒/mm	所占比例/%	
粉砂	0.05~0.1	70 以下	25~50
细砂	0.1~0.25	>70	50~100
中砂	0.25~0.5	>50	100~300
粗砂	0.5~1.0	>50	300~400
极粗的砂	1~2	>50	400~500
砾石夹砂	2~3		500~600
带粗砂的砾石	3~5		600~1500
漂砾石	5~10		1500~3000

3. 承压含水层非完整井出水量

(1) 如图 3.11 所示，承压含水层非完整井出水量计算式：

$$Q=\frac{2\pi KmS_0}{\dfrac{1}{2h}\left(2\lg\dfrac{4m}{r_0}-A\right)-\lg\dfrac{4m}{R}} \qquad (3.3)$$

式中 $\bar{h}=l/m$——过滤器插入含水层的相对深度;

$A=f(\bar{h})$——由辅助图 3.12 确定;

l——过滤器的长度,m。

其他符号意义同前。

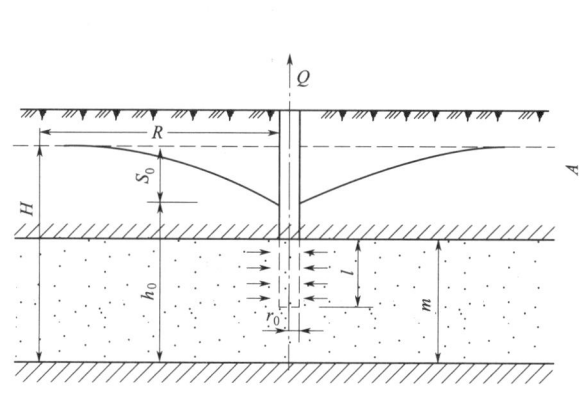

图 3.11 承压含水层非完整井计算简图

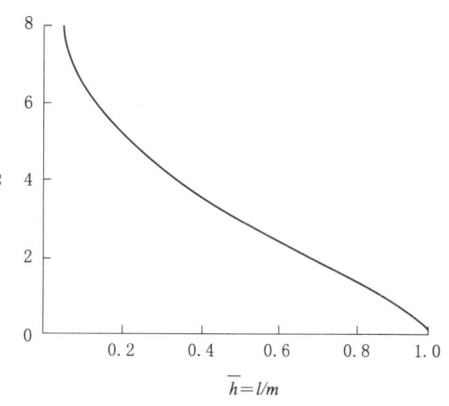

图 3.12 $A-\bar{h}$ 函数曲线

(2) 当 $\bar{h}=l/m \leqslant 0.3$ 时,

$$Q=\frac{2.73KlS_0}{\lg\dfrac{1.32l}{r_0}} \quad (3.4)$$

式中符号意义同前。

4. 无压含水层非完整井出水量

如图 3.13 所示,无压含水层非完整井的地下水运动相当复杂,目前尚无完善的理论公式,一般常用近似公式解决。可将地下水向管井的流动近似看作承压含水层非完整井与无压含水层完整井的叠加,即将式(3.1)与式(3.3)相加,无压含水层非完整井出水量计算式:

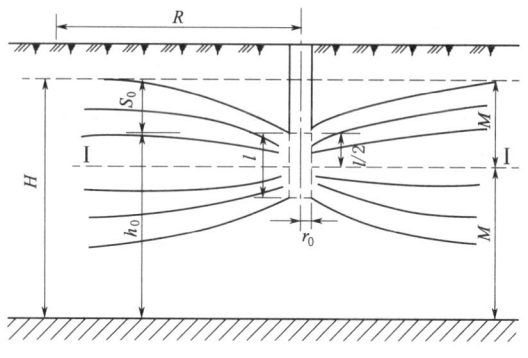

图 3.13 无压含水层非完整井计算简图

$$Q=\pi KS_0\left(\frac{l+S_0}{\ln\dfrac{R}{r_0}}+\frac{2M}{\dfrac{1}{2\bar{h}}(2\ln\dfrac{4M}{r_0}-2.3A)-\ln\dfrac{4M}{R}}\right) \quad (3.5)$$

式中 $M=h_0-0.5l$;

其他符号意义同前。

3.2.1.3 井群互阻影响

当多口管井距离较近,同时工作抽取同一个含水层中水时,其降落漏斗必然相互干扰,即发生井群互阻影响。井群互阻影响或井群干扰通常出现以下两种情况。

(1) 在水位降落值不变的条件下,共同工作的各井出水量小于各单井单独工作时的出水量。

(2) 在出水量不变的条件下，共同工作的各井水位降落值大于各井单独工作时的水位降落值。

井群互阻影响程度和井距、布置方式、含水层岩性、厚度、储量、补给条件及井的出水量有关。在设计时，如果傍河取水，则沿河布置单排或双排直线井群。远离河流地区，一般沿垂直地下方向布置单排或双排直线井群。地下水丰富地区的井群可布置成梅花形或扇形。井间距离可按影响半径的两倍计算，井间距离受限时，可按相互干扰时共同工作的各井出水量小于各单井单独工作时25%～30%的出水量计算。

3.2.1.4 管井的设计步骤

一般情况下，管井设计大致可遵循下列步骤进行。

(1) 设计资料的收集和现场查。充分而正确的资料是保证设计质量的先决条件，因此应充分重视资料收集工作。设计之前进行现场查勘工作，了解和核对现有水文地质及地形资料；初步选择井位及泵站位置；有必要时提出进一步的水文地质勘查要求。

(2) 根据含水层的埋藏条件、厚度、岩性、水力状况及施工条件，初步确定管井的形式与构造。同时，根据地下水位、流向、补给条件和地形地物情况，选择取水设备形式和考虑井群布置方案。

(3) 按有关理论公式或抽水试验得到的经验公式确定井的出水量和对应的水位下降值，并在此基础上，结合技术要求、材料设备和施工条件，确定取水设备的容量。若为井群系统，应适当考虑井群互阻影响，必要时应进行井群互阻计算，确定管井数目、井距、井群布置方案。此外，考虑井数时，必须设置一定数量的备用井，应按10%～20%生产井数考虑。

(4) 根据上述计算成果进行管井构造设计，包括井室、井壁管、过滤器、沉淀管、填砾等构造、尺寸及规格。最后，还须校核过滤器表面渗流速度，当其速度超过允许值时，应调整过滤器构造尺寸或井的出水量。

3.2.2 大口井

大口井是一种口径大、深度较小、广泛开采浅层地下水的取水构筑物，由于口径大，故称为大口井。大口井的直径一般为5～8m，最大不宜超过10m，小型给水系统中也有采用直径小于5m的大口井。大口井深度一般在15m以内，单井出水量约为500～10000m³/d。大口井是依赖其较大的口径增大周边和井底进水面积提高出水量的，一般多用于埋深小于12m、厚度在5～20m的含水层。大口井具有构造简单、取材容易、使用年限长、容积大、能调节水量等优点。但大口井深度浅，对水位变化适应性差。

井深贯穿整个含水层的大口井称完整井，如图3.14 (a) 所示，完整井仅从井壁进水，常因进孔堵塞而影响出水；井深未及不透水层的大井称非完整井，如图3.14 (b) 所示，非完整井可从侧壁和底部同时进水，进水范围大，出水效果好。因此，大口井多为非完整井。

大口井主要由井筒、井口及进水部分等组成，其一般构造如图3.15所示。

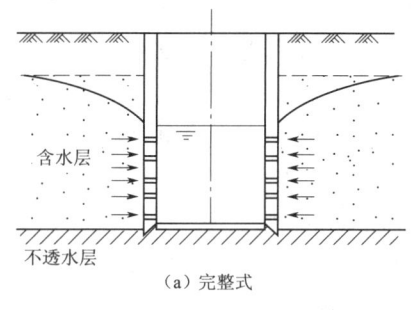 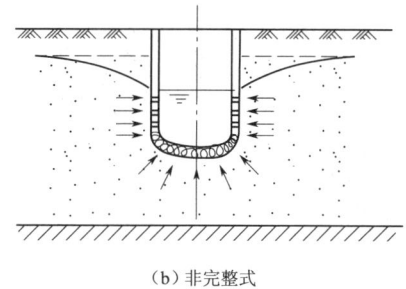

(a)完整式　　　　　　　　　(b)非完整式

图 3.14　大口井

1. 井筒

井筒通常用钢混凝土或砖、石建造，强度应能承受四周的侧压力，同时应满足施工的要求。井筒对不适宜的含水层应具有良好的阻隔作用。井筒的形状多为圆筒形。对于钢筋混凝土井筒，为便于施工，可一次筑成或多次筑成，其形状可以是直筒形，如图 3.16（a）所示，也可以做成下面大、上面小的阶梯筒形，如图 3.16（b）所示。

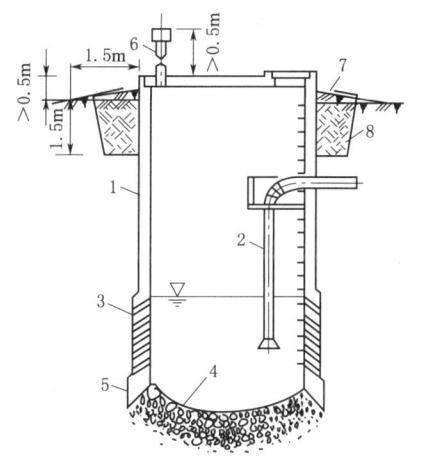 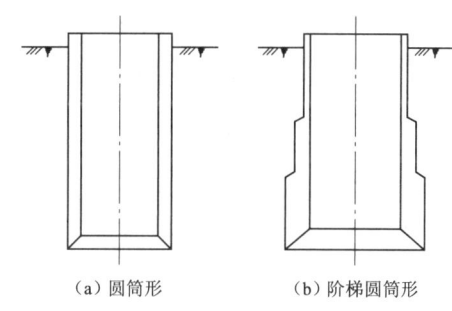

图 3.15　大口井的构造　　　　　图 3.16　大口井的外形
1—井筒；2—吸水管；3—井壁进水孔；4—井底反滤层；
5—刃脚；6—通风管；7—排水坡；8—黏土层

2. 井口

井筒地表面上的部分称为井口。井口应满足下列要求以防止污染水质：

（1）人孔应采用密封的盖板，盖板顶高出地面不得小于 0.5m。

（2）井口周围应设不透水的散水坡，宽度宜为 1.5m；在渗透土壤中散水坡下应填厚度不小于 1.5m 的黏土层，或采用其他等效的防渗措施。

（3）通风管应高于设计洪水位。

井口既可考虑与泵站合建，又可分建。

3. 进水部分

进水部分包括井壁进水孔（或透水井壁）和井底进水反滤层等。

（1）井壁进水孔。井壁进水孔交错布置在动水位以下的井筒部分。如图 3.17 所示,常用的井壁进水孔有以下两种形式。

1) 水平孔。一般做成直径为 $100\sim200$mm 的圆孔或 100mm×150mm~200mm×250mm 的矩形孔。为保持含水层的渗透稳定性,孔中装填一定级配的滤料层。为防止滤料层的漏失,孔的两侧应放置格网。水平进水孔施工方便,采用较多。为改善滤料分层装填的困难,可应用盛装砾石滤料的铁丝笼装填进水孔。

2) 斜形孔。多做成圆形,孔倾斜度不超过 45°,孔径 $100\sim150$mm,外侧设有格网。斜形孔为一种重力滤料层的进水孔,滤料层稳定,且易于装填、更换、清洗,是最好的一种进水孔形式。

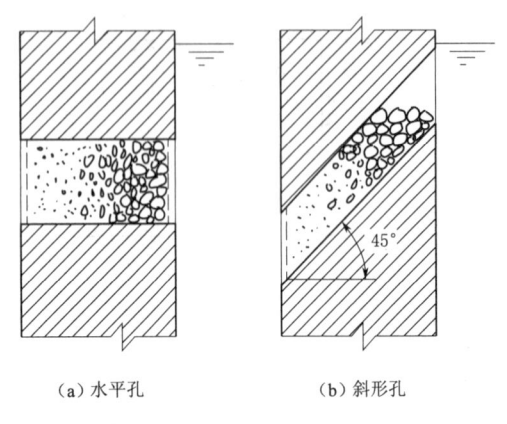

图 3.17 大口井井壁进水孔型式

进水孔中滤料一般采用 2~3 层,总厚度不应小于 25cm,与含水层相邻一层的滤料粒径,可按下式计算:

$$d/d_i = 7 \sim 8 \tag{3.6}$$

式中 d——与含水层相邻一层的滤料粒径;

d_i——含水层计算粒径。

当含水层为细砂或粉砂时,$d_i = d_{40}$;为中砂时,$d_i = d_{30}$;为粗砂时,$d_i = d_{20}$(d_{40}、d_{30}、d_{20} 分别为含水层颗粒过筛重量累计百分比为 40%、30%、20%时的颗粒粒径)。

两相邻滤料层粒径比一般为 2~4。

当含水层为砂砾或卵石时,亦可采用孔径为 25~50mm 不填滤料的圆形孔或圆锥孔(里大外小)。

采用大开槽施工时,为改善大口井进水条件,可在井筒外面填入砾石层,填砾的规格也可参照式(3.6)计算。

(2) 透水井壁。透水井壁由无砂混凝土制成。由于水文地质条件及井径等不同,透水井壁的构造有多种形式,有以 50cm×50cm×20cm 无砂混凝块筑的井壁,也有以无砂混凝土整体浇制的井壁。若井壁高度较大,可在中间适当部位设置钢筋混凝土圈梁,以加强井筒的强度。

无砂混凝土大口井制作方便、结构简单、造价较低。

(3) 井底反滤层。除大颗粒岩石及裂隙岩含水层外,在一般砂质含水层中,为了防止含水层中的细小砂粒随水流进入井内,保持含水层渗透稳定性,应在井底铺设反滤层。反滤层一般为 3~4 层,并宜做成锅底形,粒径自下而上逐渐变大,每层厚度一般为 200~300mm,如图 3.18 所示。当含水层为细砂、粉砂时,应增至 4~5 层,总厚度为 0.7~1.2m;当含水层为粗颗粒时,可设两层,总厚度为 0.4~0.6m。由于刃脚处渗透压力较大,易涌砂,靠刃脚处可加厚 20%~30%。

3.2.3 辐射井

辐射井是由集水井与很多辐射状铺设的水平或倾斜的辐射（集水）管组合而成，如图 3.19 所示。辐射井适用于大口井不能开采的、厚度较薄的含水层以及不能用渗渠开采的厚度薄埋深大的含水层。

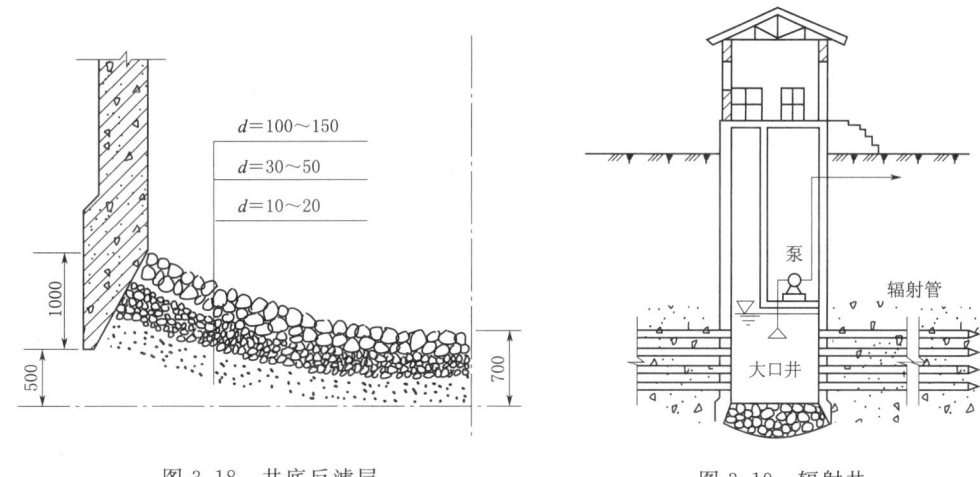

图 3.18　井底反滤层　　　　　图 3.19　辐射井

按照集水井是否取水，辐射井分为两种形式。

(1) 集水井井底和辐射管同时进水，适用于含水层厚度 5～10m 的地段。

(2) 集水井底封闭，仅由辐射管集水，适用于含水层厚度<5m 的地段。

1. 集水井

集水井是用以集合从辐射管来的水，安放抽水设备以及作为辐射管施工的场所，对于不封底的集水井还兼有取水作用。故此，集水井直径不应小于 3m，一般可在 3～6m，我国多数辐射井的集水井不封底，借以扩大出水量，但不封底的集水井对辐射管的施工和井的维护均不方便，设计中应在分析对比的基础上采用。

集水井通常为钢筋混凝土井筒，采用沉井施工。在浇筑井壁时，应按设计预埋穿墙套管，套管直径应比辐射管径大 50～100mm，数量应多于辐射管。

2. 辐射管

辐射管的配置可为单层或多层，每层 4～8 根。最下层辐射管还应高于集水井井底 10m，以利顶管施工。为减小互相干扰，各层应有一定间距，当辐射管直径为 100～150mm 时，层间距宜采用 1～3m。常用的辐射管直径多在 75～250mm，管长一般在 30m 以内，为有利于集水和排砂，辐射管应有一定坡度坡向集水井。

辐射管一般采用厚壁钢管（厚 6～9mm），以便直接顶管施工。当采用套管施工时，亦可采用薄壁钢管、铸铁管或非金属管。

辐射管上的进水孔有条形孔和圆形孔两种。圆孔交错排列，条孔沿管轴方向错开排列，开孔率一般为 15%～20%。为防止地表水沿集水井外壁下渗，除在井口外围填黏土外，靠近井壁 2～3m 的辐射管不宜开孔。

3.2.4 渗渠

渗渠用以取集浅层地下水、河床渗透水和潜流水。当间歇河谷河水在枯水期流量小，水浅甚至断流，而含水层为砾石或卵石，厚度小于 6m 时，采用渗渠取水常比较有效。渗渠有完整式和不完整式两种，如图 3.20 所示。

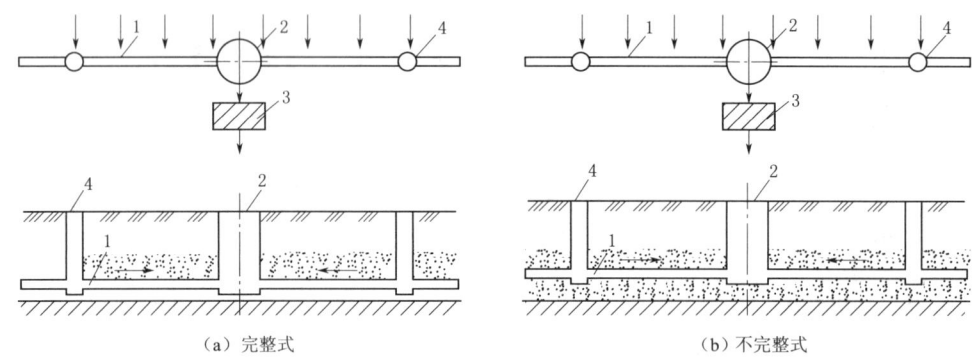

(a) 完整式　　　　　　　　　　　(b) 不完整式

图 3.20　渗渠（集取地下水）

1—集水管；2—集水井；3—泵站；4—检查井

1. 渗渠的构造

渗渠由水平集水管（渠）、集水井、检查井和泵站组成。

集水管一般为钢筋混凝管，也有用穿孔混土管和无砂混凝土管，还可用带缝的干砌块石装配式钢筋混凝土暗渠。

集水管的进水孔有圆孔和条孔两种。圆孔直为 20～30mm；条孔宽度为 20mm，长度为 60～100mm 左右。孔眼做成内大外小，交错排列在管渠部 1/2～2/3 圆周部分。孔眼净距按结构强度要求考虑，一般开孔率在 8%～15%。

集水管外需铺设人工滤层。铺设在河滩下和河床下渗渠反滤层构造分别如图 3.21 所示。最内层填料粒径应比进水孔略大。各层厚度可取 200～300mm。

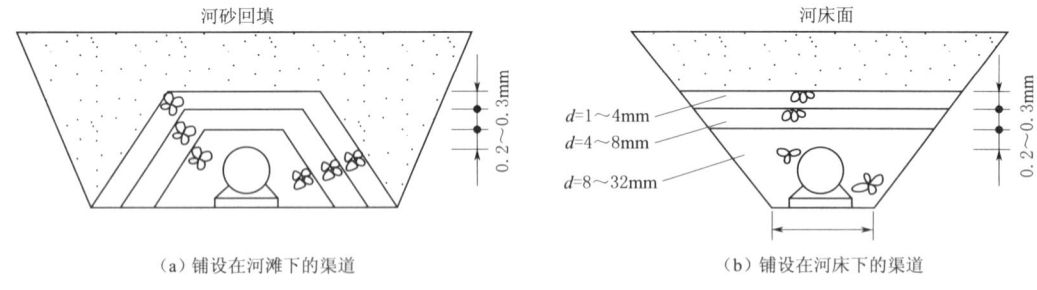

(a) 铺设在河滩下的渠道　　　　　　(b) 铺设在河床下的渠道

图 3.21　渗渠人工反滤层构造

为便于检修、清通，在集水管的直线段每隔 50m 左右及端部、转角处和断面变换设检查井。井盖一般为密封，以防泥沙涌入。

2. 渗渠位置的选择

在集取河床潜流水时，渗渠位置的选择，不仅要考虑水文地质条件，还要考虑河流水文条件，其一般原则如下。

（1）渗渠应选择在河床冲积层较厚、颗粒较粗的河段，并应避开不透水的夹层（如淤泥夹层之类）。

（2）渗渠应选择在河流水力条件良好的河段，避免设在有塞水的河段和弯曲河段的凸岸，以防泥沙沉积，影响河床的渗透能力，但也要避开冲刷强烈的河岸，否则可能增加护岸工程费用。

（3）渗渠应设在河床稳定的河岸。河床变迁，主流摆动不定，都会影响渗渠补给，导致出水量波动过大。

3. 渗渠布置方式

根据补给状况、河段地形、水文及施工条件等考虑，如图 3.22 所示，渗渠通常可平行河流布置、垂直河流布置、平行与垂直组合布置三种布置方式。

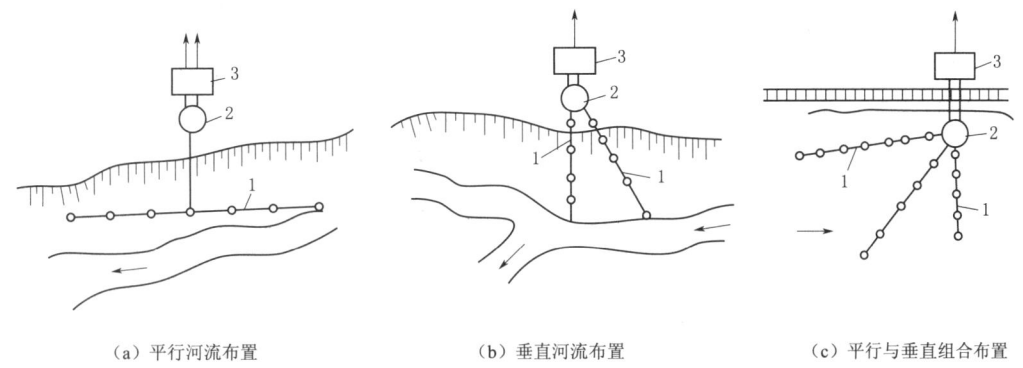

（a）平行河流布置　　　　（b）垂直河流布置　　　　（c）平行与垂直组合布置

图 3.22　渗渠布置方式

1—渗渠；2—集水井；3—泵站

3.3　地表水取水构筑物

由于地表水水源的种类、性质和取水条件各不相同，因而地表水取水构筑物有多种形式。按水源划分，有河流、湖泊、水库、海水取水构筑物；按取水构筑物的构造形式划分，有固定式（岸边式、河床式、斗槽式）和活动式（浮船式、缆车式）两类。山区河流，则有带低坝的取水构筑物和低栏栅式取水构筑物。

地表水取水构筑物位置的选择应通过技术经济比较综合确定，并应满足下列条件：

（1）应与城镇总体规划要求相适应，在保证供水安全的情况下，尽可能靠近用水区水质较好的地带；

（2）靠近主流，有足够的水深，有稳定的河床及边岸，有良好的工程地质条件；

（3）尽可能不受泥沙、漂浮物、冰凌、冰絮等影响；

（4）不妨碍航运和排洪，并应符合河道、湖泊、水库整治规划的要求；

（5）尽量不受河流上的桥梁、码头、丁坝、拦河坝等人工构筑物或天然障碍的影响；

（6）靠近主要用水地区；供生活饮用水的地表水取水构筑物的位置，位于城镇和工业企业上游的清洁河段，且大于工程环评报告规定的与上下游排污口的最小距离。

3.3.1 固定式取水构筑物

固定式取水构筑物适用于各种取水量和各种地表水源，是使用最多、适用条件最广的一种类型。固定式取水构筑物主要分为岸边式、河床式和斗槽式。

3.3.1.1 岸边式取水构筑物

从江河、湖泊取水，原水直接流入进水间的取水构筑物称为岸边式取水构筑物。该种取水构筑物由进水间和泵房两部分组成。适用于江河岸边较陡，主流近岸，岸边有足够水深足够、水质及地质条件较好、水位变幅不太大的取水条件。

1. 岸边式取水构筑物的基本形式

按照进水井与泵房的合建和分建，岸边式取水构筑物可分为合建式和分建式两类。

（1）合建式岸边取水构筑物。对于合建式岸边取水构筑物，进水井与泵房合建在一起，设在岸边，如图3.23所示。河水经过进水孔进入进水井的进水间，再经过格网进入吸水间，然后由水泵抽送到水厂或用户。在进水孔上设有格栅用以拦截水中粗大的漂浮物。设在进水井中的格网，用以拦截水中细小的漂浮物。

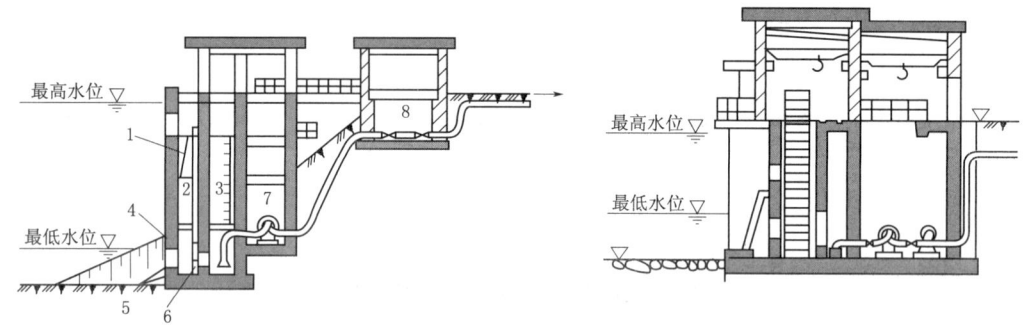

(a) 进水间与泵房基础呈阶梯式布置　　(b) 进水间与泵房基础呈水平式布置

图3.23　合建式岸边取水构筑物

1—进水间；2—进水室；3—吸水室；4—进水孔；
5—格栅；6—格网；7—泵房；8—阀门井

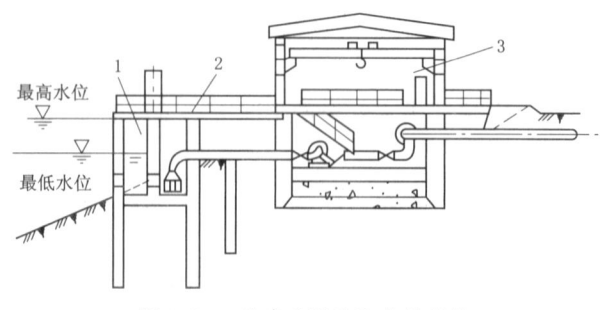

图3.24　分建式岸边取水构筑物

1—进水间；2—引桥；3—泵房

（2）分建式岸边取水构筑物。当岸边地质条件较差，进水间不宜与泵房合建时，或者分建对结构和施工有利时，宜采用分建式，如图3.24所示。分建式建设结构较简单、施工较容易，但操作管理不太方便，吸水管路较长，增加了水头损失，运行安全性不如合建式。

2. 岸边式取水构筑物的构造与设计

(1) 进水间的构造与设计。进水间一般由进水室和吸水室两部分组成。进水间可与泵房分建或合建。分建时进水间的平面形状有圆形、矩形、椭圆形等。

图 3.25 为岸边分建式进水间的构造。进水间由纵向隔墙分为进水室和吸水室，两室之间设有平板格网或旋转格网。在进水室壁上开有进水孔，孔侧设有格栅。进水孔一般为矩形。

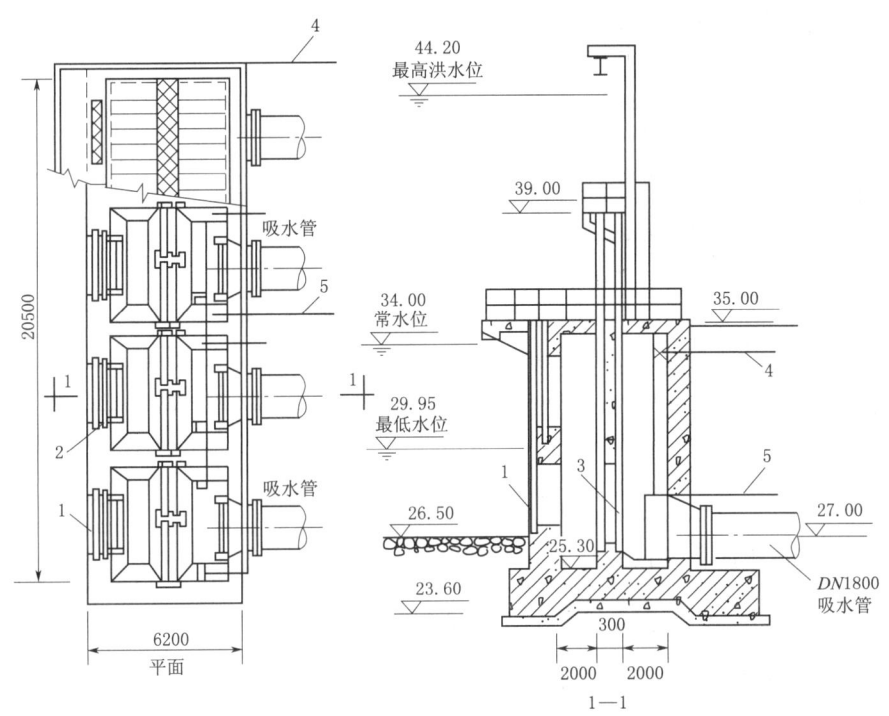

图 3.25 岸边分建式进水间的构造
1—格栅；2—闸板；3—格网；4—冲洗管；5—排水管

为了工作可靠和便于清洗检修，进水间通常用横向隔墙分成几个能独立工作的分格。当分格数少时，设连通管互相连通。分格数应根据安全供水要求、水泵台数及容量、清洗排泥周期、运行检修时间、格网类型等因素确定。一般不少于两格。大型取水工程最好一台泵设置一个分格，一个格网。当河中漂浮物少时，也可不设格网。

进水室的平面尺寸应根据进水孔格网和闸板的尺寸、安装、检修和清洗等要求确定。吸水室用来安装水泵吸水管，其设计要求与泵房吸水井基本相同。吸水室的平面尺寸按水泵吸水管的直径、数目和布置要求确定。

1) 进水孔设计。当河流水位变幅在 6m 以上时，一般设置两层进水孔，以便洪水期取表层含沙量少的水。上层进水孔的上缘应在洪水位以下 1.0m，下层进水孔的下缘至少应高出河底 0.5m，其上缘至少应在设计最低水位以下 0.3m（有冰盖时，从冰盖下缘算起不小于 0.2m）。进水孔的高宽比，宜尽量配合格栅和闸门的标准尺寸。进水间上部是操作平台，设有格栅、格网、闸门等设备的起吊装置和冲洗系统。

2）格栅。格栅设在取水头部或进水间的进水孔上，用来拦截水中粗大的漂浮物及鱼类。格栅由金属框架和栅条组成，如图3.26所示，框架外形与进水孔形状相同。栅条断面有矩形、圆形等。栅条可以直接固定在进水孔上，或者放在进水孔外侧的导槽中，可以拆卸以便清洗和检修。

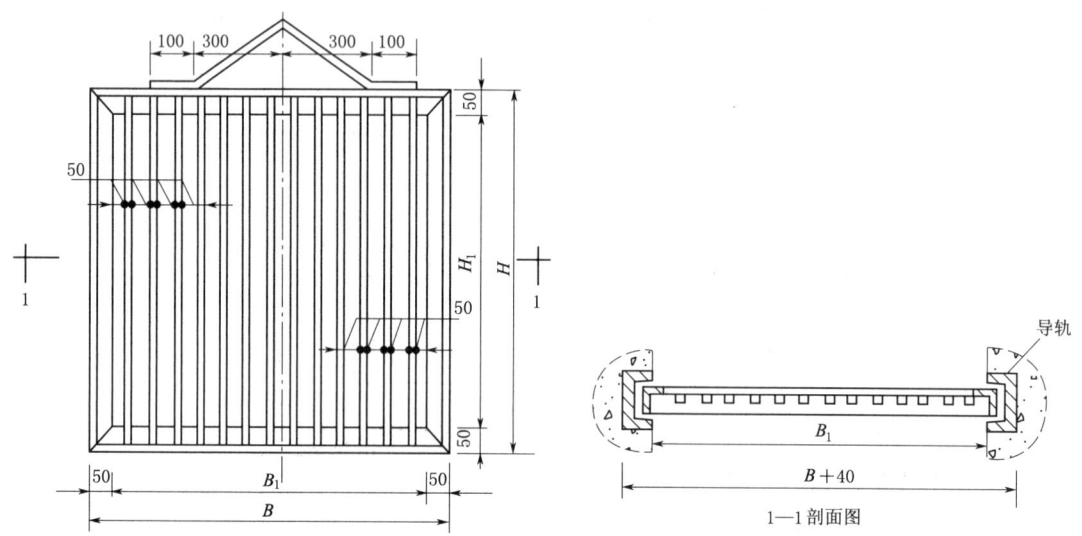

图3.26 格栅立面图

进水孔或格栅面积可按式（3.7）计算：

$$F_0 = \frac{Q}{K_1 K_2 v_0} \tag{3.7}$$

式中 F_0——进水孔或格栅的面积，m；

Q——进水孔的设计流量，m³/s；

v_0——进水孔设计流速，m/s，当江河有冰絮时，采用0.2~0.6m/s，无冰絮时采用0.4~1.0m/s，当取水量较小、江河水流速度较小、泥沙和漂浮物较多时，可取较小值，反之，可取较大值；

K_1——栅条引起的面积减小系数，$K_1 = \frac{b}{b+s}$，b 为栅条净距，一般采用30~120mm，s 为栅条厚度或直径，一般采用10mm；

K_2——格栅阻塞系数，采用0.75。

水流通过格栅的水头损失一般采用0.05~0.1m。

3）格网。格网设在进水间内，用以拦截水中细小的漂浮物。格网分为平板格网和旋转格网两种。

a. 平板格网。平板格网一般由槽钢或角钢框架及金属网构成，如图3.27所示。金属格网一般设一层，面积较大时设两层；一层是工作网，起拦截水中漂浮物的作用；另一层是支撑网，用以增加工作网的强度。工作网的孔眼尺寸应根据水中漂浮物情况和水质要求确定。金属网宜用耐腐蚀材料，如铜丝、镀锌钢丝或不锈钢丝等制成。平板格网放置在槽钢或钢轨制成的导槽或导轨内。

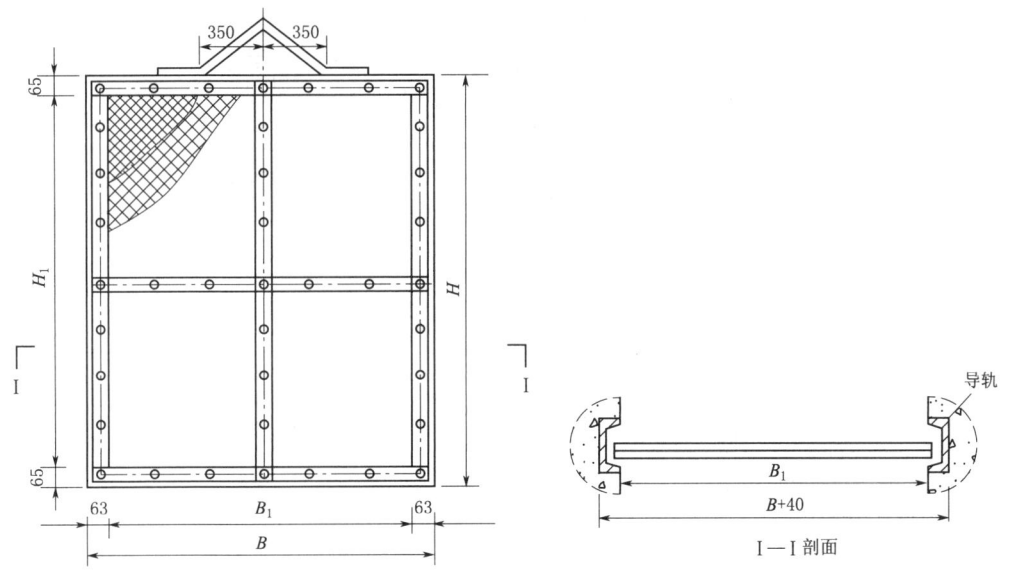

图 3.27 平板格网立面图

平板格网面积可按式（3.8）计算：

$$F_1 = \frac{Q}{K_1 K_2 \varepsilon v_1} \tag{3.8}$$

式中 F_1——平板格网的面积，m；

Q——通过格网的流量，m^3/s；

v_1——通过格网的流速，m/s，一般采用 0.2~0.4m/s；

K_1——网丝引起的面积减少系数，$K_1 = \frac{b^2}{(b+d)^2}$，$b$ 为网眼尺寸，mm，d 为金属丝直径，mm；

K_2——格网阻塞系数，采用 0.5；

ε——水流收缩系数，一般采用 0.64~0.80。

通过平板格网的水头损失，一般采用 0.1~0.2m。

b. 旋转格网。旋转格网由绕在上下两个旋转轮上的连续网板组成，用电动机带动。网板由金属框架及金属网组成。一般网眼尺寸为 4mm×4mm~10mm×10mm，视水中漂浮物数量和大小而定，网丝直径为 0.8~1.0mm。

旋转格网构造较复杂，所占面积较大，但冲洗较方便，拦污效果较好，可以拦截细小的杂质，故宜用在水中漂浮物较多、取水量较大的取水构筑物中。旋转格网的布置方式有直流进水、网外进水和网内进水三种，如图 3.28 所示，前两种采用较多。

旋转格网是定型产品，它是连续冲洗的，其转动速度视河中漂浮物的多少而定，一般为 2.4~6.0m/min，可以是连续转动的，也可以是间歇转动的。旋转格网的冲洗，一般采用 200~400kPa 的压力水通过穿孔管或喷嘴来进行。冲洗后的污水沿排水槽排走。旋转格网的有效过水面积（水面以下的格网面积）可按式（3.9）计算：

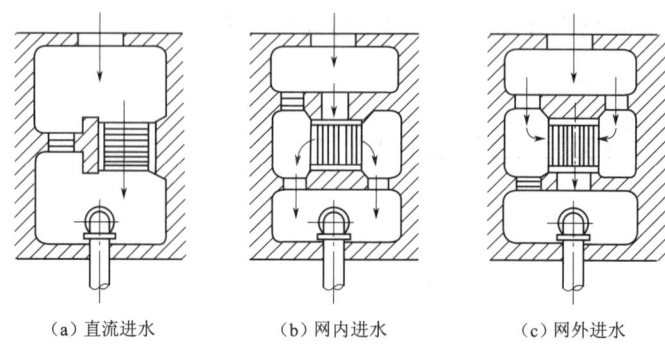

(a) 直流进水　　(b) 网内进水　　(c) 网外进水

图 3.28　旋转格网布置方式

$$F_2 = \frac{Q}{K_1 K_2 K_3 \varepsilon v_2} \tag{3.9}$$

式中　F_2——旋转格网的面积，m；

　　　v_2——通过格网的流速，m/s，一般采用 0.7～1.0m/s；

　　　K_2——格网阻塞系数，采用 0.75；

　　　K_3——框架引起的面积减少系数，采用 0.75；

其他符号意义同前。

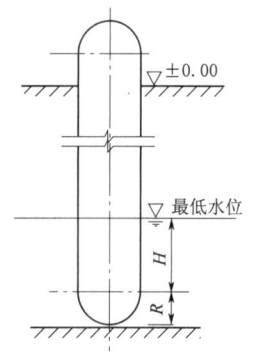

图 3.29　旋转格网的设置深度

对于旋转格网在水下的深度，如图 3.29 所示，当为网外或网内双面进水时，可按式（3.10）计算：

$$H = \frac{F_2}{2B} - R \tag{3.10}$$

式中　H——格网在水下部分的深度，m；

　　　B——格网宽度，m，当为直流进水时，可用 B 代替式中的 $2B$ 来计算；

　　　R——格网下部弯曲半径，目前使用的标准滤网的 R 值为 0.73m。

水流通过旋转格网的水头损失一般采用 0.15～0.30m。

【例 3.1】　某岸边式取水构筑物取水流量 30000m³/d（水厂自用水量按 5% 计）。试设计计算：

（1）进水孔面积和格栅尺寸；

（2）格网尺寸。

解：（1）进水孔面积和格栅尺寸。

设计取水量：$Q = 30000 \times 1.05 = 31500\text{m}^3/\text{d} = 0.365\text{m}^3/\text{s}$

进水孔设计流速取 $v_0 = 0.2\text{m/s}$。栅条采用扁钢，厚度 $s = 10\text{mm}$，栅条净距采用 $b = 50\text{mm}$，格栅阻塞系数采用 $K_2 = 075$。

栅条引起的面积减小系数为

$$K_1 = \frac{b}{b+s} = \frac{50}{50+10} \approx 0.833$$

进水孔总面积为

$$F_0 = \frac{Q}{K_1 K_2 v_0} = \frac{0.365}{0.833 \times 0.75 \times 0.2} \approx 2.92 \text{m}^2$$

设置 4 个进水孔，每个进水孔尺寸采用：

$$B_1 \times H_1 = 1.0\text{m} \times 0.8\text{m}$$

总面积为

$$4 \times 0.8 = 3.2 \text{m}^2$$

格栅采用标准尺寸 $B \times H = 1100\text{mm} \times 900\text{mm}$。

（2）格网尺寸。

采用平板格网。过网流速采用 $v_1 = 0.3\text{m/s}$，网眼尺寸采用 5mm×5mm，网丝直径 $d = 2\text{mm}$。

网丝引起的面积减小系数为

$$K_1 = \frac{b^2}{(b+d)^2} = \frac{5^2}{(5+2)^2} \approx 0.51$$

格网阻塞系数采用 $K_2 = 0.5$，水流收缩系数采用 $\varepsilon = 0.8$。

$$F_1 = \frac{Q}{K_1 K_2 \varepsilon v_1} = \frac{0.365}{0.51 \times 0.5 \times 0.8 \times 0.3} \approx 5.96 \text{m}^2$$

设置 2 个格网，每个格网需要的面积为 2.98m²。进水部分尺寸为 $B_1 \times H_1 = 2.0\text{m} \times 1.5\text{m}$，面积为 3.0m²。平板格网采用标准尺寸 $B \times H = 2130\text{mm} \times 1630\text{mm}$。

（2）排泥启闭及起吊设备。含泥沙较多的河水进入进水间后，由于流速减小，常有大量泥沙沉积，需要及时排除，以免影响取水。常用的排泥设备有排沙泵、排污泵、射流泵、压缩压气提升器等。大型进水间多用排沙泵或排污泵排泥，也可采用压缩空气提升器排泥，排泥效果都较好。小型进水间或积泥不严重时，可用高压水带动的射流泵排泥。为了提高排泥效率，一般在井底设有穿孔冲洗管或冲洗喷嘴，利用高压水边冲洗边排泥。

在进水间的进水孔、格网和横向隔墙的连通孔上须设置闸阀、闸板等启闭设备，以便在进水间冲洗和设备检修时使用。这类闸阀或闸板尺寸较大，为了减小所占位置，常用平板闸门、滑阀及蝶阀等。

起吊设备设在进水间上部的操作平台上，用以起吊格栅、格网、闸板和其他设备。常用的起吊设备有电动卷扬机、电动和手动单轨吊车等，其中以单轨吊车采用较多。当泵房较深、平板格网冲洗次数频繁时，采用电动卷扬机起吊，使用较方便、效果较好。大型取水泵房中进水间的设备较重时，可采用电动桥式吊车。

（3）岸边式取水泵房的设计特点。

1）水泵选择。水泵型号及台数不宜过多，否则将增大泵房面积、增加土建造价。但水泵台数过少又不利于调度，一般常选用 3～4 台（包括备用泵）。当供水量变化较大时，可考虑大小水泵搭配，以利调节。选泵时以近期水量为主，适当考虑远期发展的可能。

2）泵房布置。泵房平面形状有圆形、矩形、椭圆形、半圆形等。矩形便于布置水泵、管路和起吊设备，而圆形则相反。但是圆形受力条件较好，当泵房深度较大时，其土建造价比矩形泵房经济。

在布置水泵机组、管路及附属设备时，既要满足操作、检修及发展要求，又要尽量减小泵房面积。特别是泵房较深时，减小泵房面积具有较大的经济意义。

3) 泵房地面层的设计标高。岸边式取水构筑物的泵房地面层的设计标高，应分别按下列情况确定：当泵房位于渠道边时，设计标高应为设计最高水位加 0.5m；当泵房位于江河边时，设计标高应为设计最高水位加浪高再加 0.5m；当泵房位于湖泊、水库或海边时设计标高应为设计最高水位加浪高再加 0.5m 并应设有防止波浪爬高的措施。

3.3.1.2 河床式取水构筑物

用取水头部伸入江河、湖泊中取水，原水通过进水管流入进水间或水泵直接吸水的取水构筑物为河床式取水构筑物。因此，河床式取水构筑物是由取水头部、进水管、集水间和泵房组成。适用于河床稳定、河岸平坦、枯水期主流离岸较远、岸边水深不够或水质不好而河中又具有足够水深或较好水质的取水条件。

1. 河床式取水构筑物的基本形式

（1）自流管取水。河水在重力作用下，从取水头部流入集水间，经格网后流入水泵吸水间。这种取水方法安全可靠，但土方开挖量较大。选择这种方式时应注意：在洪水期底砂及草情严重、河底易发生淤积、河水主流游荡不定的情况下，最好不用自流管引水。

（2）虹吸管取水。虹吸管取水，如图 3.30 所示。河水从取水头部靠虹吸作用流入集水间。这种取水方法适用于河水位变幅较大、河床为坚硬的岩石或不稳定的砂土、岸边设有防洪堤等情况从河中取水。利用虹吸高度可以减小管道埋深、降低造价，但采用虹吸取水需设真空取水装置，且要求管路有很好的密闭性；否则，一旦渗漏，虹吸管不能正常工作，使供水可靠性受到影响。由于虹吸管管路相对较长、容积也大，真空引水泵启动时间较长。

（3）水泵直接抽水。此种取水方式不设集水井，水泵吸水管直接伸入河中取水，如图 3.31 所示。这种取水方式可以利用水泵吸水高度既减小泵房深度，又省去集水井，故结构简单、施工方便、造价较低，因此在中小型取水工程中应用非常广泛。在不影响航运时，水泵吸水管可以架空敷设在桩架或支墩上，没有或很少有水下工程。但是由于没有集水井和格网，因此漂浮物易于堵塞取水头部和设备。所以，这种形式只适于在河中漂浮物不多、吸水管不太长时采用。

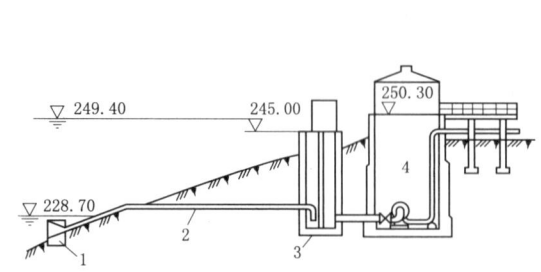

图 3.30 虹吸管取水构筑物（单位：m）
1—取水头部；2—虹吸管；3—集水井；4—泵站

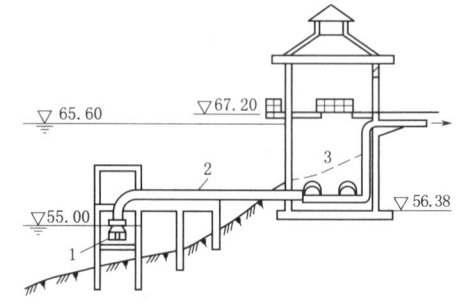

图 3.31 水泵直接吸水取水构筑物（单位：m）
1—取水头部；2—水泵吸水管；3—泵站

(4) 江心桥墩式取水。这种取水方式的整个取水构筑物建在江心，在进水井壁上设有进水孔，从江心取水，如图3.32所示。这种取水构筑物，由于建在江心，缩小了水流过水断面，容易造成附近河床冲刷，因此基础需埋设较深，施工较困难。此外，需要较长的引桥，故造价甚高，对航运影响也较大。因此，这种取水方式只适用于大河、含沙量较高、取水量大、岸坡平缓、岸边无建泵房条件的个别情况下采用。

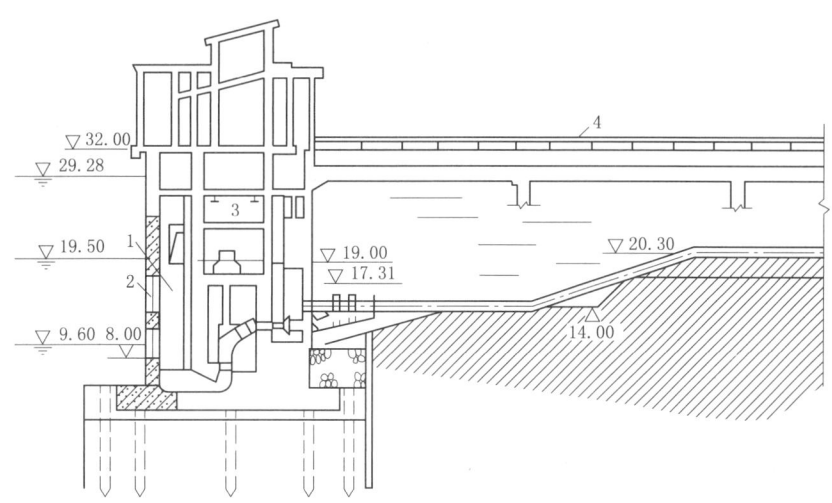

图3.32 江心桥墩式取水构筑物（单位：m）
1—进水井；2—进水孔；3—泵站；4—引桥

2. 取水头部

取水头部的形式较多，一般常用的有喇叭管、蘑菇形、鱼形罩、箱式、桥墩式、斜板和活动式等。

(1) 取水头部的形式和构造。

1) 喇叭管取水头部。这种取水头部构造简单、施工方便，适于在中小取水量、无木排和流冰碰撞情况下采用。

喇叭管的布置可以顺水流、水平、垂直向上、垂直向下，如图3.33所示，具体需根据河流特点而定。喇叭管进口处应设格栅。

2) 蘑菇形取水头部。蘑菇形取水头部构造如图3.34所示，是一个向上的喇叭管，其上再加一金属帽盖。河水由帽盖底部曲折流入，故带入的泥沙及漂浮物较少，头部分几节装配便于吊装和检修，但高度较大，要求枯水期应有1.0m以上水深。

3) 鱼形罩取水头部。鱼形罩取水头部如图3.35所示，为一个两端有圆锥头部的圆筒，在圆筒表面和背水圆锥表面开设有圆形进水孔。鱼形罩取水头部适用于水泵直接吸水的中小型泵站。

4) 箱式取水头部。箱式取水头部由周边开设进水孔的钢筋混凝土箱和设在箱内的喇叭管组成。由于进水孔总面积较大，故能减少冰凌和泥沙进入量。这种头部在冬季冰凌较多或含沙量不大时采用较多。

进水箱有圆形、矩形、菱形、船形等。图3.36为一圆形钢筋混凝箱式取水头部，由节装配而成,吊装就位后,上下夹牢,施工较方便。图3.37为一菱形箱式取水头部,双面进水,采用分段预制,水下拼装。这种头部在含沙量较小的河流上采用较多。

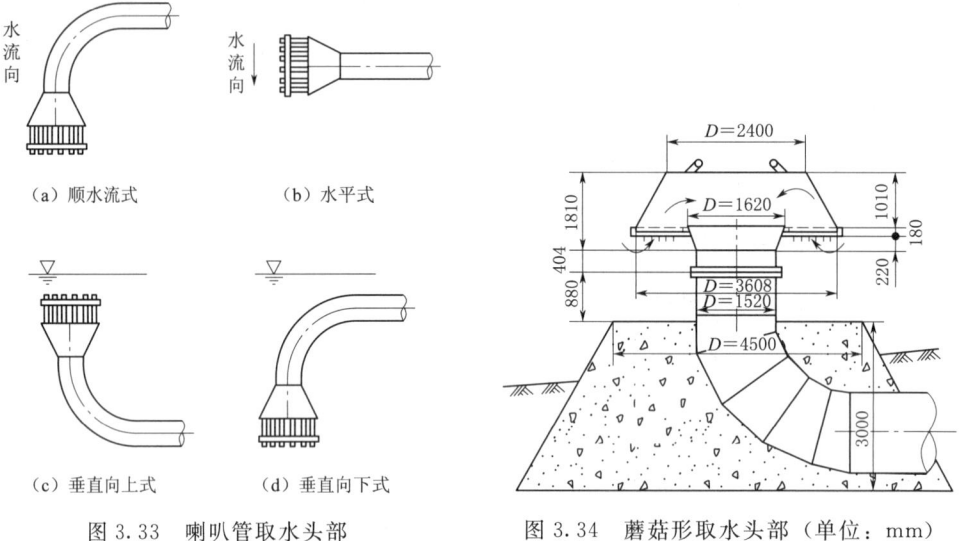

图3.33 喇叭管取水头部

图3.34 蘑菇形取水头部（单位：mm）

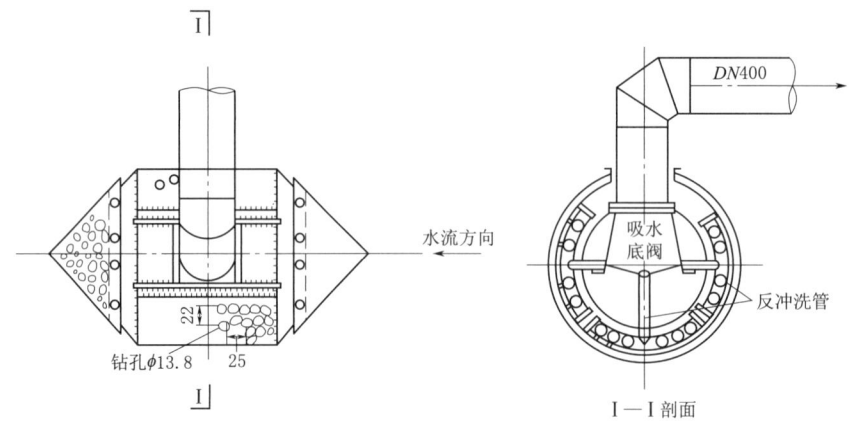

图3.35 鱼形罩取水头部（单位：mm）

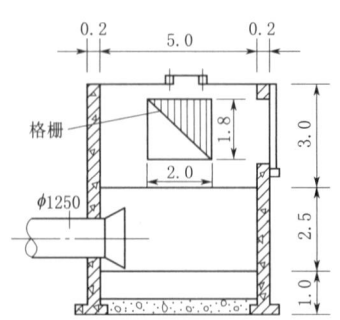

图3.36 圆形钢筋混凝土箱式取水头部（单位：m）

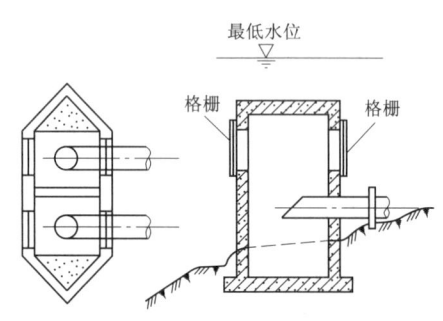

图3.37 菱形箱式取水头部

5）桥墩式取水头部。桥墩式取水头部分为淹没桥墩式、半淹没桥墩式和非淹没桥墩式。这种头部稳定性较好，由于有局部冲刷，泥沙不易淤积，能保持一定的取水深度。桥墩式取水头部适宜在取水量较大、河流流速较大或水深较浅时采用。图3.38为一淹没桥墩式取水头部，用钢板做外壳将喇叭口先焊好，在水上整体吊装就位，然后浇灌水下混凝土。

6）斜板取水头部。斜板取水头部是在取水头部上安设斜板，河水经过斜板时，粗颗粒泥沙即沉淀在斜板上，并滑落至河底，被河水冲走。它是一种新型取水头部，除沙效果较好，适用于粗颗粒泥沙较多的山区河流。图3.39为某厂从长江取水所采用的斜板取水头部。运行后除沙效果较好，粒径0.1mm以上的泥沙大部分被去除。

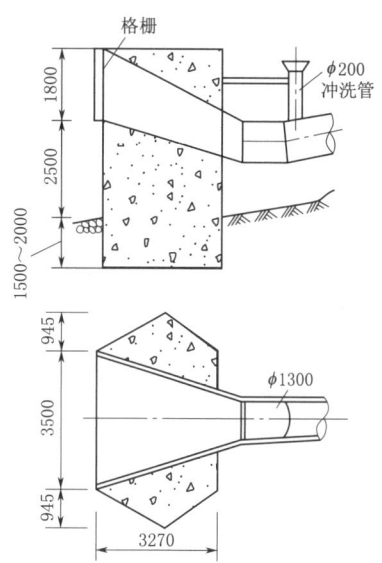

图3.38 淹没桥墩式取水头部
（单位：mm）

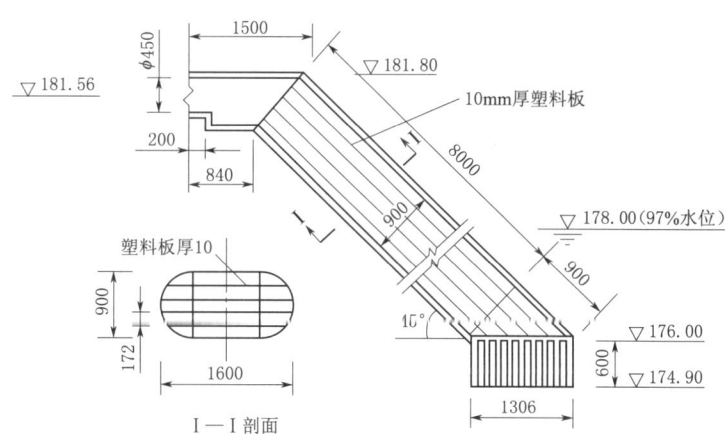

图3.39 斜板取水头部（单位：高程，m；尺寸，mm）

采用斜板取水头部要求河流有足够的水深，并有较大的流速，以便冲走沉落在河床上的泥沙。

7）活动式取水头部。活动式取水头部由浮筒及活动进水管等部分组成，借助浮筒的浮力，使进水管口随河流水位涨落而升降，始终取得上层含沙量较少的水。这种形式适宜在洪水期底部含沙量大，而枯水期水浅的山区河流中取小水量时采用。活动式取水头部有摇臂式、软管式、伸缩罩式等。图3.40为一摇臂式活动取水头部，尼龙绳穿过摇臂管法兰盘上的孔眼固定在支墩上，不使摇臂管受拉，故转动较灵活。

（2）取水头部设计。为了尽量减少吸入泥沙和漂浮物，防止头部周围河床冲刷，避免船只和木排碰撞，防止冰凌堵塞和冲击，便于施工，便于清洗检修等，取水头部

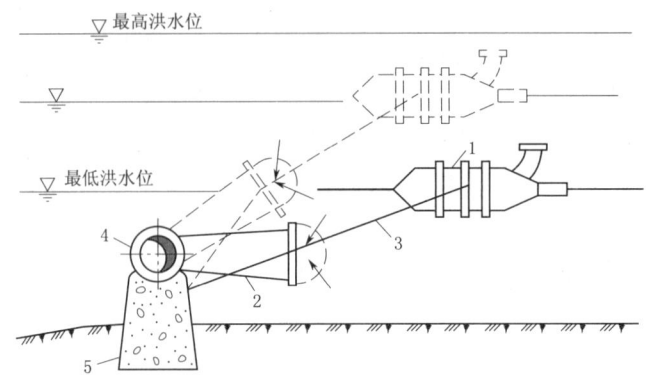

图 3.40 摇臂式活动取水头部
1—浮筒；2—摇臂进水管；3—尼龙绳；4—摇臂三通；5—支墩

设计应考虑以下一些问题。

1) 取水头部的位置和朝向。取水头部应设在稳定河床的深槽主流，有足够的水深处。为避免推移质泥沙进入，侧面进水孔的下缘应高出河底，一般不小于 0.5m，顶部进水孔应高出河底 1.0~1.5m。从湖泊水库取水时，底层进水孔下缘距水体底部的高度应根据泥沙淤积情况确定，但不得小于 1.0m。

在设计最低水位以下，取水头部进水孔的上缘的淹没深度：顶部进水，不小于 0.5m；侧面进水，不小于 0.3m；当有冰凌时，从冰层下缘算起；虹吸管和吸水管进水时，不小于 1.0m（避免吸入空气）。

2) 取水头部的外形。为了减小取水头部对水流的阻力，避免引起河床冲刷，取水头部应具有合理的外形迎水面一端做成流线型，并使头部长轴与水流方向一致。在各种取水头部外形如图 3.41 所示，流线型对水流阻力最小，但不便于施工和布置设备，实际应用较少。菱形、长圆形的水流阻力较小，常用于箱式和墩式取水头部。圆形水流阻力虽较大，但能较好地适应水流方向的变化，且施工较方便。

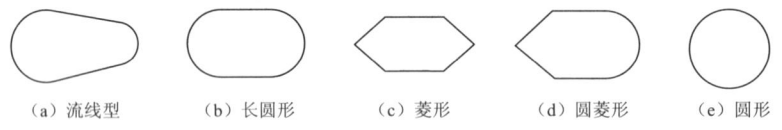

(a) 流线型　(b) 长圆形　(c) 菱形　(d) 圆菱形　(e) 圆形

图 3.41 取水头部外形

3) 进水孔流速和面积。进水孔的流速要选择恰当。流速过大，易带入泥沙、杂草和冰凌；流速过小，又会增大进水孔和取水头部的尺寸，增加造价和增大水流阻力。

河床式取水构筑物进水孔的过栅流速，应根据水中漂浮物数量、有无冰絮、取水点的流速、取水量大小、检查和清理格栅的方便等因素确定。一般有冰絮时为 0.1~0.3 m/s；无冰絮时为 0.2~0.6m/s。

取水头部的进水孔与格栅面积可参照岸边式取水构筑物。

3. 进水管

(1) 进水管形式。进水管有自流管、进水暗渠、虹吸管等。自流管一般采用钢管、铸铁管和钢筋混凝土管。虹吸管要求严密不漏气，宜采用钢管，但埋在地下的亦可采用铸铁管。进水暗渠一般用钢筋混凝土，也有利用岩石开凿衬砌而成的。

（2）进水管设计要求。

1) 为了提高进水的安全可靠性和便于清洗检修，进水管一般不应少于两条。当一条进水管停止工作时，其余进水管通过的流量应满足事故用水要求。

2) 进水管的管径应按正常供水时的设计水量和流速确定。管中流速不应低于泥沙颗粒的不淤流速，以免泥沙沉积；但也不宜过大，以免水头损失过大，增加集水间和泵房的深度。进水管的设计流速一般不小于 0.6m/s。水量较大、含沙量较大、进水管短时，流速可适当增大。一条管线冲洗或检修时，管中流速允许达到 1.5～2.0m/s。

3) 自流管一般埋设在河床下 0.5～1.0m，以减小其对江河水流的影响和免受冲击。自流管如需敷设在河床上，则需用块石或支墩固定。自流管的坡度和坡向应视具体条件确定，可以坡向河心、坡向集水间或水平敷设。

4) 虹吸管的虹吸高度一般不大于 4～6m，虹吸管末端至少应伸入集水最低动水位以下 1.0m，以免进入空气。虹吸管应朝集水间方向上升，其最小坡度为 0.003～0.005。每条虹吸管宜设置单独的真空管路，以免互相影响。进水管内如能经常保持一定的流速，一般不会产生淤积。

（3）进水管的冲洗。进水管的冲洗方法有顺冲洗和反冲洗两种。

顺冲洗是关闭一部分进水管，使全部水量通过待冲的一根进水管，以加大流速的方法实现冲洗；或者在河流高水位时，先关闭进水管上的阀门，从该格集水间抽水至最低水位，然后迅速开启进水管阀门，利用河流与集水间的水位差冲洗进水管。顺冲法比较简单，不需另设冲洗管道，但附在管壁上的泥沙难以冲掉，冲洗效果较差。

反冲洗是当河流水位低时，先关闭进水管末端阀门，将该格集水间充满至高水位，然后迅速开启阀门，利用集水间与河流的水位差反冲进水管；或者将泵房内的水泵压水管与进水管连接，利用水泵压力水或高位水池来水进行反冲洗。这种方法冲洗效果较好，但管路较复杂。虹吸进水管还可在河流低水位时，利用破坏真空的办法进行反冲洗。

3.3.1.3 斗槽式取水构筑物

在岸边式或河床式取水构筑物之前设置"斗槽"进水，称为斗槽式取水构筑物，如图 3.42 所示。

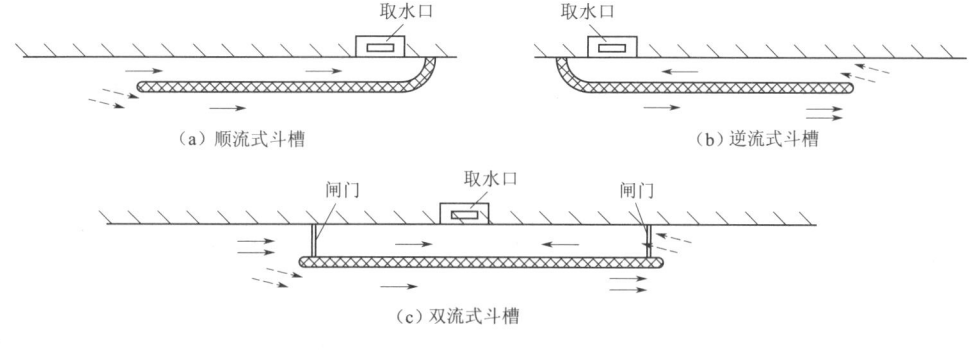

图 3.42 斗槽式取水构筑物

斗槽是在河流岸边用堤坝围成，或在岸上开挖进水槽。由于斗槽中水流流速缓慢，进入斗槽水中的泥沙就会沉淀，水中的冰絮就会上浮，因而减少了进入取水口的泥沙和冰絮。所以，斗槽式取水构筑物适宜在河流含沙量大、冰情严重、取水量较大的河流段取水。

按照斗槽内水流方向与河流流向的关系，可分为顺流式、逆流式和双流式。

图3.42（a）表示斗槽内水流方向与河流水流方向一致，称为顺流式斗槽。由于斗槽中水流速度小于河水流速，河水正向流入斗槽时，一部分动能迅速转化为位能，在斗槽进口处形成塞水和横向环流，迫使含有浮冰絮的河流表层水进入斗槽。故顺流式斗槽适用于含泥沙量较高、冰凌情况不严重的河流。

图3.42（b）表示斗槽内水流方向与河流水流方向相反，称为逆流式斗槽。当水流顺着斗槽堤坝流过进口时，受到抽吸作用形成水位跌落，致使斗槽内水位低于河流水位而产生横向环流，含有泥沙较多的底流进入斗槽。故逆流式斗槽适用于冰凌情况严重、含泥沙量较少的河流。

图3.42（c）所示斗槽具有顺流式、逆流式斗槽的特点，称为双流式斗槽。当洪水季节河水含泥沙量较高时，开上游端闸门，顺流进水。当冬季冰凌情况严重时，开下游端闸门，逆流进水。

斗槽式取水构筑物应建造在河流凹岸靠近主流的岸边处，以便利用河水水力冲洗斗槽内沉积泥沙。斗槽取水构筑物施工量大、造价高、排泥困难。

3.3.2 移动式取水构筑物

当地表水源水位变化幅度在10m以上，水流不急，水位涨落速度小于2.0m/h，要求施工周期短或建造固定式取水构筑有困难时，可考虑采用缆车或浮船式等活动式取水构筑物。

3.3.2.1 浮船式取水构筑物

浮船式取水构筑物是利用活动式联络管，将浮船上的水泵出水管与岸边输水管道连通的取水构筑物。浮船式取水构筑物具有投资少、建设快、易于施工（无复杂的水下工程），有较大的适应性和灵活性，能经常取得含沙量少的表层水等优点。但浮船式取水构筑物也存在河流水位涨落时，需要移动船位，阶梯式连接时尚需拆换接头以致短时停止供水，操作管理麻烦，易受水流、风浪、航运影响，供水的安全可靠性较差等缺点。

1. 浮船布置

浮船有木船、钢板船及钢丝网水泥船等，一般做成平底趸船形式，平面为矩形，断面为梯形或矩形；浮船上的水泵布置，除考虑布置紧凑、操作检修方便外，还应特别注意浮船的平稳定性。

2. 浮船与岸上输水管的连接

浮船与输水管的连接应是活动的，以适应浮船上下左右摆动的变化，目前有以下两种形式。

（1）阶梯式连接。阶梯式连接又分为刚性联络管和柔性联络管两种连接方式，如图3.43所示。

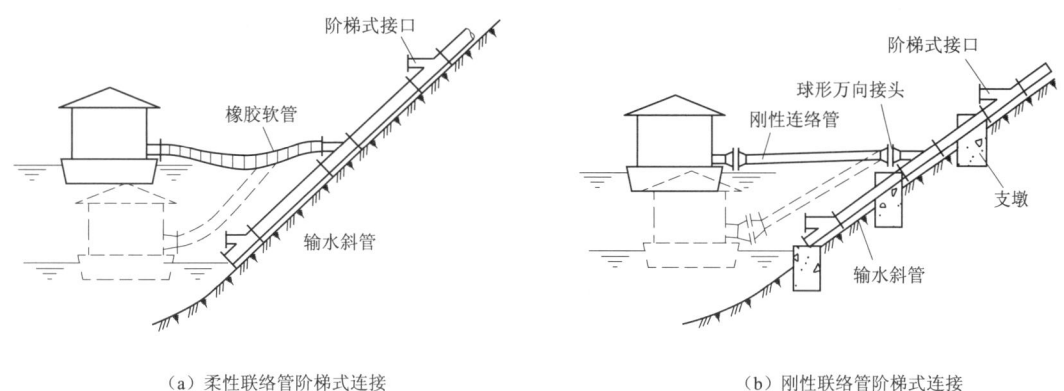

(a) 柔性联络管阶梯式连接　　　　　　　(b) 刚性联络管阶梯式连接

图 3.43　阶梯式连接

柔性联络管连接，采用两端带有法兰接口的橡胶软管作联络管，管长一般 6~8m。橡胶软管使用灵活，接口方便，但承压一般不大于 0.5MPa，使用寿命短，管径较小，故适宜在水压、水量不大时采用。

刚性联络管连接采用两端各有一个球形万向接头的焊接钢管作为联络管，管径一般在 350mm 以下，管长一般 8~12m。钢管承压高，使用年限长，故采用较多。由于受联络管长度和球形万向接头转角的限制，在水位涨落超过一定高度时，需移船和换接头。

（2）摇臂式连接。如图 3.44 所示，在岸边设置支墩或框架用以支撑连接输水管与摇臂联络管的活动接头，能适应浮船上下左右摇摆运动。水位涨落时，联络管可以围绕岸边支墩上的固定接头转动。这种连接的优点是不需拆换接头，不用经常移船，能适应河流水位的猛涨猛落，操作管理方便，不中断供水，因此采用较广泛。

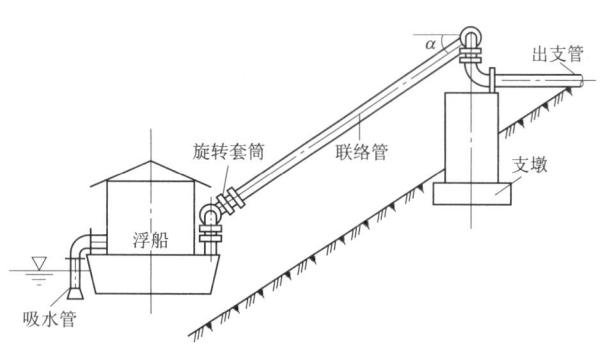

图 3.44　摇臂式连接

3. 浮船取水位置选择

（1）河岸有较陡的坡度，河床较为稳定，停泊条件良好。

（2）应设在水流平缓、风浪小、河道平直、水面开阔、漂浮物少、无冰凌的河段上，应避开大急流、顶冲和大风浪区，并与航道保持一定距离。

（3）尽量避开河漫滩和浅滩地段。取水点应有足够的水深。从凹岸取水时，凹岸不能太弯曲，以免流速大，冲刷严重。

3.3.2.2　缆车式取水构筑物

缆车式取水构筑物是利用安装有水泵机组的泵车，随着江河水位的涨落，通过牵引设备在岸坡轨道上移动的取水构筑物。它主要由泵车、轨道、输水管和牵引设备等组成，其布置如图 3.45 所示。

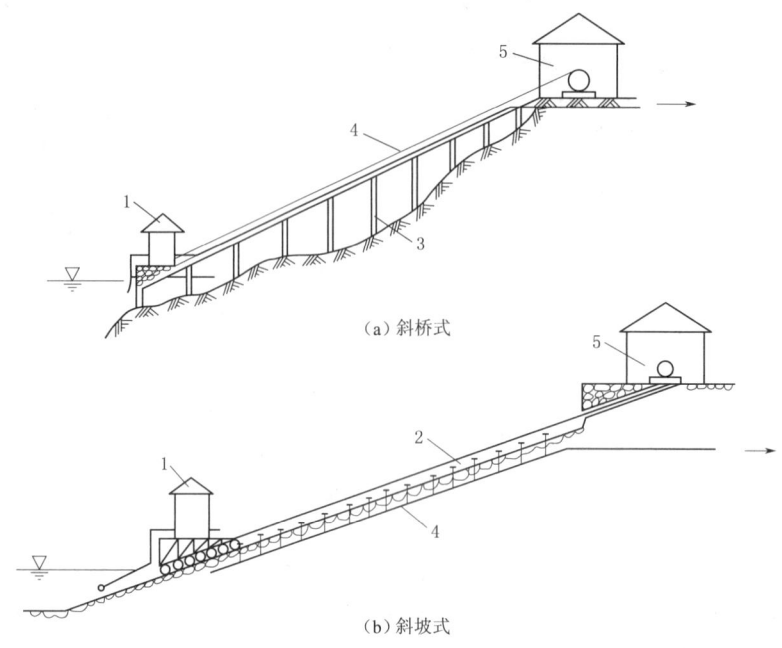

图 3.45 缆车式取水构筑物布置
1—泵车；2—坡道；3—斜桥；4—输水斜管；5—卷扬机房

缆车移动比浮船方便，缆车受风浪影响小，比浮船稳定。缆车取水的水下工程量和基建投资比浮船取水大，适于水位变化较大、涨落速度不大（不超过 2m/h）、无冰凌和漂浮物较少的河流上采用。

缆车式取水构筑物位置应选择在河岸地质条件较好、岸坡稳定并有 10°～28°的岸坡处为宜。河岸太陡，则所需的牵引设备过大，移车较困难；河岸平缓，则吸水管架太长，容易发生事故。缆车式取水构筑物应设在河流顺直、主流近岸、岸边水深不小于 1.2m 的地方。

3.3.3 其他类型取水构筑物

3.3.3.1 山区河流取水构筑物

1. 低坝取水构筑物

低坝取水构筑物如图 3.46 所示。枯水期和平水期时，低坝拦住河水或部分河水从坝顶溢流，保证有足够的水深以利于取水口取水。冲沙闸靠近取水口一侧，开启度随流量变化而定，以保证河水在取水口处形成一定的流速以防淤积，洪水期时则形成溢流，保证排洪畅通。

2. 底栏栅式取水构筑物

底栏栅式取水构筑物如图 3.47 所示。底栏栅式取水是通过溢流坝抬高水位，并从底栏栅顶部流入引水渠道，再流经沉沙池后至取水泵房。取水构筑物中的泥沙，可在洪水期时开启相应闸门引水进行冲洗。底栏栅式取水构筑物适用于河床较窄，水深较浅，河底纵坡较大，大颗粒推移质特别多的山溪河流，且取水占河水总量较大的情况。

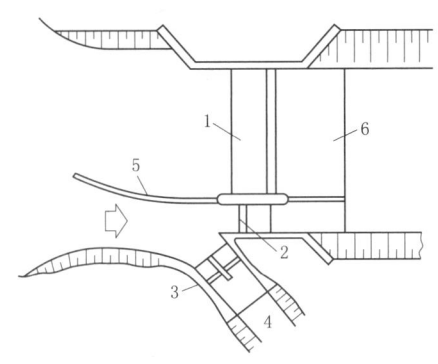
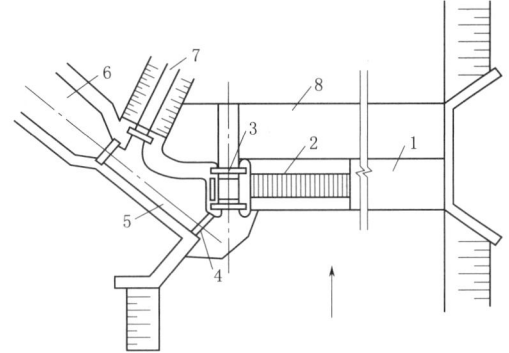

图 3.46 低坝取水构筑物
1—溢流坝（低坝）；2—冲沙闸；3—进水闸；
4—引水明渠；5—导流堤；6—护坦

图 3.47 底栏栅式取水构筑物
1—溢流坝；2—底栏栅；3—冲沙室；4—进水闸；
5—第二冲沙室；6—沉沙池；7—排沙渠；8—防洪护坦

3.3.3.2 湖泊和水库取水构筑物

湖泊、水库是天然的大型沉淀池，因而含沙量少、浊度小，且浊度变化小，水质比较稳定。

1. 自流管式取水构筑物

在浅水湖泊和水库取水，一般采用自流管或虹吸管把水引入岸边深挖的吸水井内，水泵的吸水管直接从吸水井内抽水，泵房与吸水井既可以合建，也可以分建。图 3.48 是自流管合建式取水构筑物。

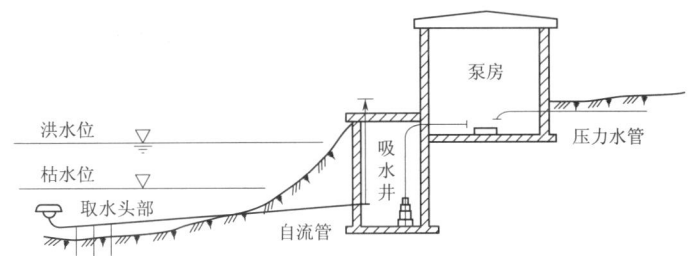

图 3.48 自流管合建式取水构筑物

2. 分层取水构筑物

由于深水湖或水库的水质随水深及季节等因素变化，因此大都采用分层取水方式，以从最优水质的水层取水。分层取水构筑物一般采用取水塔。对于水库取水常与坝、泄水口合建。取水塔可以与坝身合建，如图 3.49 所示，或者与底部泄水口合建，如图 3.50 所示。取水塔可做成矩形、圆形或半圆形。

3. 隧洞式取水和引水明渠取水构筑物

隧洞式取水构筑物可采用水下岩塞爆破法施工。在选定的取水隧洞的下游一端，先行挖掘修建引水隧洞，在接近湖底或库底的地方预留一定厚度的岩石——岩塞，最后采用水下爆破的办法，一次性炸掉预留的岩塞，从而形成取水口。这一方法，在国内外均获得采用。图 3.51 为隧洞式取水岩塞爆破法示意图。我国不少取水构筑物也有采用引水明渠的取水方式。

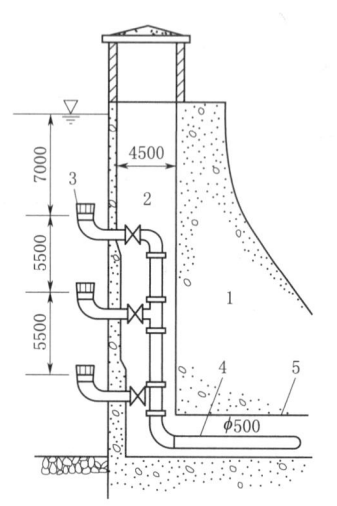
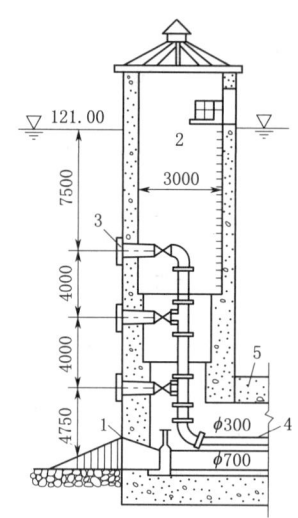

图 3.49　与坝身合建的取水塔（单位：mm）
1—混凝土坝；2—取水塔；3—喇叭管进水口；
4—引水管；5—廊道

图 3.50　与底部泄水口合建的取水塔
（单位：高程，m；尺寸：mm）
1—底部泄水口；2—取水塔；3—喇叭管进水口；
4—引水管；5—廊道

3.3.3.3　海水取水构筑物

海水取水构筑物主要有引水管渠取水、岸边式取水、潮汐式取水等形式。

1. 引水管渠或自流管取水

当海滩比较平缓，用自流管或引水管取水。图 3.52 为自流管式海水取水构筑物。

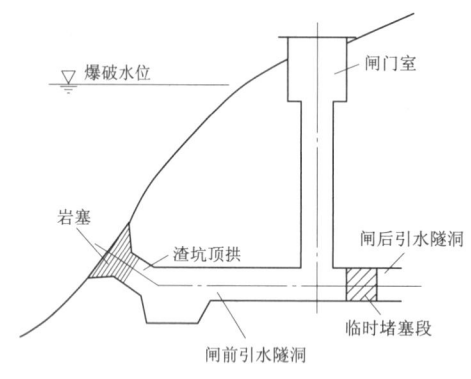
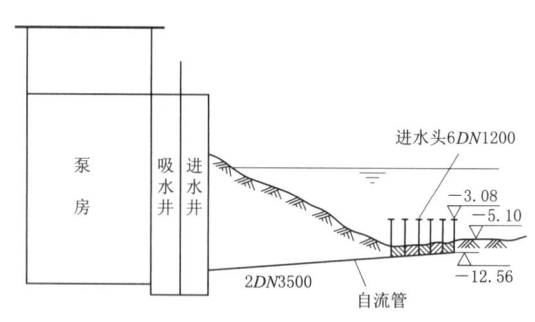

图 3.51　隧洞式取水岩塞爆破法示意图

图 3.52　自流管式海水取水构筑物

2. 岸边式取水

在深水海岸，当岸边地质条件较好、风浪较小、泥沙较少时，可以建造岸边式取水构筑物，从海岸取水，或者采用水泵吸水管直接伸入海岸边取水。

3. 潮汐式取水

在海边围堤修建蓄水池，在靠海岸的池壁上设置若干潮门。涨潮时，海水推开潮门进入蓄水池；退潮时，潮门自动关闭，泵站自蓄水池取水，如图 3.53 所示。这种取水方式节约投资和电耗，但池中沉淀的泥沙清除较麻烦。有时蓄水池可兼做循环冷却水池，在退潮时引入冷却水，可减小蓄水池的容积。

3.3.3.4 雨水集取构筑物

当没有可靠的地表水和地下水源时，可用雨水集取构筑物直接集取雨水，经简单处理后储存使用，这是一种分散式给水方式。由于规模小，受季节影响大，因此，供水可靠性较差。

1. 雨水集取构筑物的适用范围

雨水集取构筑物主要适用于缺水型人畜饮水困难的地区，当地缺少水源，缺水的原因与气候因素有关，还与地形、地貌和地质条件有关。

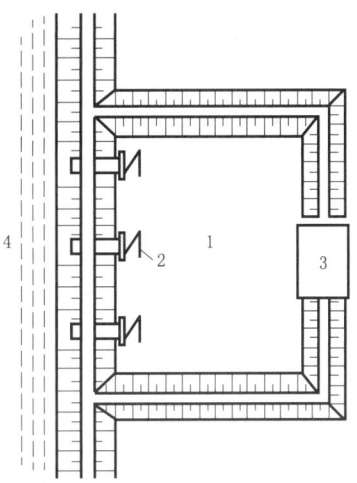

图 3.53　潮汐式取水构筑物
1—蓄水池；2—潮门；
3—取水泵房；4—海湾

在南方缺水地区，虽年降雨量多在 1000mm 以上，但降雨时间分布极不均，主要集中在夏季几个月内，且溶岩十分发育，难以修建蓄水工程，致使缺水天数达 100~150d。黄土高原地区，年降雨量在 400~650mm 之间，水土流失严重，沟壑纵横，地下水埋藏较深，开采困难，远离河流的山村出现全年缺水。西北干旱地区，年降雨量小于 400mm，而年蒸发量在 1500mm 以上，属严重缺水地区，根本没有地表水源，地下水极少。沿海岛屿，主要是东南沿海，降雨量充沛，但河流源短流急，难以蓄水，过量开采地下水又造成海水入侵，淡水资源十分短缺。

对于上述地区，修筑分散式雨水集取构筑物是解决饮水困难的主要工程措施。

2. 雨水集取构筑物的形式

雨水集取构筑物主要包括地面集雨坪和屋顶集水设施、沉沙过滤池和水窖等。

(1) 地面集雨坪和屋顶集水设施。地面集雨坪和屋顶集水设施用以汇集降雨，形成径流。

地面集雨坪如图 3.54 所示，可直接利用自然山坡，也可以通过人工整修或铺筑形成人工集雨坪。为了保证集水水质，应清除坪内杂草及污物，并种植草皮。在集雨坪上缘及两侧修筑拦污沟以排水，下缘修筑集水沟以汇集雨水，引入沉沙过滤池，集水沟应设排水口以排除降雨初期的径流。

集雨坪避免建在过陡、透水性强、林木茂密和易坍塌冲刷的山坡。集雨坪过陡，大雨时易被冲刷破坏，径流含沙量大；透水性强，树木茂密的山坡，径流系数小，产水量少。此外，集雨坪要就近选取，以减少引水距离，节省投资，方便生活。

屋顶集水是利用居住屋顶承接和汇集天然降雨的设施，主要由径流场（屋顶）、集水槽输水管、过滤池、水窖组成，如图 3.55 所示。

屋顶集水可在屋檐下用集水槽集水，再用落水管引至地面；也可在房屋四周地面修筑地槽，收集屋面自由散落的雨水，地槽沿口应高出槽外地面 5cm，以防地面污水流入。若屋顶面积不够时，可在场院等地面用素混凝土或三合土铺筑人工径流场补充水量之不足。

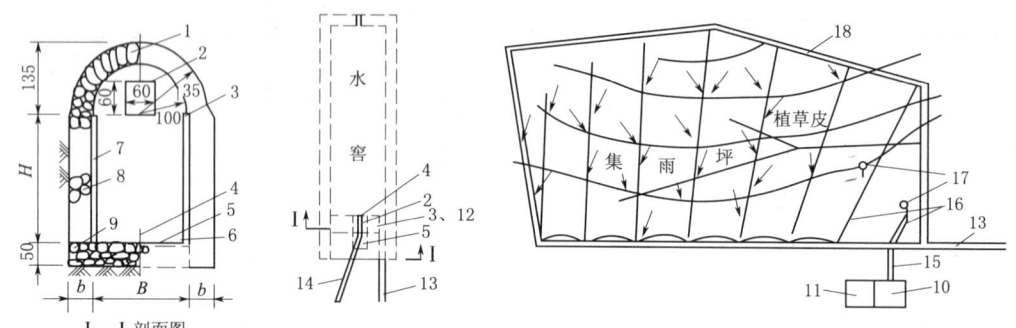

图 3.54 地面集雨坪雨水集取构筑物

（标注尺寸单位：cm）

1—浆砌块石拱；2—进人孔；3—溢流孔；4—放水管；5—接水坑；6—冲沙孔；
7—水泥砂浆抹面；8—浆砌石墙；9—石灰砂浆砌石；10—沉沙池；11—过滤池；
12—冲沙管；13—排水沟；14—出水管；15—进水沟；16—引泉沟道；
17—间歇泉；18—拦污沟

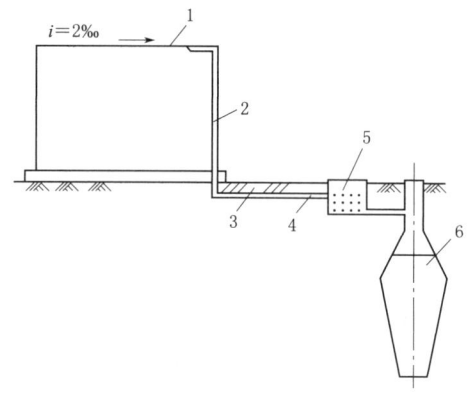

图 3.55 屋顶集水雨水集取构筑物

1—径流场；2—落水管；3—输水管（沟）；
4—排水管（沟）；5—过滤池；6—水窖

（2）沉沙过滤池。汇集的雨水在进入水窖或水池前，必须经沉沙、过滤处理。沉沙池起沉沙作用，兼作过滤前容纳雨水的作用，其大小视集水量而定。过滤采用慢滤池，过滤面积取决于集水流量和滤速，一般滤速采用 0.1～0.3m/(h·m)，滤池底部设一集水沟，汇集滤后水，引入水窖。沉沙过滤池应设有进出水管，还应在沉沙池设排水管，当水窖满时排出多余水。

（3）水窖。水窖是一种埋藏于地下的蓄水池，水窖的结构形式应满足受力条件好、坚固耐久、就地取材、便于施工及使用管理方便等要求，其结构形式有缸式、瓶式、矩形拱顶式、圆柱式。水窖应有一定的埋藏深度，以保证水窖不受外界干扰、保证水质。其顶部覆土厚度不小于 1.0～1.5m。

水窖内气温变化小，水质较稳定，窖内水只需定期消毒就可满足人畜饮水要求。为使窖水水质安全卫生，在夏季多雨时应注意更换窖水，定期投放消毒剂。在使用过程中应由卫生防疫部门定期化验水质，确保水质安全。

思 考 题

1. 水源是如何分类的？
2. 水源选择的原则是什么？
3. 如何进行供水水源防护？
4. 地下水取水构筑物分别有哪些？它们的适应条件是什么？
5. 地表水的取水构筑物分别有哪些？它们的适应条件是什么？

项目 4

城镇给水管网设计

【学习目标】

1. 知识目标：①能了解城镇输配水管网布置原则及方法。②能了解给水管网系统设计计算内容、方法。③熟悉城镇给水系统的相关法规、标准、规范和技术指南。

2. 技能目标：①能根据城镇特点、用水要求，合理布置输配水管网。②能根据城镇用水要求，合理设计给水管网系统。③能正确使用给水系统的相关法规、标准、规范和技术指南。

3. 思政和素质目标：培养社会责任意识，提升专业职业能力，为强国建设贡献工匠力量。

4.1 输水管渠和配水管网布置

输配水管网包括输水管渠和配水管网。输水管渠是指在较长距离内输送水量的管道或渠道，一般不沿线向外供水。配水管网是指将水由水厂送到分配管网以至用户的管道系统，其分布于整个用水区。输配水管网应供给用户以足够的水量和水压，应保证不间断供水。

4.1.1 输水管渠布置

由于城镇给水工程的水源复杂、用户分散，而输水管线长，且常穿越河流、公路、铁路、高地等复杂地形，因此，其对工程投资和供水安全性影响较大。输水管渠的定线时应遵循如下原则。

（1）尽量缩短输水管线长度，少占农田，尽量避免重要铁路或工程地质条件不良地区，以降低工程造价，便于管理。

（2）输水管渠定线尽量沿现有道路或规划道路布置，便于管渠施工和运行维护，保证供水安全。

（3）输水管线的条数应根据城镇给水的重要性、输水量大小、水源实际情况等确定，当允许间断供水或不止一个水源时，可采用一条管线；当不允许间断供水时，输水管一般敷设成两条并行管线，并在中间的些适当地点分段连通和安装切换阀门，以便其中一条管道局部发生故障时由另一条并行管段替代，以此缩小管道时的断水区域，如图 4.1 所示。

（4）根据水源和给水区的地形高差及地形变化，输水管（渠）可以是重力式或压力式。重力管的定线比较简单，可敷设在水力坡线以下并且尽量按照最短的距离供水。选择线路

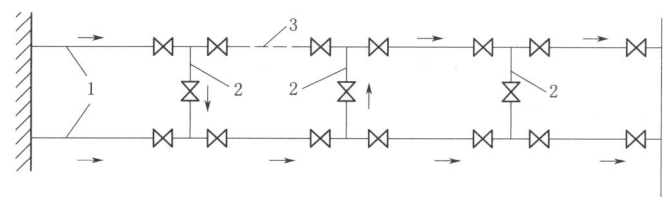

图 4.1 输水管上的连通管
1—输水管；2—连通管；3—事故管段

时应充分利用地形，输水方式优先考虑重力流或部分重力流输水；远距离输水时，地形往往有起伏，一般情况往往是加压和重力输水两者的结合形式，水源低于给水区时采用压力输水，但较高地段可借重力自流输水，以降低输水成本；一般在输水管线的鞍部应安装排气阀，在输水管线的低洼处，应设置泄水阀和泄水管，如图 4.2 所示。

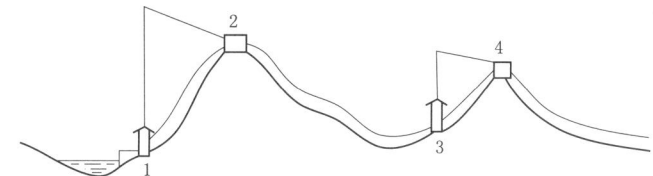

图 4.2 重力管和压力管相结合的输水方式
1，3—泵站；2，4—高位水池

输水管的最小坡度应大于 1∶5D（D 为管径，以 mm 计）。输水管线坡度小于 1∶1000 时，应每隔 0.5～1km 装置排气阀。即使在平坦地区，埋管时也应人为地做成上升和下降的坡度，以便在管坡顶点设排气阀、管坡低处设泄水阀。排气阀在管线起伏较多处应适当增设。

管线埋深（即埋设深度，指管道内壁底部到地面的距离）应按当地条件决定，在严寒地区敷设的管线应注意防止冰冻。合理地确定管道埋设深度对于降低工程造价有重要意义，在土质较差、地下水位较高的地区，应设法减小管道埋深，以降低工程造价，但覆土厚度（指管道外壁顶部到地面的距离）应有一个最小的限值，具体应根据土壤冰冻深度、车辆荷载、管道材质及管道交叉等因素确定。一般规定管顶最小覆土不得小于土壤冰冻线以下 0.15m，行车道下的管线覆土深度不宜小于 0.70m。

4.1.2 配水管网布置

配水管网是将输水管送来的水分配给各用户的管道网络，主要由主干管、干管、支管、连接管、分配管等构成，配水管网定线时一般只进行管网的干管及干管之间的连接管的布设。

配水管网的基本布置有两种，即树状管网和环状管网。

（1）树状管网。树状管网如图 4.3 所示，其布置从水源到用户的管线呈树枝状延伸，任一管段水流方向固定，其管径随供水水流方向减小。树状网管线的总长度小，构造简单，节省投资，但当管线某处损坏时，后续所有管线的供水均会受到影响，甚至断水，可见树状网供水安全可靠性差。同时，由于管线随着供水方向供水量越来越小，管线末端的水力条件较差，流速慢甚至停滞，末端水质极易变坏。此外，当管网用水量超设计负荷时，末端管网处于负压状态，导致管线外环境向管内渗水，污染水质，再者，由于树状管网易发生水锤，管道易受到破坏，所以树状管网一般适用于小城镇和小型工矿企业，或在城镇规划初期可先采用树状管网，以减少一次性投资费用，加快工程投产。

（2）环状管网。环状管网如图4.4所示，其干管之间用连接管连接，使干管形成多个封闭的环。当局部管线损坏时，可关闭附近阀门，分离损坏管线，便于检修，其余管线可通过连接管重新供水，使断水范围大为减小；此外，环状网水力条件较好，大大减轻了水锤作用产生的危害，可见，环状网是供水安全可靠性好的供水管网形式，但其管线总长度大，投资费用高。

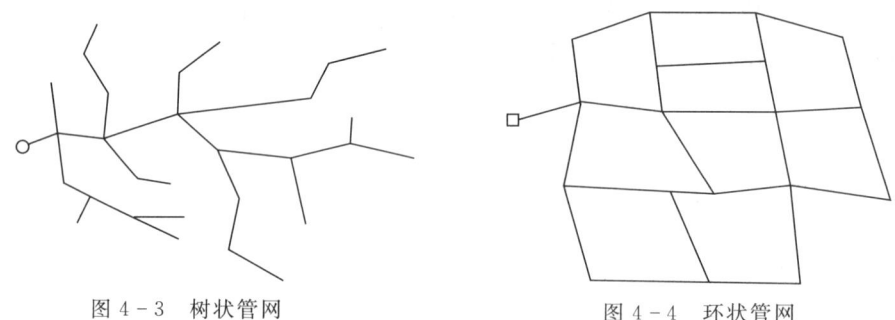

图4-3　树状管网　　　　　　　　图4-4　环状管网

给水管网的布置既要保证供水安全，又要尽量经济，因此在布置管网时，应考虑分期建设的可能，即先按近期规划采用树状管网，随着用水量的增加，再逐步增设管线构成环状管网。所以现有城镇的配水管网多数是环状管网和树状管网的结合。即在城镇中心地区布置成环状管网，而在郊区和城镇次要地区，则以树状管网的形式向四周延伸。供水可靠性要求较高的工矿企业需采用环状网，并用树状管网或双管输水至个别较远的车间。

供水管网的布置既要求供水安全可靠，又要求节省投资。在城镇给水中，近期可采用树状网，适当时期后再连成环状网；也可以在给水可靠性要求较高的城镇中心采用环状网，而在郊区采用树状网。

配水管网的布置取决于城镇规划布置、供水区的用户分布、地形、水源和调节构筑物位置、河流、铁路、桥梁的位置等，考虑的布设要点如下。

（1）干管的作用是将水输送至各用水区，同时也向沿线用户供水。各用水区再从干管取水，干管对各用水区的用水起着控制作用。干管定线时，一般按规划道路定线，但尽量避免在高级路面或重要道路下通过，以便维护。其延伸方向应和二级泵站到水池、水塔、大用户的水流方向基本一致，力求以最短的距离，从用水量较大的街区通过；干管还应从地势较高处通过，以减小管中压力。

（2）干管当允许间断供水时，城镇供水管网宜采用一条干管接出许多支管，形成树状管网，降低成本，同时考虑将来连成环状网的可能。当用水安全性要求较高时，宜布置几条接近平行的管并形成环状网。干管的间距，可根据街区情况，一般采用500～800m。

（3）连接管是连接两干管的管道，用以平衡两干管的水量、水压。当一干管发生故障时，用阀门隔离故障点，通过连接管进行流量重新分配，保证事故点下游的用水。连接管的间距可根据街区的大小决定，一般介于 800~1000m。

（4）管网上应设一定数量的附件配合管网工作，如阀门、消火栓等。阀门在管网中设置最为普遍，它用以调节管网的水量、水压等，一般在干管上每隔 400~600m 设 1 个阀门，两阀门间接出的分配管不宜超过 3 条，消火栓不超过 5 个，分配管的始端均应设置阀门。在管道凸点应设排气阀以排除管内积气，在管道凹点设泄水阀及泄水管，以泄水检修。无给水排水卫生设施的居民区，应在室外设置集中给水龙头，供居民取水。室外给水龙头的服务半径为 50~100m。

（5）城镇给水管道的平面布置和埋深，应符合城镇的管道综合设计要求。对于工业企业用水，管网形式可按照生产工艺对给水可靠性的要求，采用树状网、环状网或两者相结合的形式。不能断水的企业，生产用水管网必须是环状网，到个别距离较远的车间可用双管代替环状网。大多数情况下，生产用水管网是环状网、双管和树状网的结合形式。工业企业管网水质不同的管网不能相互连接。工业企业的生活饮用水管网严禁与城镇饮用水管网直接连接。

4.2　给水管网系统水力计算

给水管网是一个复杂的系统，通过给水管网水力计算可以确定干管管径、管网各节点的水压、二级泵站和管网中的加压泵站的扬程等，所以水力计算是给水管网设计的依据，是进行管网系统模拟和各种动态工况分析的基础，也是加强给水管网系统管理、施行优化运行的基础。因此，管网水力计算至关重要。

4.2.1　管段计算流量

管网计算时并不包括全部管线，而是只计算经过简化后的干管。管网图形是由许多节点和管段组成的。节点包括：如泵站、水塔或高位水池等水源节点；不同管径或不同材料的管线交接点；两管段交点或集中向大用户供水的点。两节点之间的管线称为管段，管段流量是进行管网水力计算的重要数据，也是计算管段水头损失、选择管径的重要依据。计算管段流量需首先求出沿线流量和节点流量。

4.2.1.1　沿线流量

沿线流量是指供给该管段两侧用户所需的流量。

给水工程中沿干管和分配管上为用户配水，用户中既有工厂、机关、旅馆等大量用水单位，其流量称为集中流量；也有分布数量多但水量较少的居民用水，且用水量时刻变化，配水情况比较复杂。若按实际情况确定每条管径流量，计算相当麻烦，且意义不大。因此，实际计算时通常将沿线配水流量采用比流量法进行简化，即假定沿线居民用水量、绿化浇洒用水等小流量用水均分布在全部干管上。

1. 比流量

比流量法通常有长度比流量和面积比流量两种。

（1）长度比流量。假定沿线居民用水量、绿化浇洒用水等小流量用水均分布在全部干管长度上，由此得到单位长度管线上的配水流量，我们称为长度比流量，其大小可用式（4.1）计算：

$$q_{cb} = \frac{Q_h - \sum Q_i}{\sum L} \tag{4.1}$$

式中 q_{cb}——长度比流量，L/(s·m)；

Q_h——管网最高日最高时用水量，L/s；

$\sum Q_i$——大用户集中用水量总和，L/s；

$\sum L$——干管总长度（对如河岸等处铺设的只有一侧配水的管线，其计算长度为实际长度的一半），m。

由于长度比流量是将小流量用水量全部均匀分布于干管长度上的，忽略了沿线供水人数和用水量的影响，不能反映各管段实际配水量，因此，提出另一种按照供水面积决定比流量的计算方法——面积比流量法。

（2）面积比流量。假定沿线居民用水量、绿化浇洒用水等小流量用水均分布在全部供水面积上，则得到单位面积上的配水量称为面积比流量，可用式（4.2）计算：

$$q_{mb} = \frac{Q_h - \sum Q_i}{\sum A} \tag{4.2}$$

式中 q_{mb}——面积比流量，L/(s·m)；

$\sum A$——用水区总面积，km²。

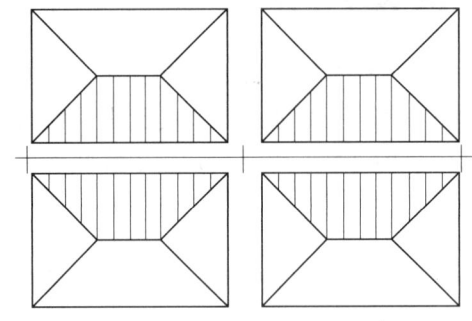

图 4.5 管段供水面积划分示意图

干管每一管段所负担的供水面积可用角等分线的方法来划分街区，如图 4.5 所示。在街区长边上的管段，其两侧供水面积均为梯形。在街区短边上的管段，其两侧供水面积均为三角形。

计算面积比流量时，需要注意管段供水面积确定的合理性，当管段供水区域内用水密度较大时，其供水面积值可以适当调大；相反，当管段供水区域内用水密度较小时，其供水面积值可以适当调小。这种方法由于考虑了沿线供水面积或用水人数对供水量的影响，因此配水量更接近实际配水情况，但计算较为复杂，对于干管分布比较均、干间距大致相同的管网，用长度比流量法更为简便。

2. 沿线流量计算

沿线流量可用比流量计算其大小。

（1）按长度比流量计算：

$$q_y = q_{cb} L \tag{4.3}$$

式中 q_y——沿线流量，L/s；

q_{cb}——长度比流量，L/(s·m)；

L——管段计算长度，m。

（2）按面积比流量计算：

$$q_y = q_{mb} A \tag{4.4}$$

式中 q_{mb}——面积比流量，L/(s·m)；

A——管段承担的供水面积，km²；

其余符号同前。

4.2.1.2 节点流量

节点流量是假设用户用水量仅从节点流出的流量。由于管段中的沿线流量是沿着水流方向逐渐减小，管段的管径和水头损失也应随之减小。为了便于分析计算，规定所有流量只允许从节点处流出或流入，这样管段沿线流量便为一固定值，简化后得到的集中流量称为节点流量。

简化过程中，沿线流量按水力等效原则，将其一分为二，平均分配到两端节点上，因此在管网中，任一节点的节点流量等于该节点相连的各管段沿线流量总和的一半，即

$$q_i = \frac{1}{2}\sum q_{cb} L_i \tag{4.5}$$

城镇管网中，工业企业等大用户所需流量，可直接作为接入大用户节点的节点流量，称为节点集中流量。这样，管网图上只有集中在节点的流量，包括由沿线流量折算的节点流量和大用水户的集中流量，即

$$q_i = \frac{1}{2}\sum q_{cb} L + Q_i \tag{4.6}$$

转输流量是通过该管段输送到下一管段的流量，是沿该管段长度不变的。这样所有节点流量之和就等于管网设计用水量 Q_h。

4.2.1.3 管段计算流量确定

求出节点流量后，即可进行管网的流量分配，也就是求出各管段计算流量。随后即可根据该流量确定管径和进行水力计算。

1. 树状网管段计算流量

计算出节点流量后，即可确定管段计算流量。确定管段计算流量时应满足流入某一节点的流量应等于流离该节点的流量，也就是节点流量平衡条件。对于单水源树状网，从水源供水到各节点只有一个水流方向，因此任一管段计算流量等于该管段下游所有节点流量之和，如图 4.6 中，管段 4-5 的计算流量为 $q_{4-5}=q_5$，管段 3-4 的计算流量为 $q_{3-4}=q_4+q_5+q_8+q_9+q_{10}$。

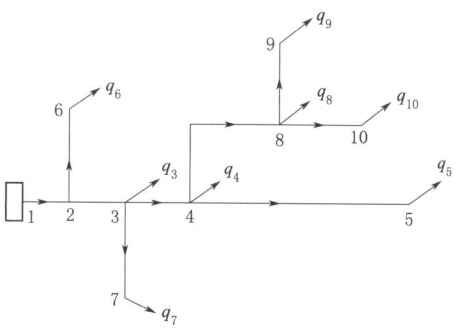

图 4.6 树状网流量分配

2. 环状网管段计算流量

如图 4.7 所示，环状管网的管段水流可沿不同方向供给，并且配水干管相互连通，一路中每一节点的配水都可以沿两条或两条以上管路供给，因此，环状网各环内每条配水管段的水流方向及流量都不确定，管段计算流量可以有许多不同的分配方案。但是，环状网流量分配时必须保持每一节点的水流连续性，也就是流向任一节点的流量必须等于流出该节点的流量，以满足节点流量平衡条件，即

$$q_i + \sum q_{ij} = 0 \tag{4.7}$$

式中　q_i——节点的节点流量，L/s；

　　　q_{ij}——从节点 i 到节点 j 的管段流量，L/s。

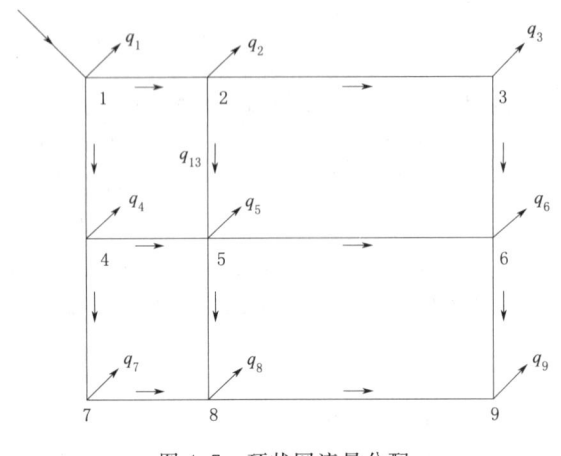

图 4.7 环状网流量分配

假定离开节点的管段流量为正、流向节点的为负。

以图 4.7 的节点 5 为例,流入节点的流量为 q_{2-5}、q_{4-5},离开节点的流量为 q_{5-6}、q_{5-8}、q_5,根据式(4.7)得

$$-q_{2-5}-q_{4-5}+q_{5-6}+q_{5-8}+q_5=0$$

或 $q_{5-6}+q_{5-8}+q_5=q_{2-5}+q_{4-5}$

对于节点 5,流入节点的流量和离开节点的流量已知时,与其相关联的管段 5—6、5—8 流量可以在满足节点流量平衡条件基础上有多种分配方案。为了进一步确定各管段的计算流量,需首先人为假定各管段的流量分配,称为流量预分配。但如果流量分配差距太大,虽然此时可保持水流的连续性,且铺设费用低,但当分配流量较大的管段需要检修时,分配流量较小的管段会因流量过载而使该管的水头损失过大,从而影响到整个管网的供水量或水压,供水安全可靠性显著下降。因此,环状网流量分配时,应综合考虑经济性和可靠性。经济性是指流量分配得到的管径,应使一定年限内的管网建造费用和管理费用为最小。可靠性是指能向用户不间断地供水,并且保证应有的水量、水压和水质。工程上一般是在满足可靠性的前提下,力求管网选择最为经济的管段流量分配方案。

环状管网流量分配的具体步骤如下。

(1)按照管网的主要供水方向,先拟订各管段的水流方向,并选定整个管网的控制点。控制点是管网正常工作和事故时必须保证所需水压的点。

(2)为了可靠供水,从二泵站到控制点之间选定几条主要的平行干管线,这些平行干管中尽量均匀分配流量,并且符合水流连续性即满足节点流量平衡的条件。如果一条干管损坏,流量由其他干管转输时,不会使这些干管中的流量增加过多。

(3)与干管垂直的连接管,其作用主要是沟通平行干管之间的流量,有时起到一定的输水作用,有时只是就近供水到用户,平时流量一般不大,只有在干管损坏时才转输较大的流量,因此连接管中可分配较少的流量。

由于实际管网的管线复杂,用水流量的分布千差万别,环状网流量分配应结合实际情况灵活操作,对设计流量分配方案应反复调整,以达到技术经济条件最佳状态。

4.2.2 管径设计

各管段的管径应在管段分配流量确定后,按式(4.8)设计计算:

$$D=\sqrt{\frac{4q}{\pi v}} \tag{4.8}$$

式中 D——管段直径,m;

q——管段流量，m^3/s。

从式（4.8）可知，在管段流量确定的前提下，管段中的水流速度决定了管径大小。因此要确定管径，必须先选定流速。

为了防止管网因水锤现象出现事故，最大设计流速不应超过 2.5 m/s；在输送浑浊的原水时，为了避免水中悬浮物质在水管内沉积，最低流速通常不得小于 0.6m/s，可见技术上允许的流速幅度是较大的。因此需在上述流速范围内，根据当地的经济条件，考虑管网的造价和经营管理费用，来选定合适的流速。

从式（4.8）可以看出，流量一定时，管径和流速的平方根成反比，如果流速取值大，则管径减小，管网造价相应降低，但水头损失因流速大而较大，水泵扬程增大，运行管理费用（主要指输水电费）也会随之提高。同时，流速若过大，则管内压力高，管道水锤作用引起的破坏可能性也会提高；相反，流速取值小些，管径相应增大，管网造价有所上升，但节约电费，运行管理成本下降。

因此，管段管径的确定，要综合考虑管网造价和运行管理费用这两个主要经济因素。设 C 为管网建造费用，M 为每年运行管理费用，则在投资偿还期 t 年内的总费用为 $W = C + tM$。以流速为横坐标，费用为纵坐标，分别绘出 v-C、v-tM 和 v-W 三条曲线，如图 4.8 所示。其中，流速-总费用 v-W 曲线的最低点，即管网建造费与经营管理费之和最小时的流速，称为经济流速。

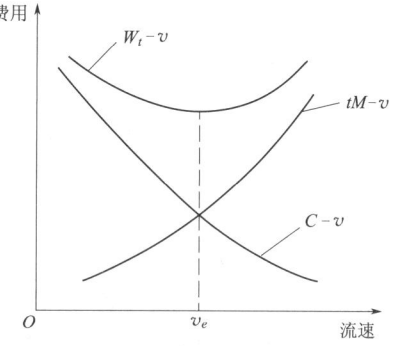

图 4.8 管网费用与流速的关系

不同地区的经济流速应根据当地的水管材料和价格、施工条件、电费等实际经济情况确定，且不同管段由于流量、管径不同，经济流速也是不同的，因此，在设计中，通常简便地应用"界限流量表"（表 4.1）来确定经济流管径。

表 4.1 界 限 流 量 表

管径/mm	界限流量/(L/s)	管径/mm	界限流量/(L/s)	管径/mm	界限流量/(L/s)
100	<9	350	68～96	700	355～490
150	9～15	400	96～130	800	490～685
200	15～28.5	450	130～168	900	685～822
250	28.5～45	500	168～237	1000	822～1120
300	45～68	600	237～355		

由于实际管网的复杂性，供水情况随供水区域发展不断变化，要从理论上计算管网造价和年管理费用相当复杂且有一定难度。因此，在条件不具备时，设计中也可采用平均经济流速，见表 4.2。

选取经济流速和确定管径时，可以考虑以下原则。

表 4.2　　　　　　　　　　　平 均 经 济 流 速

管径 /mm	平均经济流速 /(m/s)	管径 /mm	平均经济流速 /(m/s)
100～400	0.6～0.9	≥400	0.9～1.4

（1）一般大管径可取较大的经济流速，小管径可取较小的经济流速。

（2）管段设计流量占整个管网供水流量比例较小时取较大的经济流速，反之取较小的经济流速。

（3）从供水泵站到控制点（即供水压力要求较难满足的节点，可能有多个）的管线上的管段可取较小的经济流速，其余管段可取较大的经济流速，如输水管位于供水泵站到控制点的管线上，则输水管所取经济流速应比管网中的管段的流速小。

（4）管线造价（含管材价格、施工费用等）较高而电价相对较低时，取较大的经济流速；反之，取较小的经济流速。

（5）重力供水时，各管段的经济管径或经济流速按充分利用地形高差来确定，即应使输水管渠和管网通过设计流量时的水头损失总和等于或略小于可以利用的水压标高差。

（6）根据经济流速计算出的管径，如果不符合市售标准管径时，可以选用相近的标准管径。

（7）当管网有多个水源或设有对置水塔时，在各水源或水塔供水的分界区域，管段设计流量可能特别小，选择管径时要适当放大，因为当各水源供水流量比例变化或向水塔转输流量时，这些管段可能需要输送较大的流量。

（8）重要的输水管，如从水厂到用水区域的输水管，或向远离主管网大用户供水的输水管，在未连成环状网且输水末端没有保证供水可靠性的储水设施时，应采用平行双条管道，每条管道直径按设计流量的 50% 确定。另外，对于较长距离的输水管，中间应设置两处以上的连通管（即将输水管分为 3 段以上），并安装切换阀门，以便发生事故时能够实现局部隔离，保证达到设计规范要求的 70% 以上供水量。

4.2.3　管网水力计算

4.2.3.1　树状管网水力计算

多数小型供水和工业企业供水在建设初期可采用树状管网，随着区域发展，用水量相应增大，可根据需要逐步连接形成环状管网。

树状管网中的计算比较简单，因为水从供水起点到任一节点的水流路线只有一个，每一管段也只有唯一确定的计算流量。所以，在树状管网计算中，应首先计算对供水经济性影响最大的干管，即管网起点到控制点的管线，然后再计算支管。

单水源树状网的水力计算步骤如下。

（1）在求得管网的最高日最高时流量和整个管网各管段配水长度或供水面积的基础上进行比流量、沿线流量计算。

（2）求管网各节点流量。

（3）确定管网的控制点（最不利供水点）。控制点的选择很重要，在保证该点水压达到最小服务水头时，整个管网不会出现水压不足地区，一般选择几个点进行比较确定。如果控制点选择不当而出现某些地区水压不足，应重新选定控制点进行计算。

（4）选定管网的主干管线。

（5）求管网的各管段流量，根据节点流量平衡原理，无论从二级泵站起顺水流方向推或从控制点起向二级泵站方向推算，只能得出唯一的各管段流量。

（6）管网的主干管线上各管段的流量确定后，即可按经济流速确定管径，并确定管网的主干管线上各管段的水头损失和节点水压。

（7）将主干管线上各管段的水头损失相加，求出总水头损失，计算二级泵站所需扬程或水塔所需的高度。

（8）确定支管线的起点、终点的水压标高，将主干管线计算出的干管上有支管线接出的节点的水压标高（等于节点处地面标高加服务水头）作为计算支管线起点的水压标高，而支线终点的水压标高等于终点的地面标高与最小服务水头之和。

（9）求支管线的水力坡度，将支线起点和终点的水压标高差除以支管线长度即得。

（10）确定支管线的各管段管径，根据支管线每一管段的流量并参照该管段水力坡度选定相近的标准管径。

【例 4.1】 某城镇供水管网布置图如图 4.9 所示，最高日最高时用水量为 150.67L/s，节点 5 有一处用水量为 20.00L/s 的工厂，节点 7 有一用水量为 12.67L/s 的公共建筑，管段 2-5、6-7 为一绿化用地单侧供水。该城镇地形平坦，高差极小，管网各节点地面标高见表 4.3，要求最小服务水头为 20m，节点地面标高如表所示，选用给水铸铁管。试完成树状供水管网的设计计算。

表 4.3　　　　　　　　　　管网各节点地面标高

节点	1	2	3	4	5	6	7
地面标高/m	57.0	56.6	56.3	56.0	56.0	56.2	55.9

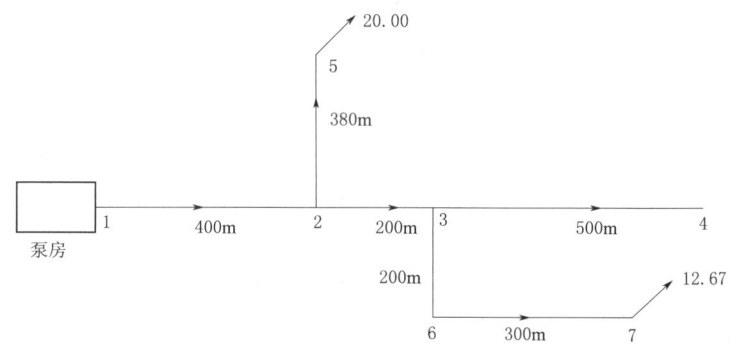

图 4.9　某城镇供水管网布置图

解：（1）计算节点。由城镇管网布置情况，干管分布较为均匀，故可按长度比流量进行试算。

1）配水干管计算长度。由于管段 1-2 为泵站输水管，配水长度为 0，则该管网

的配水干管计算长度为

$$\sum L = 200 + 500 + \frac{1}{2} \times (380 + 300) + 200 = 1240 \text{m}$$

2) 干管长度比流量。

$$q_{cb} = \frac{Q_h - \sum Q_i}{\sum L} = \frac{150.67 - (20.00 + 12.67)}{1240} \approx 0.0952 \text{L/(s·m)}$$

3) 沿线流量。各管段沿线流量用式 $q_y = q_{cb} \cdot L$ 计算，结果见表4.4。

表4.4　　　　　　　　　各管段沿线流量计算

管段编号	管段长度/m	管段计算长度/m	比流量/[L/(s·m)]	沿线流量/(L/s)
1-2	400	0	0.0951	0.00
2-3	200	200	0.0951	19.03
3-4	500	500	0.0951	47.58
2-5	380	380/2	0.0951	18.08
3-6	200	200	0.0951	19.03
6-7	300	300/2	0.0951	14.27

4) 节点流量。节点流量用式 $q_i = \frac{1}{2} \sum q_{cb} L + Q_i$ 计算，结果见表4.5。

表4.5　　　　　　　　　节点流量计算

节点	管段编号	沿线流量/(L/s)	集中流量/(L/s)	供水流量/(L/s)	节点流量/(L/s)
1	1-2			-150.67	-150.67
2	1-2、2-3、2-5	(19.03+18.08)/2			18.56
3	2-3、3-4、3-6	(19.03+47.58+19.03)/2			42.82
4	3-4	47.58/2			23.79
5	2-5	18.08/2	20.00		29.04
6	3-6、6-7	(19.04+14.27)/2			16.66
7	6-7	14.27/2	12.67		19.81
合计		118.00	32.67	-150.67	0.00

（2）管段计算流量的确定。根据式（4.7）$q_i + \sum q_{ij} = 0$，从管线终点（包括各管）开始，同时向供水起点方向逐个节点推算，即可得到各管段的计算流量。

由节点7得管段6-7的流量为：$q_{6-7} = Q_7 = 19.81 \text{L/s}$。

由节点6得管段3-6的流量为：$q_{3-6} = Q_6 + q_{6-7} = 16.66 + 19.81 = 36.47 (\text{L/s})$。

同理，可得其余各管计算流量，计算结果与各节点计算流量标注于管段流量计算图相应管段上，如图4.10所示。

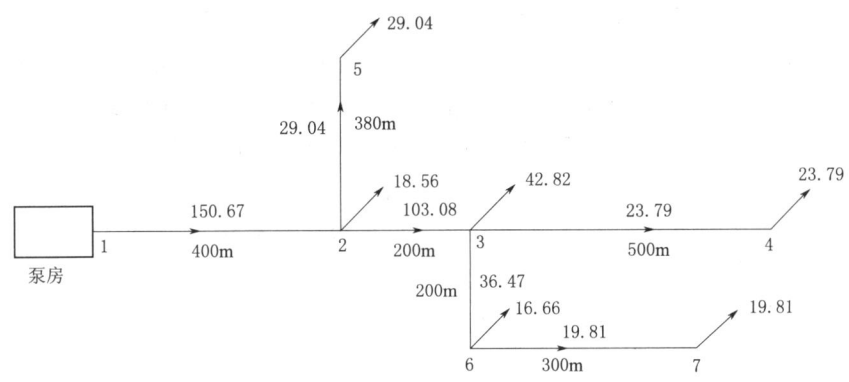

图 4.10 树状网管段流量计算图

（3）选择控制点，确定干管和支管。由于该城镇地形平坦，管网各节点要求的自由水压相同，综合考虑认为将离泵站距离最远的节点 4 选为控制点为宜，因此，干管定为 1-2-3-4，其余为支管。

（4）编制干管水力计算表格，见表 4.6。

表 4.6　　　　　　　　干管水力计算表

节点	地形标高	管段编号	管段长度/m	流量/(L/s)	管径/mm	1000i	流速/(m/s)	水头损失/m	水压高程/m	自由水压/m
(1)	(2)	(3)	(4)	(5)	(6)	(7)	(8)	(9)	(10)	(11)
4	56.0	3-4	500	23.79	200	5.56	0.77	2.78	76.0	20.0
3	56.3	2-3	200	103.08	350	4.89	1.07	0.98	78.78	22.48
2	56.6	1-2	400	150.67	400	5.07	1.20	2.03	79.76	23.16
1	57.0								81.79	24.79

根据《给水排水设计手册》（第一册）铸铁管水力计算表，并参照经济流速，确定各管段管径、流速和相应水力坡度，填入表 4.6 中第 6、7、8 栏。如管段 3-4 流量为 23.79 L/s，由铸铁管水力计算表查得：当管径为 200mm 时，其流速为 0.77m/s，符合表 4.2 管径要求（当 $D \leqslant 400$ 时，平均经济流速为 0.6～0.9m/s）。因此，确定管段 3-4 管径为 200mm，相应 1000i＝5.56。

根据 $h=iL$ 计算出各管段的水头损失，填入表 4.6 第（9）列。对于管段 3-4，其水头损失为 $h_{3-4}=5.56/1000 \times 500=2.78$m。同理，可计算出其余各管段的水头损失，计算结果见表 4.6 中第（9）项。

若控制点选择得当，只要控制节点 4 达到管网要求的最小服务水头 20m，其他各节点便都应能符合服务水头要求。将要求的服务水头 20m 填入节点 9 的第（11）列，即其自由水压为 20m，则节点 4 的水压高程为自由水压加节点 4 的地面高程，即 20.0＋56.0＝76.0m 填入表 4.6 第（10）列。对于管段 3-4，水流从节点 3 流至节点 4，由于存在水头损失，水压高程下降，因此，节点3的水压高程可由节点4的水压高程加管段3-4的水头损失得到，即76.0m+2.78m=78.78m。干管其他节点，在计算出其水压高程后，可由自由水压等于水压高程减去节点地面标高得到各点的自由水压；如节点2，其水压高程为79.07+0.56=79.63m，则其自由水压为79.63-56.6=23.03m，填入表4.6第（11）列，校核各点自由水压是否都满足管网要求的最小服务水头，即自由水压大于20m，该例题中各点自由水压均满足最小服务水头20m的要求。

（5）编制支管水力计算表格，见表4.7。

表4.7　　　　　　　　支管水力计算表

管段	管长/(L/m)	流量/(L/s)	管径D/mm	流速/(m/s)	水力坡度1000i	参考水力坡度1000i	水头损失/m	节点	水压高程/m	地面高程/m	自由水压/m
(1)	(2)	(3)	(4)	(5)	(6)	(7)	(8)	(9)	(10)	(11)	(12)
2-5	380	29.04	200	0.93	7.87	9.89	2.99	2	79.76	56.6	23.16
								5	76.77	56.0	20.77
3-6	200	36.47	250	0.75	3.93	5.76	0.79	3	78.78	56.3	22.48
								6	77.99	56.0	21.99
6-7	300	19.81	200	0.63	3.88	5.76	1.16				
								7	76.83	55.9	20.93

确定支线管径时，只考虑降低管线造价的要求，而不必满足经济流速要求，但支管各段的经济管径选定必须满足：从节点到该支的控制点（常为支线的终点）的水头损失之和，应等于或小于干管上此节点的水压标高与支管控制点所需的水压标高之差，即按平均水力坡度确定管径。

以支管3-6-7为例，由于该支管为两条管段串联，因此考虑用整条管段的平均水力坡度为作为参考水力坡度，末端节点7为该支管的控制点，认为其最小服务水头为20.0m，则整条支管的参考水力坡度为：$1000i_{3-7}=\dfrac{78.78-(55.9+20)}{200+300}=5.76$

计算结果填入表4.7第（7）列，由$q_{3-6}=36.47$L/s，查铸铁管水力计算表，参照平均水力坡度$1000i=5.76$，找到当前流量的某管径条件下，对应水力坡度最接近参考水力坡度而又不大于参考水力坡度。查表得，当管径$D_{3-6}=250$mm时，相应的实际$1000i=3.93$，符合上述条件，填入表4.7第（6）列，此时，管段3-6水头损失$h_{3-6}=0.00393×200≈0.79$m，填入表4.7第（8）列。

将支管各节点的地面高程填入表4.7第（11）列，对于管段3-6，由于3点节点处于干管上，其水压高程在干管水力计算中已经确定，因此，节点6的水压高程为$H_6=78.78-0.79=77.99$m，自由水压即可计算为77.99-56.0=21.99m，填入表4.7第（12）列。

按照同样的方法，计算出支管管段2-5，结果如表4.7所示。

4.2.3.2 环状管网水力计算

环状管网计算时，必须满足下列基本水力条件。

（1）连续性方程（又称节点流量平衡条件），即任一节点流入该节点的流量必须等于流出该节点的流量。

若规定流出节点的流量为正，流入节点的流量为负，则任一节点的流量代数和等于零，即

$$q_i + \sum q_{ij} = 0 \tag{4.9}$$

（2）能量方程（又称闭合环路内水头损失平衡条件），即环状管网任一闭合环路内水流为顺时针方向的各管段水头损失之和，应等于水流为逆时针方向的各管段水头损失之和。若规定顺时针方向的各管段水头损失为正，逆时针方向为负，则在任一闭合环路内各管段水头损失的代数和等于零，即 $\sum h_{ij} = 0$。

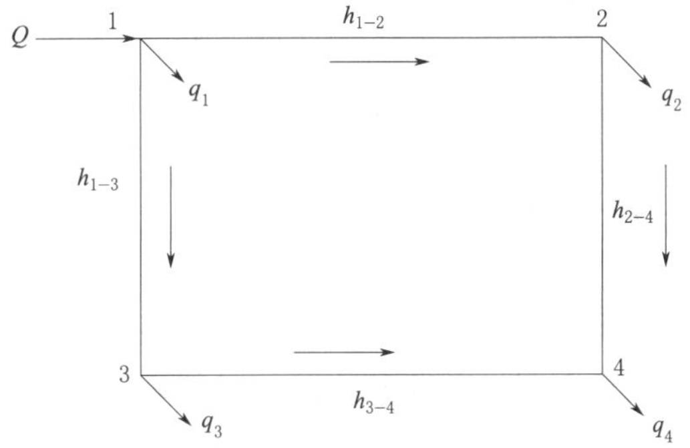

如图 4.11 所示，由并联管路的基本公式可知，节点 1~4 之间均有下列关系成立：

图 4.11 单环管网

$$h_{1\text{-}2\text{-}4} = h_{1\text{-}3\text{-}4} = H_1 - H_4$$

式中　$h_{1\text{-}2\text{-}4}$——管线 1-2-4 的水头损失，m；

$h_{1\text{-}3\text{-}4}$——管线 1-3-4 的水头损失，m；

H_1、H_4——节点 1 和节点 4 的水压标高值（每一节点的水压标高值应为唯一值），m。

另由串联管路的基本公式，得

$$h_{1\text{-}2\text{-}4} = h_{1\text{-}2} + h_{2\text{-}4}$$
$$h_{1\text{-}3\text{-}4} = h_{1\text{-}3} + h_{3\text{-}4}$$

所以有

$$h_{1\text{-}2} + h_{2\text{-}4} = h_{1\text{-}3} + h_{3\text{-}4}$$

或

$$h_{1\text{-}2} + h_{2\text{-}4} - h_{1\text{-}3} - h_{3\text{-}4} = 0$$

环状管网在流量预分配时，已经符合每一节点 $q_i + \sum q_{ij} = 0$，但在参照经济流速确定管径并计算水头损失以后，往往不能使每一闭合环路内都达到水头损失平衡条件。若不能满足 $\sum h_{ij} = 0$ 的条件，则说明此时管网中的流量和水头损失与实际水流情况不符，不能用来推求各节点水压、计算水泵扬程和水塔高度。因此，必须求出各管段的真实流量和水头损失。

若闭合环路内顺、逆时针两个水流方向的管段水头损失不相等，即 $\sum h_{ij} \neq 0$，存在一定差值，这一差值就叫环路闭合差，记作 Δh。

在计算过程中，若闭合差为正，即 $\Delta h > 0$，说明水流为顺时针方向的各管段中所

分配的流量大于实际流量值,而水流为逆时针方向各管段中所分配的流量小于实际流量值;若闭合差为负,即 $\Delta h<0$,则恰好相反。因此,需根据具体情况重新调整各管段的流量,即在每一节点均满足 $q_i+\sum q_{ij}=0$ 的条件下,在流量偏大的各管段中减去一些流量,加在流量偏小的各管段中去。每次调整的流量值称为校流量,记作 Δq。如此反复,直到各闭合环路均满足 $\Delta h=0$ 的条件。这种为消除闭合差而进行流量调整计算的过程,叫作管网平差。

一般基环和大环闭合差达到一定精度要求后,管网平差即可结束。手算时,基环闭合差要求小于 0.5m,大环闭合差小于 1.0～1.5m;电算时,闭合差值可达到任何精度,一般采用 0.01～0.05m。

环状管网在城镇供水中应用相对较少,因此,其平差方法及水力计算就不再做详细讲解。

4.2.4 输水管渠应用

1. 输水系统的基本形式

输水系统的形式和许多因素有关,如输送的水量、输水距离、输水管渠起点和终点的地形高差、给水的用途、沿线地形、输水方式等。对于输水系统的基本要求是:保证输送所需水量、输水过程中保持水质不变、损耗的水量(包括渗漏和蒸发)最少,并且必须保证输水系统工作的可靠性和经济性。

长距离输水时,可采用不同形式的输水构筑物。普遍使用的是压力管,但管径受到商品规格的限制。钢管和铸铁管易于保证施工质量,但造价一般较高,且在使用过程中,水管内壁会腐蚀结垢,阻力增大,因而输水能力下降。目前国内采用铸铁管内壁涂衬、钢管用内外防腐和阴极保护等措施,对延长金属管的使用年限效果明显。预应力钢筋混凝土管的造价较金属管低,内壁很少腐蚀结垢,自重大,接口相对刚性,耐压低。大量输水时也可用钢筋混凝土管渠和预应力钢筒混凝土管。

无压重力流(自流)输水管,其特点是水源高于用水区,输水时无须电能费用。重力输水管的单位长度造价比压力管低,但需有一定的水力坡度,使水能在重力下流动,因而管线长度相应延长,建造费用也随之增加。

无压输水暗渠一般为钢筋混凝土结构,适用于低压下输送大量的水。暗渠占地少,卫生防护条件好,但投资较多。穿越高山和大河时,可建造隧洞,工程造价较高。

明渠通常是人工开挖的管渠,有时也利用天然河道,具有造价低、施工方便等特点。明渠输水时需建造一些特种水工构筑物。输水明渠应尽量专用,并与其他的河、渠立体交叉互不干扰。明渠的缺点是占地多,水量损耗大,水质易受污染,定线和施工时常受地形和质条件的限制。

随着我国给水事业的发展,长距离大流量的输水工程将日趋增多,由于工程投资大,所以应充分利用现有明渠或河道。

(1) 无压重力流输水管渠。水源水位高于配水池水位时,可以采用图 4.12 的布置。如输水管线 2 的沿线地形度基本均匀,仅有个别高地或洼地时,用无压明渠或暗渠较为合适,土方量、人工建的构筑物和费用都较省。为了满足管线水力坡度的要求,有些地方需挖方,有些地方需填方。

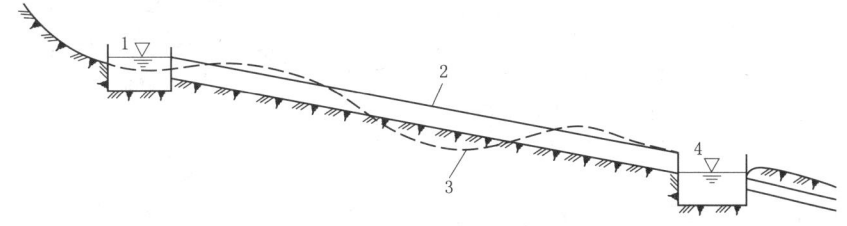

图 4.12 无压重力流输水管渠
1—高位水池;2—明渠;3—原有地形;4—水池

(2) 无压和有压交替的重力输水管渠。当水源水位高出配水池水位,并且高差可保证以经济的管渠断面输送需要的水量时,可采用此种形式。如图 4.13 所示,管段 1-2 的沿线地形比较平缓,采用无压管渠,可能有少量的填方或挖方;管段 4-5 穿越高地,采用无压隧洞;管段 6-7、8-9 采用倒虹管;管段 2-3、3-4、7-8、9-10 用压力管等。

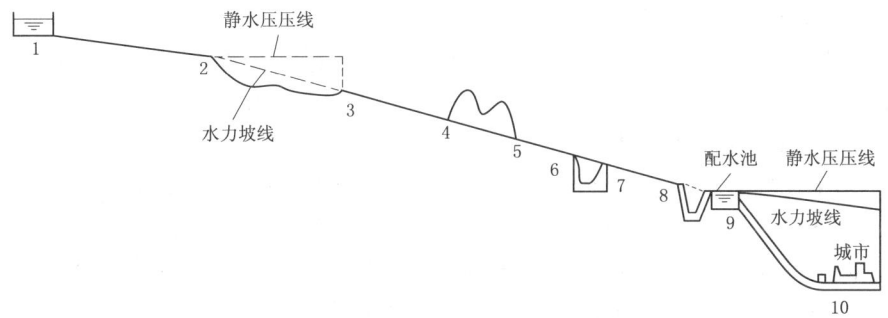

图 4.13 无压和有压交替的重力输水管渠
1—泵站;2—高位水池;3—配水池;4~10—管道

根据地形条件,采用压力管段和无压管段的长度可以相差很大。如图 4.14 所示,泵站的压力输水管先输水到高地水池,再根据地形,采用无压或有压的重力输水管。一般可比全部采用压力管降低费用。

在地形复杂的地区,长距离输水时,每穿越一处高地,就需建造泵站,从而形成多级输水系统。图 4.15 中,泵站从水源取水,送到高位水池,然后由有压重力输水管流到山脚。再由第二级泵站经压力输水管送到高位水池,然后通过管道或明渠流入配水池。水源可以高于或低于配水池的水位。近代大型输水系统中,这种方式应用较广。

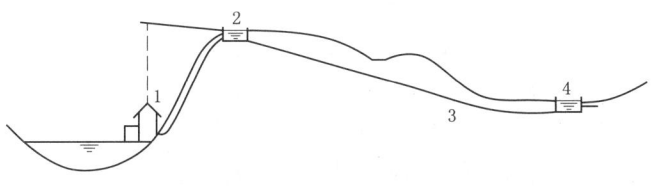

图 4.14 穿越高地的输水管
1—泵站;2—高位水池;3—压力管;4—水池

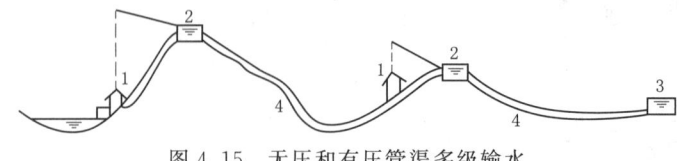

图 4.15 无压和有压管渠多级输水
1—泵站；2—高位水池；3—配水池；4—管道

（3）压力输水管渠。压力输水管渠适用于给水区高于或等于水源水位时，或地形沿输水方向上升时，如图 4.16 所示。当给水区和水源的高差很大时，为了降低管中的压力，可将压力输水管分成几段，每段有单独的泵站，组成多级输水系统。

给水系统中，输水管渠的费用占很大比例，尤其是长距离输送大流量时。为此，对于输水方式和构筑物的选择，应慎重考虑并必须有充分的技术经济依据。

输水方式的选择，往往受到当地自然条件，特别是天然水源条件的制约。因此只有在水源高于给水区时，才采用重力输水方式，可以节约输水电费，比较经济。在选定水源时，应注意到重力输水的可能性。选用距给水区较远但能重力供水的水源，有时比位置接近、取水设施较易但需用水泵供水的水源为好。

2．重力供水的输水管渠

（1）无压重力输水管渠。

1）无压管渠的特点。无压管渠的特点是管渠内有自由水面。当沿输水路线的地形坡度较均匀时，采用无压管渠较为适宜。若地形平坦，则会增大管渠断面和造价。无压管渠的主要优点是单位长度的造价低，并且损坏可能性较小，管理方便。

2）无压管渠的形式。无压管渠包含无压管道和无压渠道两种形式。无压渠道又分明渠和暗渠，明渠主要适用于输水量大的场合，一般用以输送水质要求不高的工业用水和自来水厂的原水。对于中小流量的输送，因为明渠建造费用高且水量漏失大，不宜采用，暗渠则用以输送清洁的原水或已经处理的水。

3）管渠定线与坡度。管渠定线需在深入进行地形和地质勘察并经多种方案的技术经济比较后才能选定。管渠的建造费用受到管渠长度、断面形式、人工构筑物（隧洞、倒虹管等）、地形、土壤条件等多种因素影响。

在平面图上定线时，尽可能是直线段，在两直线段交接处，即在管渠方向改变之处，用平缓曲线连接。曲线段的管渠断面应稍放大，以免产生壅水现象。若采用明渠输水，则坡度应尽可能做到整条路线均匀，渠底坡度尽可能相接近，即在一定流量下，明渠的断面尺寸、水深等应相接近。明渠的纵向设计坡度应接近于平均地形坡度，但相应的流速不应超越允许限度。纵向坡度过小则流速降低，必然增大明渠的过水断面，造价随之增加；流速过低又会在渠道中出现淤积和水草丛生，常需定期清理，带来管理上的不便。相反，如流速超过允许限度，渠道将受到冲刷。渠道流速的上限由土壤性质、渠壁和渠底是否有

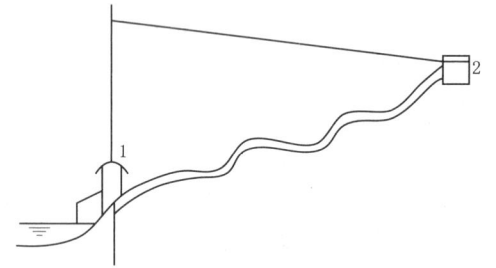

图 4.16 压力输水管渠
1—泵站；2—高位水池

砌面及其种类等确定。无砌面的渠道，计算流速一般为 0.6～0.7m/s；有砌面时，流速可在 1.5m/s 以上。

4）明渠断面。明渠断面一般为梯形，在土质条件好时可采用矩形。梯形断面的边坡坡度（水平投影长度与高度之比）与土壤种类有关，还和边坡有无砌面以及砌面种类有关。渠道边坡坡度一般可为 1.5～3.0。衬砌壁面可以减小水量漏失，防止渠道受到冲刷，降低渠道表面的粗糙度，并可减少水生植物的生长。在密实性、渗水性小的土壤中，渠壁和渠底可不加衬砌。按照构造形式和水力条件，给水暗渠和排水沟管非常类似。暗渠的计算充满度（水深和管渠断面高度之比）一般为 0.75～0.9。

暗渠或明渠在穿越沟谷、河流时需建造倒虹管（有压自流管段），个别情况下需建造槽。无压暗渠穿越高地时，广泛采用隧洞。

从经济上考虑，长距离的给水管渠一般只建造一条，为了保证供水的可靠性，一般需在管渠终端建造备用水池，以保证不间断供水。水池容积应满足管渠检修时用户所需的水量。

（2）有压重力输水管道。由于地形关系，应用无压管渠受到限制时，可建造有压重力流输水管道。其单位长度的造价虽较无压管渠高，但用压力管道后，长度可以缩短，土方量和输水费用随之降低。设计有压重力流输水管时，输水管内计算压力不宜过高，以降低建造费用，但也不允许管内出现真空，即管内压力不应低于大气压。因为真空条件下，水中空气大量析出，必须连续排除。否则会积聚在管道的高处，形成气囊而增加输水阻力，带来管理上的不便。

计算时，输水管道的流量、长度以及克服输水管阻力所需的水压为已知，而可以利用的水压等于输水管起端和终端的水位差 H。输水管多半采用圆形断面，计算时需定出管径。重力流有压输水管的经济管径按充分利用现有水压确定，即输水管中的水头损失 h 等于可利用的水压 H。

由于商品管径的限制和输水量的变化，如果还有剩余水压，可通过调节设备消除。有压重力流输水管的条数也需在计算时确定。平行工作的管渠条数，应从可靠性要求和建造费用两方面来比较。如果只有一条管渠输送全部流量，则管渠上任何一段发生事故时，在修复期内会完全停水，但如增加平行管渠数，则当其中一条损坏时，虽然可以提高事故时的供水量，但建造费用将增加。

3. 压力输水管道

用水泵供水的输水管道通常称为压力输水管。水泵供水时，水泵流量 Q 随扬程 H_p 变化而变化，而输水管流量的变化，也会影响到水泵的扬程。因此，压力输水管的实际设计流量，应由水泵特性曲线 $H_p=f(Q)$ 和输水管特性曲线 $H_0+\sum h=f(Q)$ 联合求出。

无论采用重力输水还是压力输水，连接管的条数对输水管工作情况的影响都很大，增加连接管的数量，可降低管段损坏时对输水流量的影响，与无连接管相比，起到了以较小的费用保证输水系统可靠性的作用。

输水管设置连接管后，必须在连接管和输水管的交接处设置阀门。也就是在每条连接管和输水管的节点上各设置 3 个阀门，即在被连接管分隔的输水管段的两端设置阀门,在连接管的两端设置阀门。

思 考 题

1. 输配水管网的定线原则是如何体现安全性和经济性的?
2. 输配水管网布置有何要求?
3. 城镇供水管网布置有几种形式?说明各种布置形式的条件和优缺点。
4. 什么是沿线流量和集中流量?
5. 什么是节点流量?它是否存在?为何能用来进行管网计算?
6. 什么叫长度比流量、面积比流量?各有什么优缺点及适用条件?
7. 城镇给水管网管段流量计算时的步骤有哪些?试分别说明。
8. 为什么管网计算须先求出节点流量?怎样计算节点流量?
9. 配水管网流量分配要考虑哪些要求?
10. 在城镇管网的水力计算中,树状管网要满足什么条件?环状管网要满足什么条件?
11. 什么是经济流速?影响经济流速的主要因素有哪些?

实 践 训 练 题

某城镇环状管网布置示意图如图 4.17 所示。已知该城镇最高用水时的设计水量为 750m³/h,其中大用户集中用水量为 15L/s、25L/s,分别作用于 11、12 节点。各管段长度为:$L_{0-1}=2000$m、$L_{1-2}=L_{4-5}=L_{7-8}=L_{10-11}=L_{1-3}=L_{4-6}=L_{7-9}=L_{10-12}=500$m、$L_{2-5}=L_{5-8}=L_{8-11}=L_{1-4}=L_{4-7}=L_{7-10}=L_{3-6}=L_{6-9}=L_{9-12}=550$m,其中管段 0-1 输水管段,管段 1-2、1-3 为单侧配水,其余均为双侧配水。试对管网中各管段的流量进行初分配。

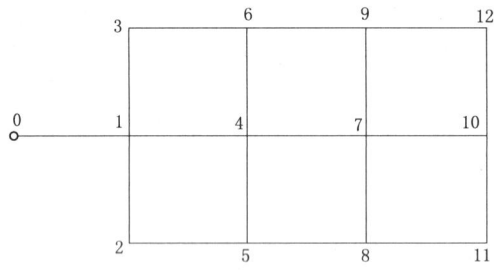

图 4.17 某城镇环状管网布置示意图

项目 5

给水管道、附属设施及维护管理

【学习目标】

1. 知识目标：①能了解给水管道常用管材的特点，熟悉常用附属设施的构造、功能及类型。②能掌握给水管道施工内容、方法与管理要点。③能掌握给水管网的维护管理的内容与方法。

2. 技能目标：①能为供水系统选择合适的管材，能够在给水管道适当的位置安装附件、设计附属设施。②能根据施工要求，规范完成给水管道施工任务。③能正确进行给水管网的日常维护管理。

3. 思政和素质目标：培养社会责任意识，注重工程的安全运行和可持续发展，为建设和谐社会服务。

5.1 给水管材及附属设施

5.1.1 给水管道常用材质

供水管道材质的选用与管径、所承内外压、地质情况和管材供应等因素有关，应从安全、耐用、防二次污染、漏损量少、施工维护方便与经济合理等方面考虑。常用供水管道材质有球墨铸铁管、钢管、钢筋混凝土管、塑料管等。

5.1.1.1 铸铁管

铸铁管是城镇供水管道工程中使用较早、较多的一种传统给水管材，优点是有较强的耐腐蚀性，经久耐用，价格较低等，但质脆，抗冲击和抗震性较差，重量大。球墨铸铁管在铸铁中添加球化剂，使石墨以球状存在，提高了铸铁的性能。与铸铁管相比，球墨铸铁管具有强度大、重量较低、耐腐蚀性更优的特点，并且抗弯折能力强，管网漏损率低，因此球墨铸铁管是更为理想的供水管材。

铸铁管接口有承插式和法兰式两种形式，如图 5.1 与图 5.2 所示。管道接头应紧

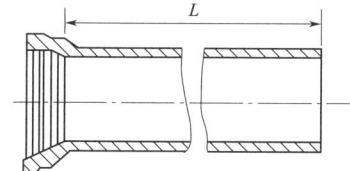

图 5.1 承插式接头

1—麻丝；2—膨胀性填料

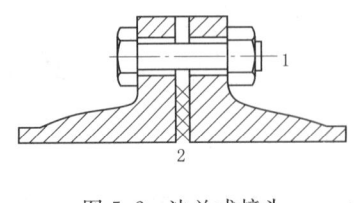

图 5.2 法兰式接头
1—螺栓；2—垫片

密不漏水，并捎带柔性，尤其是当管道敷设在土质不均有可能发生沉陷的地方。

承插式管道接口有刚性接口、柔性接口等形式。安装时将插口插入承口内，用接口材料填实两口间的环形空隙。接口材料可用橡胶圈、石棉水泥、青铅等材料。接口施工较麻烦，劳动强度大。当采用橡胶圈接口时，无须敲打接口，安装更方便些，并加快施工进度。

法兰管道接口的接头紧密，检修方便。一般适用于连接泵站或水塔的进出水管。为使接口不漏水，在两法兰盘之间嵌以 3～5mm 厚的橡胶垫片，再用螺栓上紧。

5.1.1.2 钢管

钢管分无缝钢管和焊接钢管两种，优点是能够承受高压、耐振动、质量轻、管节长且接口少，但缺点是承受外荷载稳定性差，价格高，易腐蚀，管壁内外都需有防腐处理。在供水管网中，一般只有在管径大和水压高的地方，或受到地质地形限制、穿越铁路、河流和地震区时才会选用钢管。钢管的接口一般采用焊接或法兰，管径较小时可用丝扣连接。所用配件可用钢板卷成后焊接的，也可直接用标准的铸铁配件来连接。

5.1.1.3 钢筋混凝土管

钢筋混凝土管常见的有自应力钢筋混凝土管和预应力钢筋混凝土管，但由于这类管材施工比较困难，接口处因材料刚性和强度方面比较脆弱，容易出现脱节和开裂，在给水管材应用上受到一定限制。

1. 自应力钢筋混凝土管

自应力钢筋混凝土管是借膨胀水泥在养护过程中发生膨胀，张拉钢筋，而混凝土则因钢筋所给予的张拉反作用力而产生压应力。自应力钢筋混凝土管在给水管网中使用容易出现管子接口漏水、管身渗水开裂和横向断裂等问题。

2. 预应力钢筋混凝土管

预应力钢筋混凝土管是在管身预先施加纵向与环向应力制成的双向预应力钢筋混凝土管，具有良好的抗裂性能，其耐土壤电流侵蚀的性能远较金属管好。预应力钢筋混凝土管分普通和加钢套筒两种，其特点是造价低，抗震性能强，管壁光滑，水力条件好，耐腐蚀，爆管率低，但重量大，不便于运输和安装。

预应力钢筋混凝土管在设置阀门、弯管、排气、放水等装置处，仍需采用钢管配件。近年来，一种新型的钢板套筒加强混凝土管（PCCP管）正在大型输水工程项目中得到应用。钢筒预应力管是管芯中间夹有一层 1.5mm 左右的薄钢筒，然后在环向施加层或二层预应力钢丝。其用钢量比钢管省，价格比钢管便宜。接口为承插式，承口环和插口环均用扁钢轧制成型，与钢筒焊成一体。

5.1.1.4 玻璃钢管

玻璃钢管是一种新型的非金属材料，也称玻璃纤维增强树脂塑料管（GRP管），是以玻璃纤维和环氧树脂为基本原料预制而成，耐腐蚀，内壁光滑，不结垢，质量轻。在管径相同的条件下,其重量是钢管的 40%、预应力钢筋混凝土管的 20%,其综合造价介于钢管和球墨铸铁管之间。

5.1.1.5 塑料管

塑料管有多种,如聚乙烯管(PE 管)、硬聚氯乙烯管(UPVC 管)、聚丙烯管(PP 管)、聚丙烯腈—丁二烯—苯乙烯塑料管(ABS 管)等。其中以 UPVC 管的力学性能和阻燃性能好,价格较低,因此应用较广。

塑料管具有水力性能好、质量轻、抗震性好、不易漏水、耐腐蚀等优点,施工效率高且施工费用低。其适用于城镇供水中、小口径管道。

5.1.2 给水管道附件

给水管道的附件主要包括可调节流量的阀门与供应消防用水的消火栓,其他还有控制水流方向的单向阀、安装在管线高处的排气阀和安全阀、安装在管线低处的泄水阀等。

5.1.2.1 阀门

阀门的作用主要是调节管道内水量或水压。阀门的布置要数量少而调度灵活。主要管线和次要管线交接处的阀门常设在次要管线上。承接消火栓的水管上要安装阀门。阀门的口径一般和水管的直径相同,但当管径较大以致阀门价格较高时,可安装口径为 0.8 倍水管直径的阀门,以降低造价。配水管网上两个阀门之间独立管段内消火栓的数量不宜超过 5 个。

根据阀门内阀板的形式可分为楔式和平行式两种。根据阀门使用时阀杆是否上下移动,可分为明杆和暗杆两种。当阀门启闭时,明杆的阀杆随之升降而易于掌握阀门启闭程度,适用于安装在泵站内。暗杆适用于安装和操作地位受到限制之处,否则当阀门开启时因阀杆上升而妨碍工作。手动法兰暗杆楔式阀门如图 5.3 所示。

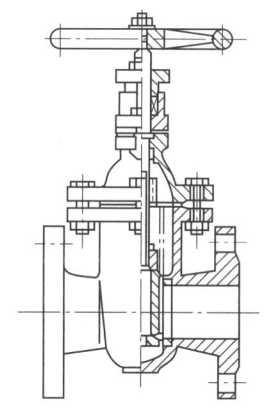

图 5.3 手动法兰暗杆楔式阀门

阀门直径越大,手动开关时越困难,耗时长。因此大口径阀门都有齿轮传动机构,并在闸板两侧接以旁通阀,可以降低水压差,方便操作。开启阀门时先开旁通阀,关闭阀门时则后关旁通阀。或者用电动阀门来简化操作。在远距离输水管上的电动阀门要控制好启闭速度,以免过快产生水锤效应而损坏水管。

蝶阀的作用和一般阀门相同,但结构简单,外形尺寸小、质量轻、开启方便(旋转 90°即可全开或全关),可用于中、低压管线,如水处理构筑物和泵站内。蝶阀是由阀体内的阀板在阀杆作用下旋转来控制或截断水流的。蝶阀宽度较一般阀门小,但闸板全开时将占据上下游管道的位置,因此不能紧贴楔式和平行式阀门旁安装。蝶阀如图 5.4 所示。

5.1.2.2 止回阀

止回阀是一种限制压力管道中水流朝一个方向流动的阀门,又称

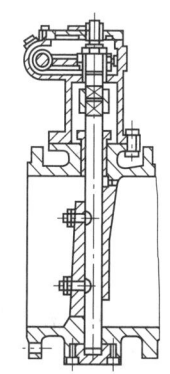

图 5.4 蝶阀

单向阀或逆止阀。止回阀一般安装在水压大于 196kPa 的水泵压水管上，防止因突然停电或其他事故时水流倒流而损坏水泵设备。

止回阀主要有旋启式和缓闭式止回阀。旋启式止回阀如图 5.5 所示，阀瓣可绕轴转动。若水从反方向流来，闸板因自重和水压作用而自动关闭。在直径较大的管线上，如工业企业的冷却水系统中，常用多瓣阀门的单向阀，由于几个阀瓣不同时闭合，所以能有效减轻水锤所产生的危害。

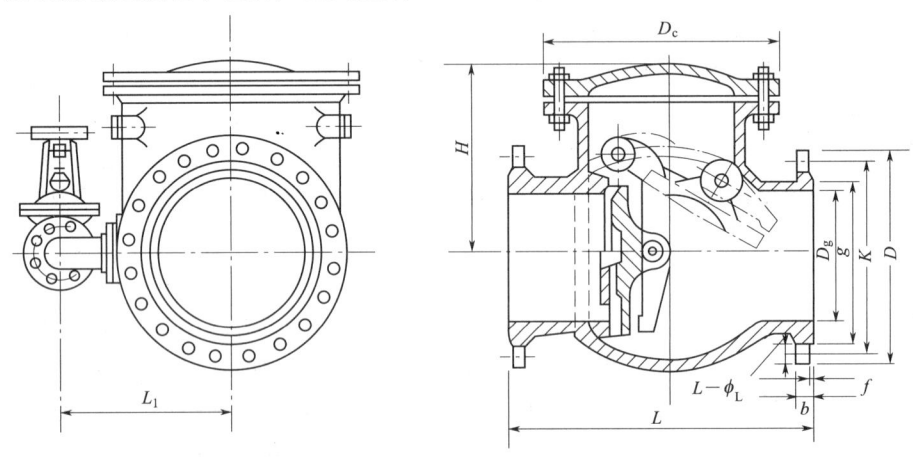

图 5.5 旋启式止回阀

5.1.2.3 排气阀

排气阀安装在管线的隆起部分，管内空气可在管线投产或检修后通水时经过此阀排出。平时用来排出从水中释出的气体，以免空气积存管中减小管道过水断面，增加管道的水头损失。平时用以排除从水中释出的气体，长距离输水管一般随地形起伏敷设，在高处设排气阀。

常采用的单口排气阀如图 5.6 所示，排气阀口径与管道直径之比一般为 1:8～1:12。排气阀是垂直安装在管道上的，一般放在单独的阀门井里，或和其他配件合用一个阀门井。

5.1.2.4 泄水阀

泄水阀是用来排除管内沉淀物或检修时放空管内存水的，一般安装在管道系统的低洼处和阀门间管道低处，与排水管连接。泄水阀的口径由所需放空时间来确定，放空时间可按一定工作水头下孔口出流公式计算。同时安装进气管或进气阀可达到加速排水的目的。

5.1.2.5 消火栓

消火栓有地上式和地下式两种形式，如图 5.7 和图 5.8 所示。在气温较低的地方可采用地下式，一般安装在阀门井内。地上式消火栓一般布置在交叉路口消防车可以驶进的地方。

5.1.3 给水管道附属构筑物

5.1.3.1 阀门井

如图 5.9 所示，管网中的各种附件一般应安装在阀门井内，为了减少造价，配件

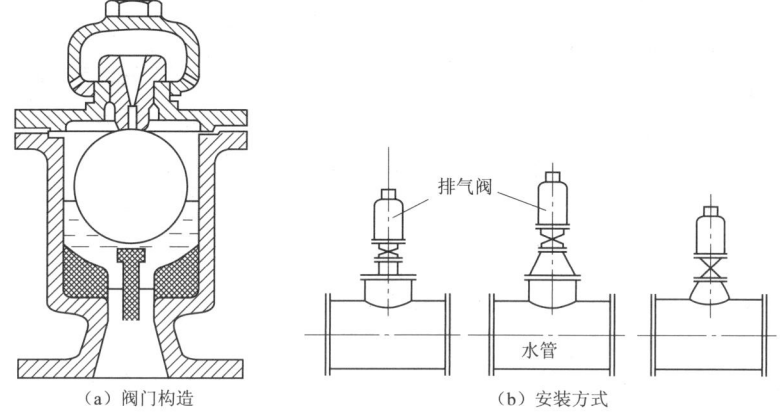

(a) 阀门构造　　　　　　　　（b）安装方式

图 5.6　排气阀

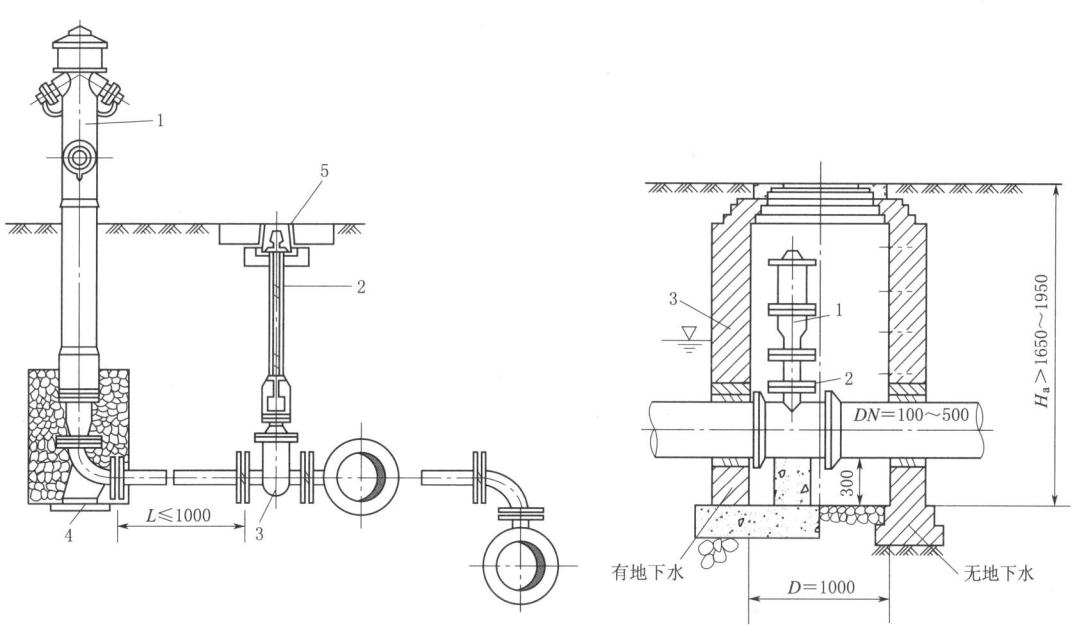

图 5.7　地上式消火栓
1—SS100 地上式消火栓；2—阀杆；3—阀门；
4—弯头支座；5—阀门套筒

图 5.8　地下式消火栓
1—SX100 消火栓；2—消火栓三通；3—阀门井

和附件应布置紧凑。阀门井的平面设计应满足阀门操作与安装拆卸附件所需的最小尺寸。井的深度由水管埋深确定，但井底到管道承口或法兰盘底的距离至少应为 0.1m，法兰盘和井壁的距离宜大于 0.15m，从承口外缘到井壁的距离应在 0.3m 以上，以便接口施工。

阀门井一般用砖砌，也可用石砌或钢筋混凝土建造。

阀门井的形式，可根据所安装的阀件类型、大小和路面材料来选择。阀门井参见《给水排水标准图集》S143、S144。位于地下水位较高处的阀门井，井底和井壁应不透水,在水管穿越井壁处应保持足够的水密性。阀门井应有抗浮的稳定性。

5.1.3.2 管道支墩

承插式接口的供水管线,在弯管处、三通处及水管尽端盖板上以及缩管处,都会产生拉力,可能会引起接头松动脱节而造成管线漏水,因此在这些部位须设置支墩以承受拉力和防止事故。但当管径小于300mm或管道转弯角度小于10°,且水压力不超过980kPa时,因接口本身足以承受拉力,可不设支墩。供水管道支墩可参见给水排水标准图集05S502。图5.10表示水平方向弯管的支墩构造。

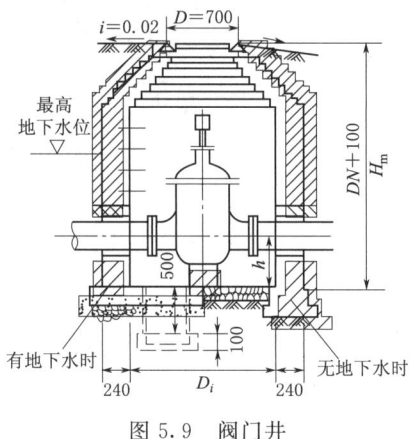

图 5.9 阀门井

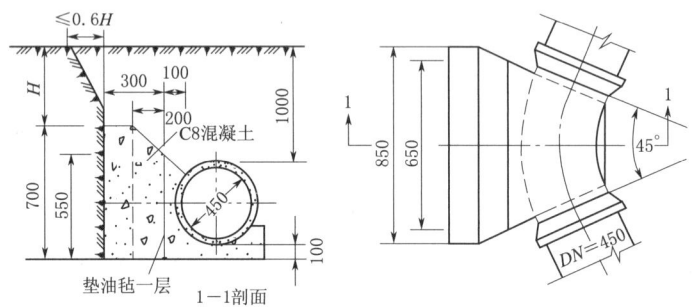

图 5.10 水平方向弯管支墩

5.1.3.3 倒虹吸和管桥

1. 倒虹吸

给水管道在穿越各种障碍物,如过铁路、公路、河道及深谷时必须采取适当的工程措施。管道穿越铁路或公路时,其穿越地点、方式和施工方法,应满足有关技术规范要求。根据其重要性可采取如下措施:穿越临时铁路、一般公路或非主要路线且管道埋设较深时,可不设套管,但应尽量将铸铁管接口放在轨道中间,并用青铅接口,钢管则应有防腐措施;穿越较重要的铁路或交通频繁的公路时,必须在路基下设钢管或钢筋混凝土套管,套管直径根据施工方法而定,大开挖施工时,应比给水管直径大300mm,顶管法施工时套管直径可参见《给水排水设计手册》的有关规定。套管应有一定的坡度以便排水。路的两侧,应设检查井,内设阀门及支墩,并根据具体情况在低的一侧设泄水阀、排水管或集水坑,参见图5.11。穿越铁路或公路时,管顶(设套管时为套管管顶)在铁路轨底或公路路面的深度不得小于1.2m,以减轻动荷载对管道的冲击。

管线穿越河道或深谷时,可以根据具体条件利用现有桥梁架设给水管、敷设倒虹管或建造专用管桥。采用倒虹管,如图5.12所示,一般用钢管并加强防腐处理。为

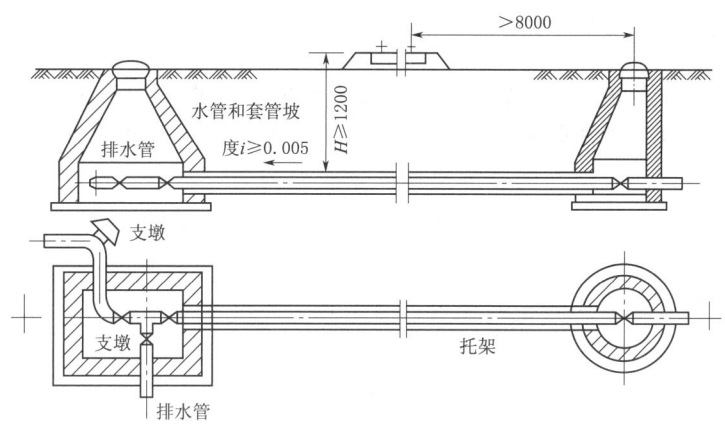

图 5.11 设套管穿越铁路的给水管

保证安全供水,倒虹管一般设两条,两端应设阀门井,井内安装闸门、泄水阀和两个倒虹管的连通管,以便放空检修或冲洗倒虹管。阀门井顶部标高应保证洪水时不致淹没。倒虹管管顶在河床下的埋深,应根据水流冲刷情况而定,不得小于 0.5m,在航线范围内不得小于 1.0m。倒虹管管径可小于上下游管道的直径,以便管内流速较大而不易沉积泥沙,但若两条管道中一条发生事故,另一条管中流速不宜超过 2.5m/s。倒虹管的优点是隐蔽,但检修不便。倒虹管应选择在地质条件较好,河床及河岸不受或少受冲刷处,若河床土质不良时,应做管道基础。

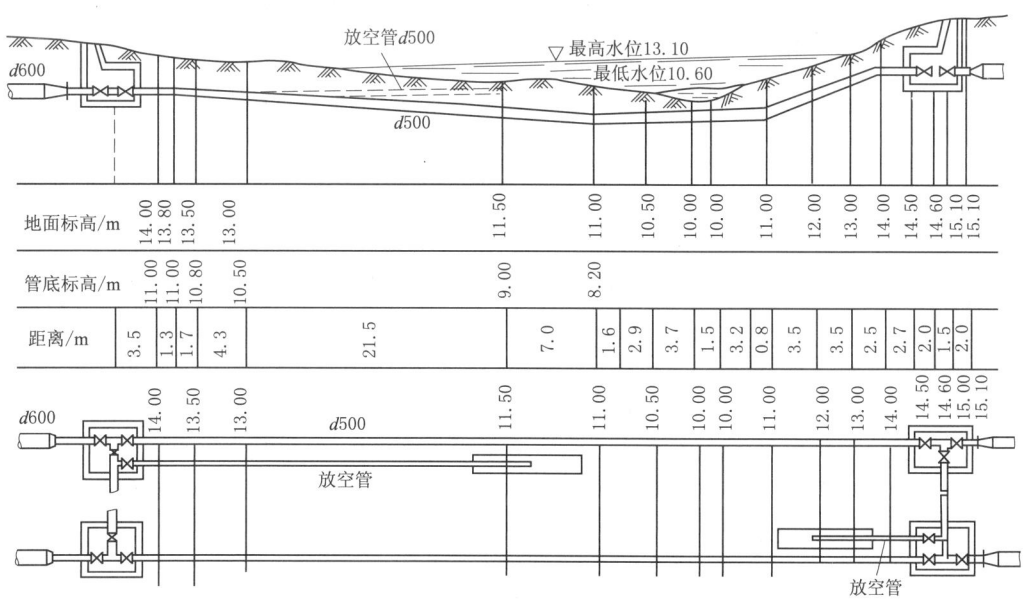

图 5.12 给水管道倒虹吸过河

2. 管桥

给水管架设在现有桥梁下穿越河流最为经济,施工和检修比较方便,但应注意防振动和防冰冻。通常给水管架在桥梁的人行道下。若无桥梁可以利用，则可考虑设置倒虹管或架管桥。

大口径水管由于重量大，架设在桥下有困难时，可建专用管桥，如图5.13所示。管桥应有适当高度，以免影响航运。在过桥水管的最高点设排气阀，两端设置伸接头。在冰冻地区，应有适当的防冻措施。钢管过河时，本身也可作为承重结构，称为拱管。拱管施工简便，并可节省架设水管桥所需的支撑材料。一般拱管的矢高和跨度比约为1/6～1/8，常用的是1/8。拱管一般由每节长度为1.0～1.5m的短管焊接而成，焊接的要求较高，以免吊装时拱管下垂或开裂。拱管必须在两岸设置承受作用在拱管上各种作用力的支座。

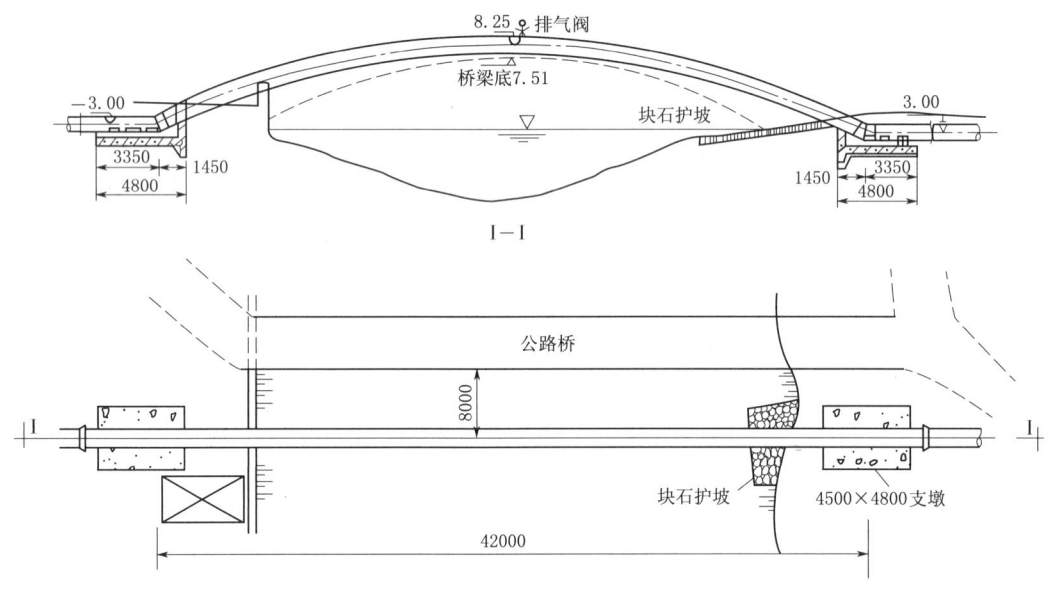

图5.13 拱管过河

5.2 给水管道的施工

给水管道施工包括施工准备、工程施工与竣工验收三个阶段。施工准备阶段包括工程正式开工前召开设计单位、施工单位参加的技术交底会、现场勘察和编制施工组织设计以及施工材料设备准备等；工程施工主要为管道施工、阀门井砌筑和管道附件安装，管道施工取决于许多控制因素，包括管材、槽深、地形、土质及操作条件；工程完工后要进行竣工验收。下面主要介绍管道施工的要点。

5.2.1 给水管材运输

给水管材交付到施工现场是施工程序的一部分。运输期间的管道包装，堆垛和绑扎，安装过程中的卸车和搬运，都是很重要的。

1. 管材运输工具

管材可用火车、船舶、卡车装运，大多数管材用平板卡车或拖车直接运送到现场。管材拉运前必须制定行车路线，管材装车高度需满足运输净空要求，避免碰触低矮桥梁和公路上方电缆、电线等。

2. 管材运输防护

管材运输时，运输拖车与驾驶室之间要有止推挡板，立柱必须齐全牢固。装车时管材下应安装厚胶皮或软垫，以保护防腐层和防止管材滑动和窜管。管材装车后，底部管材两侧必须放置枕木、木楔、沙袋等固定，防止在运输过程中滚动，发生危险。应采用柔韧的绳索捆绑，捆绑绳与管材接触处应加橡胶板或其他软材料衬垫，或用尼龙带、绳捆扎，防止破坏管材防腐层。

当在较大管径的管道内部嵌套较小管径的管道时，在嵌套的管道之间应填充防护材料以防损坏。荷载应备置足够的支撑木垫分担，使大的集中荷载不致加在单个支撑点上。在移送管材至沟槽时，应尽可能减少附加操作，以防止管材损坏。

5.2.2 沟槽施工

沟槽施工包括：管道施工定线，施工降排水，沟槽开挖及支护以及沟槽回填。

1. 管道施工定线

在沟槽施工前，施工方应根据设计图纸，在施工现场定出埋管沟槽位置，同时设置高程参考桩。施工定线按照主干管线、干管线、支管线、接户管线顺序进行。

开槽敷设管道的沿线需布设临时水准点，且每200m不宜少于1个；临时水准点和管道轴线控制桩的设置应便于观察，且必须牢固不易被扰动，并应采取保护措施；对于临时水准点、管道轴线控制桩、高程桩必须经过复核方可使用，且应经常校核；与拟建工程相衔接的已建管道和构筑物等的平面位置与高程，开工前必须校核。

2. 施工降排水

地下水严重妨碍沟槽开挖、管道敷设和回填。在施工全过程中，要保证地下水位在基槽范围内不应高于基槽底面以下0.5m，以提供一个稳定的槽底，并预防板桩后面冲刷。在可能的情况下，沟槽降水应一直维持到管道安装到规定的基床及回填到至少高于地下水位的高度。

对于流量较小的地下水，沟槽可以超挖，并按坡度回填碎石或砾石，以便排水和集中排水。若排出大量的地下水，则需要采用明沟排水或井点排水系统。明沟排水是将流入基坑或沟槽中的地下水经明沟汇集到排水井中，然后用水泵抽走。排水井宜布置在沟槽范围以外，其间距不宜小于150m。井点排水则是在基坑或沟槽周围埋入一组连续的多孔管，打入含水层，连接到总管及水泵。

为了避免破坏沟槽底部、沟墙、基础或其他填埋区，应始终重视控制来自地面的排水或者析出的地下水流。有时，为了提高输送水流的能力，可以用级配良好的材料围填在多孔的排水暗沟周围。排水材料的级配，应尽量减少细骨料从周围材料中流失，在管道安装好以后，回填全部沟槽，防止干扰管道和填埋土壤。

3. 沟槽开挖及支护

（1）沟槽开挖。在开槽施工中，管道基槽底部的宽度应取决于打夯装置所需的有效操作空间，在沟槽的侧帮要提供合理的侧向支撑空间，不管开挖的深度如何，沟槽在管顶以上必须保持的槽宽，必须能满足夯实管道区域的垫层及回填土的最窄可行宽度。管道与槽帮之间的距离，必须宽于用管区的打夯设备。一般管道沟槽底部的开挖宽度可按式（5.1）计算。

$$B = D_0 + 2(b_1 + b_2 + b_3) \tag{5.1}$$

式中　B——管道沟槽底部的开挖宽度，mm；

　　　D_0——管外径，mm；

　　　b_1——管道一侧的工作面宽度，mm，可按表5.1选取；

　　　b_2——有支撑要求时，管道一侧的支撑厚度，可取150～200mm；

　　　b_3——现场浇筑混凝土或钢筋混凝土管渠一侧模板厚度，mm。

表 5.1　　　　　　　　　　管道一侧的工作面宽度

管道结构的外缘宽度 D_0 /mm	管道一侧的工作面宽度 b_1/mm		
	混凝土类管道		金属类管道、化学管管道
$D_0 \leqslant 500$	刚性接口	400	300
	柔性接口	300	
$500 < D_0 \leqslant 1000$	刚性接口	500	400
	柔性接口	400	
$1000 < D_0 \leqslant 1500$	刚性接口	600	500
	柔性接口	500	
$1500 < D_0 \leqslant 3000$	刚性接口	800～1000	700
	柔性接口	600	

沟槽的开挖应确保沟底土层不被扰动。

1）当无地下水时，通常挖至设计标高以上5～10cm停挖。

2）当遇到地下水时，可挖至设计标高以上10～15cm，待到下管之前平整沟底。

3）若遇到坚硬的岩石或沟底有大颗粒石块等开槽需要爆破作业，因槽底含有可能损害管道的锋利岩石，应将其开挖至沟底设计标高以下0.2m，再用粗砂或软土夯实至沟底设计标高。

4）当人工开挖沟槽的槽深超过3m时，应分层开挖，每层深度不超过2m。

5）当采用机械开挖沟槽时为保证不破坏基底土的结构，应在基底标高以上预留一层用人工清理，使用拉铲、正铲或反铲施工时，应保留20～30cm厚土层不挖，待下一工序开始前挖除。

沟槽的底部应采取足够措施保持坡度。在把槽底铺到符合坡线的材料中，应移出其中全部石头及硬块。垫层的材料应坚实、稳定，且沿管长均匀一致。垫层由人工在沟槽内平整使之符合坡线。

在沟槽内安装管道及配件时，管内底应按所需标高、坡度及定线进行。在管道垫层中设的承口坑应不大于所需尺寸，以保证管道的均匀支承。用垫层中的材料填满承口下面的所有空隙。在特殊情况下，管道按曲线敷设时，应在设计的许可范围之内保持节点折角（轴相连接）或管道弯曲半径。

（2）沟槽支护。在沟槽深度较大且土质较差或地下水位较高的无黏性土壤中开槽施工时，为防止沟槽壁坍塌，一般需设置支撑，以保证施工的安全，减少挖方量和施工占地面积。沟槽支撑形式一般有撑板支撑和钢板桩支撑。施工期间，应经常检查支撑，尤其是雨季和春季解冻时期，发现支撑构件有弯曲、松动、移位或劈裂等现象时，应及时处理，拆换受损部件，加设支撑。拆除支撑前，应对沟槽两侧的建（构）筑物和槽壁进行安全检查，制定拆除支撑的作业要求和安全措施。支撑的拆除应与回填土的填筑高度配合进行，且在拆除后及时回填。

4. 沟槽回填

（1）沟槽回填管道要求。管道施工完毕并验收合格后，应及时进行沟槽回填，以保证管道的正常安装位置。

1）压力管道在水压试验前，除接口处以外，管道两侧及管顶以上回填高度不应小于50cm，试压合格后，应及时回填沟槽其余部分。

2）无压管道在闭水或闭气试验合格后应及时回填。

（2）沟槽回填注意事项。

1）沟槽回填前应先检查管道有无损伤及变形，有损伤管道应修复或更换。

2）将沟槽内砖石、木块等杂物清除干净。

3）保持降排水系统正常运行，不能带水回填回填土。

4）回填时需采取防止管道发生位移和损伤的措施。

5）回填土通常采用沟槽原土。

6）槽底至管顶以上50cm范围内，不得含有机物、冻土以及大于5cm的砖、石头等硬块；管道防腐绝缘层周围应采用细粒土回填。

7）管道两侧及管顶以上50cm范围内的回填材料，应在沟槽两侧对称运入槽内，不能直接回填在管道上，其他部位应均匀运入槽内。

8）采用分层回填，每层回填土的铺厚度应根据所采用的压实机具选取。回填压实应逐层进行，不得损伤管道。

9）化学建材管道或管径大于900mm的钢管、球墨铸铁管等柔性管道，回填时应在管中设置竖向支撑，控制管道的竖向变形。

5.2.3 管道施工

5.2.3.1 管道施工一般规定

1. 管道施工准备工作

（1）管道各部位结构和构造形式、所用管节、管件及主要工程材料等应符合设计要求。

（2）管节及管件装卸时应轻装轻放，运输时应垫稳、绑牢，不得相互撞击，接口及钢管的内外防腐层应采取保护措施。金属管、化学建材管及管件吊装时，应采用柔韧的绳索、兜身吊带或专用工具。采用钢丝绳或铁链时不得直接接触管节。

（3）管节堆放宜选用平整、坚实的场地；堆放时必须垫稳，防止滚动，堆放层高可按照产品技术标准或生产厂家的要求，使用管节时必须自上而下依次搬运。

（4）化学建材管节、管件储存、运输过程中应采取防止变形措施。

1）长途运输时，可采用套装方式装运，套装的管节间应设有衬垫材料，并应相对固定,严禁在运输过程中发生管与管之间、管与其他物体之间的碰撞。

2)管节、管件运输时,全部直管宜设有支架,散装件运输应采用带挡板的平台和车辆均匀堆放,承插口管节及管件应分插口、承口两端交替堆放整齐,两侧加支垫,保持平稳。

3)管节、管件搬运时,应小心轻放,不得抛、拖管以及受剧烈撞击和被锐物划伤。

4)管节、管件应堆放在温度一般不超过40℃,并远离热源及带有腐蚀性试剂或溶剂的地方;室外堆放不应长期露天曝晒。堆放高度不应超过2.0m,堆放附近应有消防设施(备)。

(5)橡胶圈储存、运输应符合下列规定。

1)储存的温度宜为-5~30℃,存放位置不宜长期受紫外线光源照射,离热源距离不应小于1m。

2)不得将橡胶圈与溶剂、易挥发物、油脂或对橡胶产生不良影响的物品放在一起。

3)在储存、运输中不得长期受挤压。

(6)管道安装前,宜将管节、管件按施工方案的要求摆放,摆放的位置应便于起吊及运送。

(7)起重机下管时,起重机架设的位置不得影响沟槽边坡的稳定。起重机在架空高压输电线路附近作业时,与线路间的安全距离应符合电业管理部门的规定。

(8)管道应在沟槽地基、管基质量检验合格后安装,安装时宜自下游开始,承口应朝向施工前进的方向。

2. 管道施工注意事项

(1)管节下入沟槽时,不得与槽壁支撑及槽下的管道相互碰撞;沟内运管不得扰动原状地基。

(2)合槽施工时,应先安装埋设较深的管道,当回填土高程与邻近管道基础高程相同时,再安装相邻的管道

(3)管道安装时,应将管节的中心及高程逐节调整正确,安装后的管节应进行复测,合格后方可进行下一工序的施工。

(4)管道安装时,应随时清除管道内的杂物,给水管道暂时停止安装时,两端应临时封堵。

(5)雨期施工应采取以下措施。

1)合理缩短开槽长度,及时砌筑检查井,暂时中断安装的管道及与河道相连通的管口应临时封堵,已安装的管道验收后应及时回填。

2)制定槽边雨水径流疏导、槽内排水及防止漂管事故的应急措施。

3)刚性接口作业宜避开雨天。

(6)冬期施工不得使用冻硬的橡胶圈。

(7)地面坡度大于18%,且采用机械法施工时,应采取措施防止施工设备倾翻。

(8)安装柔性接口的管道,其纵坡大于18%时,或安装刚性接口的管道,其纵

坡大于36%时，应采取防止管道下滑的措施。

（9）压力管道上的阀门，安装前应逐个进行启闭检验。

（10）钢管内、外防腐层遭受损伤或局部未做防腐层的部位，下管前应修补。

（11）露天或埋设在对橡胶圈有腐蚀作用的土质及地下水中的柔性接口，应采用对橡胶圈无不良影响的柔性密封材料，封堵住外露橡胶圈的接口缝隙。

3. 管道保温层的施工

管道保温层的施工应符合下列规定。

（1）在管道焊接、水压试验合格后进行。

（2）法兰两侧应留有间隙，每侧间隙的宽度为螺栓长加20～30mm。

（3）保温层与滑动支座、吊架、支架处应留出空隙。

（4）硬质保温结构，应留伸缩缝。

（5）施工期间，不得使保温材料受潮。

（6）保温层伸缩缝宽度的允许偏差应为±5mm。

（7）保温层厚度允许偏差应符合规定要求。

5.2.3.2 管道施工主要内容

1. 管道基础

管底应有适当的基础，管道基础的作用是防止管底只支在几点上，甚至整个管段下沉，这些情况都会引起管道破裂。根据原土情况，常用的基础有三种，即天然基础、砂基础和混凝土基础，如图5.14所示。

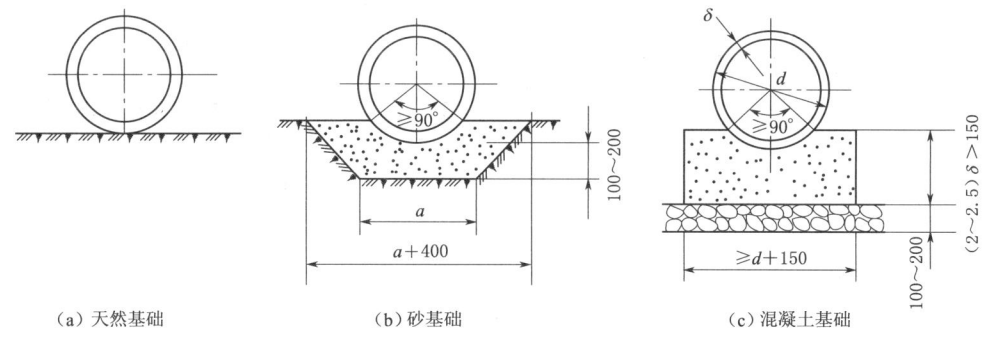

(a) 天然基础　　(b) 砂基础　　(c) 混凝土基础

图5.14 管道基础

（1）当土壤耐压力较高和地下水位较低时，可不做基础处理管道可直接埋在管沟中未扰动的天然地基上。

（2）在岩石或半岩石地基处，管道下方应铺设砂垫层，其厚度应符合表5.2要求。

表5.2　　　　　　　　　　　　砂 垫 层 厚 度

管材种类/管外径	垫层厚度/mm		
	$D_0 \leqslant 500$	$500 < D_0 \leqslant 1000$	$D_0 > 1000$
柔性管道	≥100	≥150	≥200
柔性接口的刚性管道	150～200		

(3) 在土壤松软的地基处，应采用强度不小于 C8 的混凝土基础。若遇土壤特别松软或流沙或通过沼泽地带，承载能力达不到设计要求，根据一些地区的经验，可采用各种桩基础。

(4) 在粉砂、细砂地层中或天然泥层土壤中埋管，同时地下水位又高时，应在埋管时排水，降低地下水位或选择地下水位低的季节施工，以防止流砂，影响施工质量。这时，管道基础土壤应该加固，可采用换土法，即挖掉淤泥层，填入砂砾石、砂或干土夯实；或填块石法，即施工时一面挖土，一面抛入块石到发生流砂的土层中，厚度约为 0.3~0.6m，块石间的缝隙较大，可填入砂砾，或在流砂层上铺草包和竹席，上面放块石加固，再做混凝土基础。

2. 管道支墩

承插式接口的给水管线，在弯头、三通及管端盖板等处，均能产生向外的推力，当推力较大时，会引起承插接头松动甚至脱节，造成漏水，因此必须设置支墩以保持管道输水安全。但当管径小于 400mm 或管道转弯角度小于 5°~10°，且试验压力不超过 980kPa 时，因接头本身足以承受外推力，可不设支墩。

在管道水平转弯处设侧面支墩，如图 5.15 所示；在垂直向下转弯处设垂直向下弯支墩，如图 5.16 所示；在垂直向上转弯处用拉筋将弯管和支墩连成一个整体，如图 5.17 所示。

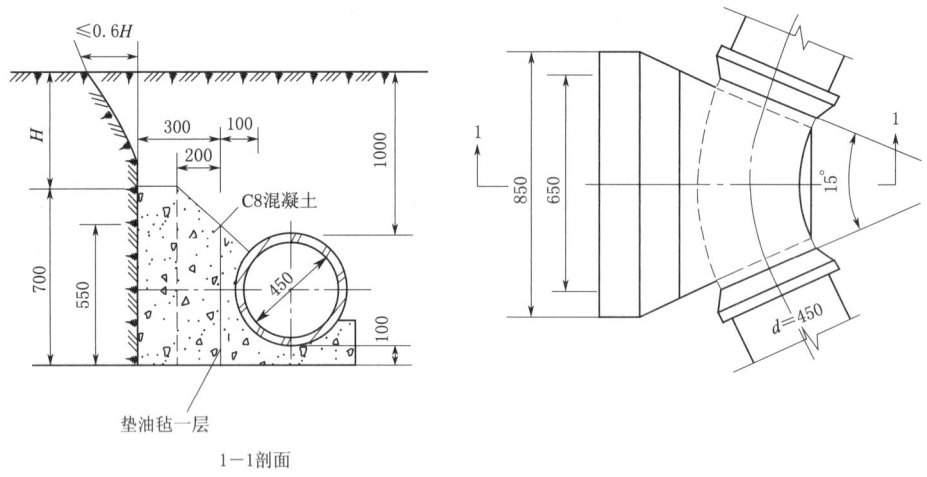

图 5.15 水平方向弯管支墩

3. 排管与下管

(1) 排管。在将管道下入沟槽之前，应先在沟槽上将管道排列成行，称为排管或摆管。在排管前，应按设计将三通、阀门等先行定位，并逐个定出接口工作坑的位置。沟边排管时，需考虑不得堵塞交通、不影响沟槽安全、施工方便等因素。

对承插接口的管道，一般情况下宜使承口迎着水流方向排列，这样可以减少水流对接口填料的冲刷，避免接口漏水。在斜坡地区，以承口朝上坡为宜。但在实际工程中，考虑到施工的方便，在局部地段，有时亦可采用承口背着水流方向排列。

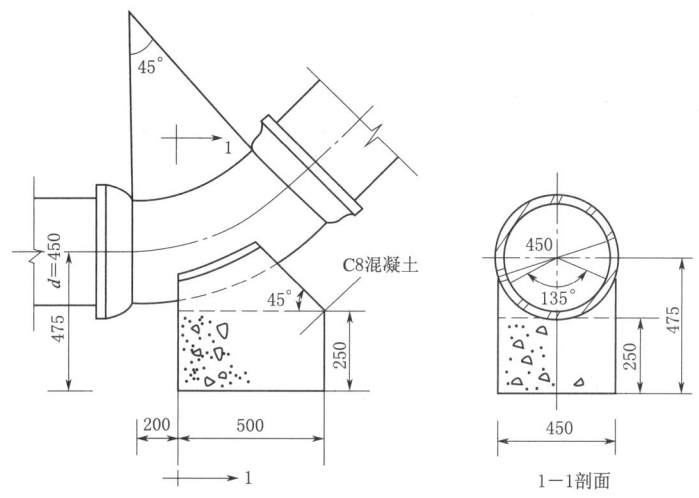

图 5.16 垂直向下弯管支墩

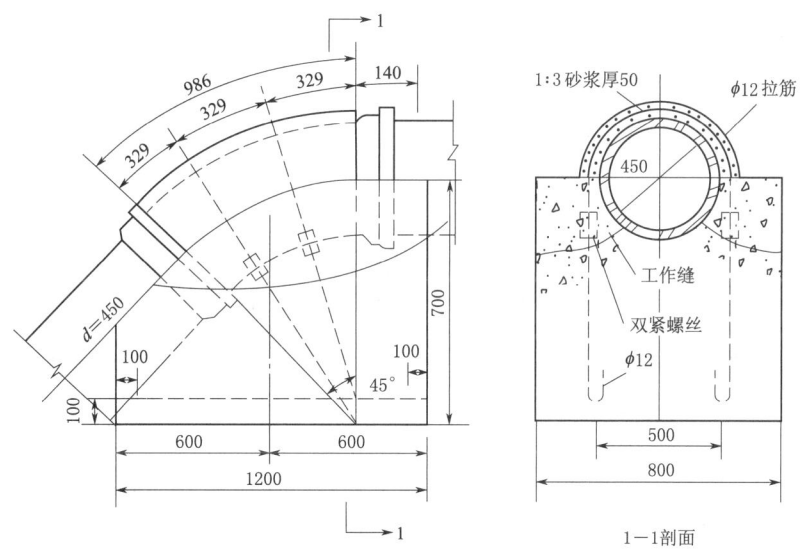

图 5.17 垂直向上弯管支墩

承插式接口的管道排管组合，直线上应满足环向间隙与对口间隙要求。一般情况下，可采用 90°弯头、45°弯头、22.5°弯头、11.25°弯头进行管道平面转弯，如果弯曲角度小于 11°时，则可采用管道自弯作业，但是要满足允许的转角和间距要求。当遇到地形起伏变化较大，新旧管道接通或翻越其他地下设施等情况时，可采用管道反弯借高找正作业。

（2）下管。开槽下管应以施工安全，操作方便，经济合理为原则，考虑管径、管长、沟深等条件选定下管方法。下管作业要特别注意安全问题，应有专人指挥，认真检查下管用的绳、钩、杠、铁环桩等工具是否牢靠。在混凝土基础上下管时，混凝土强度必须达到设计强度的 50% 才可下管。

下管方法有人工下管和吊车下管两种下管形式。人工下管法包括压绳下管法、后蹬施力下管法和木架下管法。采用吊车下管时，作业班班长应与司机一起踏勘现场，根据沟深、土质等定出吊车距沟边的距离、管材堆放位置等。吊车往返线路应事先予以平整、清除障碍。一般情况下多采用汽车吊下管，土质松软地段宜采用履带吊下管。吊车不能在架空输电线路下作业，在架空输电线一侧作业时，起重臂、钢绳和管子与线路的垂直及水平安全距离应符合施工要求。

4. 管道接口

(1) 铸铁管接口。

1) 承插式刚性接口　承插式铸铁管刚性接口，如图5.18所示，常用填料有麻-石棉水泥、石棉绳-石棉水泥、麻-膨胀水泥砂浆、麻-铅等几种。

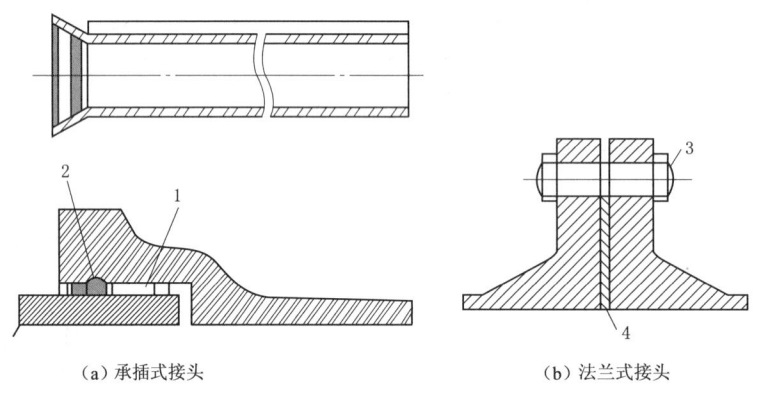

(a) 承插式接头　　　　　　　　(b) 法兰式接头

图 5.18　铸铁管接头
1—麻丝；2—膨胀性填料等；3—螺栓；4—垫片

a. 麻及其填塞。麻是广泛采用的一种挡水材料，以麻辫形状塞进承口与插口间环向间隙。麻辫的直径约为缝隙宽的1.5倍，其长度较管口周长长10~15cm作为搭接长度，用錾子填打紧密。

石棉绳作为麻的代用材料，具有良好的水密性与耐高温性。但是，对于长期和石棉接触而造成的水质污染尚待进一步研究。

b. 石棉水泥接口。石棉水泥是纤维加强水泥，有较高抗压强度，石棉纤维对水泥颗粒有很强的吸附能力，水泥中掺入石棉纤维可提高接口材料的抗拉强度。水泥在硬化过程中收缩，石棉纤维可阻止其收缩，提高接口材料与管壁的黏着力和接口的水密性。打口时，应将填料分层填打，每层实厚不大于25mm，接口完毕之后，应立即在接口处浇水养护，养护时间为24~48h。

石棉水泥接口的抗压强度甚高，接口材料成本较低，材料来源广泛。但其承受弯曲应力或冲击应力性能很差，并且存在接口劳动强度大、养护时间较长的缺点。

c. 膨胀水泥砂浆接口。膨胀水泥在水化过程中体积膨胀，增加其与管壁的黏着力，提高了水密性，而且产生密封性微气泡，提高接口抗渗性能。

膨胀水泥由作为强度组分的硅酸盐水泥和作为膨胀剂的矾土水泥及二水石膏组成。用作接口的膨胀水泥水化膨胀率不宜超过150%，接口填料的线膨胀系数控制在

1%～2%，以免胀裂管口。

接口操作时，不需要打口，可将拌制的膨胀水泥砂浆分层填塞，用錾子将各层捣实，最外一层找平，比承口边缘凹进 1～2mm。膨胀水泥水化过程中硫酸铝钙的结晶需要大量的水，因此，其接口应采用湿养护，养护时间为 12～24h。

d. 铅接口。铅接口具有较好的抗震、抗弯性能，接口的地震破坏率远较石棉水泥接口低。铅接口操作完毕便可立即通水。由于铅具有柔性，接口渗漏可不必剔口，仅需锤铅堵漏。因此，尽管铅的成本高、毒性大，一般情况下不作为管道接口填料，但是在管道过河、穿越铁路、地基不均匀沉陷等特殊地段，以及新旧管道连接、开三通等抢修工程时，仍采用铅接口。

铅的纯度应在 90% 以上。铅经加热熔化后灌入接口内，其熔化温度在 320K 左右，当熔铅呈紫红色时，即为灌铅适宜温度，灌铅的管口必须干燥，雨天时禁止灌铅，否则易引起溅铅或爆炸。灌铅前应在管口安设石棉绳，绳与管壁间的接触处敷泥堵严，并留出灌铅口。

每个铅接口应一次浇完，灌铅凝固后，先用铅钻切去铅口的飞刺，再用薄口钻子贴紧管身，沿插口管壁敲打一遍，一钻压半钻，而后逐渐改用较厚口钻子重复上法各打一遍至打实为止，最后用厚口钻子找平。

e. 橡胶圈及其填塞。由于麻易腐烂和填打油麻劳动强度大，可采用橡胶代替油麻。橡胶圈富弹性，且具有足够的水密性，因此，当接口产生一定量相对轴向位移和角位移时也不致渗水。

橡胶圈外观应粗细均匀，椭圆度在允许范围内，质地柔软，无气泡，无裂缝，无重皮。接头平整牢固，橡胶圈内环径一般为插口外径的 0.86～0.87，橡胶圈的压缩率以 35%～40% 为宜。橡胶圈接口外层的填料一般为石棉水泥或膨胀水泥砂浆。

2）承插式柔性接口。上述几种承插式刚性接口，抗应变能力差，受外力作用容易产生填料碎裂与管内水外渗等事故，尤其在软弱地基地带和强震区，接口破碎率高。为此，可采用以下柔性接口。

a. 楔形橡胶圈接口。如图 5.19 所示，承口内壁为斜形槽，插口端部加工成坡形，安装时于承口斜槽内嵌入起密封作用的楔形橡胶圈，由于斜形槽的限制作用，橡胶圈在管内水压的作用下与管壁压紧，具有自密性，使接口对于承插口的椭圆度、尺寸公差、插口轴向相对位移及角位移具有一定的适应性。

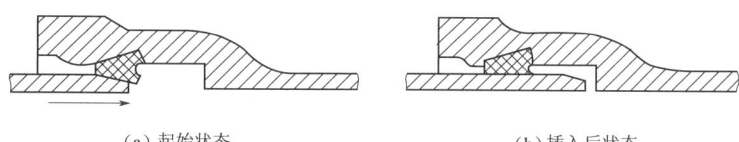

(a) 起始状态　　　　　　　　(b) 插入后状态

图 5.19　承插口形橡胶圈接口

工程实践表明，此种接口抗震性能良好，并且可以提高施工速度，减轻劳动强度。

b. 其他形式橡胶圈接口。为了改进施工工艺，铸铁管可采用角唇形、圆形、螺栓压盖形和中缺形橡胶圈接口，如图5.20所示。

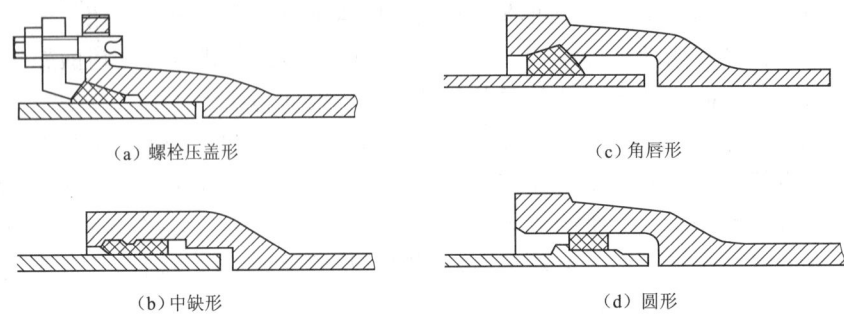

(a) 螺栓压盖形　　(c) 角唇形
(b) 中缺形　　(d) 圆形

图5.20　其他橡胶圈接口

比较图5.20所示四种胶圈接口可以看出，螺栓压盖形的主要优点是抗震性能良好，安装与拆修方便，缺点是配件较多，造价较高；中缺形是插入式接口，接口仅需一个胶圈，操作简单，但承口制作尺寸要求较高；角唇形的承口可以固定安装胶圈，但胶圈耗胶量较大，造价较高；圆形则具有耗胶量小，造价较低的优点，但其仅适用于离心铸铁管。

(2) 钢筋混凝土压力管接口。钢筋混凝土压力管的接口形式多采用承插式橡胶圈接口，其胶圈断面多为圆形，能承受1MPa的内压力及一定量的沉陷、错口和弯折；抗震性能良好；胶圈埋置地下耐老化性能好，使用期可长达数十年。

承插式钢筋混凝土压力管是靠挤压在环向间隙内的橡胶圈来密封，为了使胶圈能均匀而紧密地达到工作位置，必须具有产生推力或拉力的安装工具，如撬杠顶力法、拉链顶力法与千斤顶顶入法等，均系在工程实践中摸索出来的施工装置。

(3) 钢管接口。钢管主要采用焊接口，还有法兰接口及各种柔性接口。焊接口通常采用气焊、手工电弧焊和自动电弧焊、接触焊等方法。

手工电弧焊依据电焊条与管道间的相对位置分为平焊、立焊、横焊与仰焊等，如图5.21所示。焊缝分别称为平焊缝、立焊缝、横焊缝及仰焊缝。平焊易于施焊，焊接质量易得到保证，焊管时应尽量采用平焊。

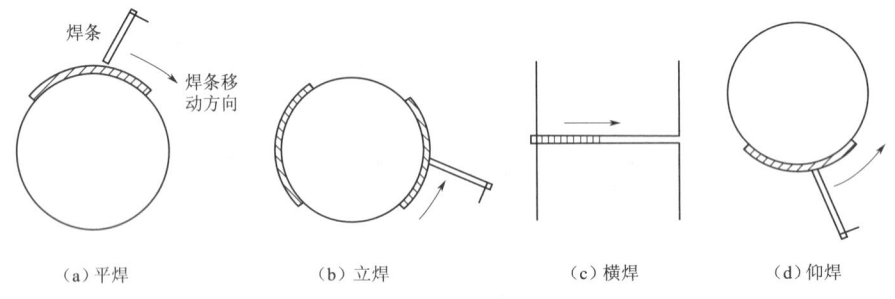

(a) 平焊　　(b) 立焊　　(c) 横焊　　(d) 仰焊

图5.21　焊接方法

因为槽内操作困难，钢管一般在地面上焊成一长段后下到沟槽内。

焊接完毕后进行的焊缝质量检查包括外观检查和内部检查。对焊缝内部缺陷通常可采用煤油检查方法进行检查：在焊缝一侧（一般为外侧）涂刷大白浆，在焊缝另一侧涂煤油。经过一定时间后，若在白面上渗出煤油斑点，表明焊缝质量有缺陷。

对于壁厚小于4mm的临时性给水管道，以及在某些场合因条件限制而不能采用电焊作业的场合，可采用气焊接口，也可用气焊焊接较大壁厚的钢管接口。

气焊是借助氧气和气体燃料的混合燃烧形成的火焰熔化焊条来进行焊接的。一般采用乙炔气和氧气混合燃烧产生的高温火焰来熔接金属。

（4）塑料管接口。塑料管接口在无水情况下可用胶黏剂粘接，承插式管可用橡胶圈柔性接口，也可用法兰连接、丝扣连接、焊接、热熔压紧及钢管插入搭接。塑料管在运输和堆放过程中，应防止剧烈碰撞和阳光暴晒，以防止变形和加速老化。

应该注意的是，各种材料的管道在出厂前和埋设后在部分回填土条件下，都要进行管道的试压，以进行管道的强度校核和渗水量控制。

5.2.4 管道质量检查与验收

1. 给水管道试压

管道试压是管道施工质量检查的重要措施，其目的是衡量施工质量，检查接口质量，暴露管材及管件强度、缺陷、砂眼、裂纹等弊病，以达到设计质量要求，符合验收条例。

进行管道试压，应先做好水源引接及排水疏导路线的设计，根据设计要求确定试验压力值及试验方法。当管道工作压力大于或等于0.1MPa时，应按压力管道的规定，进行强度及严密性水压试验。

埋设在地下的管道必须在管道基础检查合格、回填土厚度不小于50cm后进行水压试验。架空、明装及安装在地沟的管道，应在外观检查合格后进行水压试验。管道应分段进行水压试验，每试验管段的长度不宜大于1km，非金属管道应短些，试验管段的两端均应以管堵封堵，并加支撑撑牢，以免接头脱开发生意外。

水压试验装置如图5.22所示。管道在测压前，打开6、7号阀，关闭5号阀，然后向试验段充水，同时排除管内空气。管内充水浸泡时间满足表5.3规定后，即可进行强度试验。

埋设在地下的管道在进行水压试验时，按规范规定（打开1、2、5、8号阀，关闭4、6、7号阀）用试压泵将试验管段升压到试验压力，见表5.3，稳定15min后，压力下降不超过表5.3规定；将试验压力降至工作

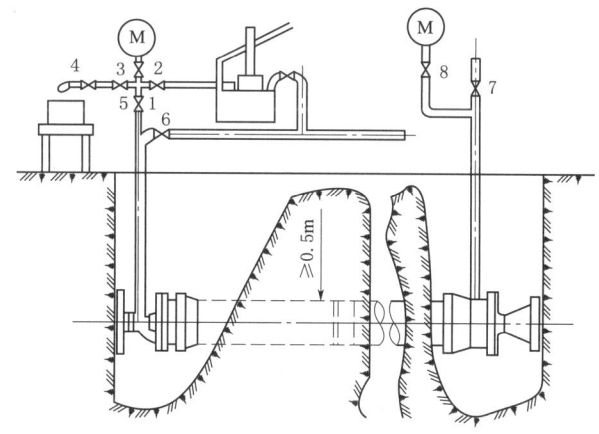

图5.22 水压试验装置

从自来水管向试验管道通水时，开放6、7号阀门、关闭5号阀门；用水泵加压时，开放1、2、5、8号阀门，关闭4、6、7号阀门；不用量水槽测渗水量时，开放2、5、8号阀门，关闭1、4、6、7号阀门；用量水槽测渗水量时，开放2、4、5、8号阀门，关闭1、6、7号阀门；用水泵调整3号调节阀时，开放1、2、4号阀门，关闭5号阀门

压力并保持恒压 30min，检查管道、附件和接口，若未发现上述部件破坏和发生严重渗漏现象，则认为水压试验合格，即可进一步进行渗水量试验——严密性试验。

表 5.3 压 力 管 道 水 压 试 验

管材种类	工作压力 p/MPa	试验压力/MPa	试压前管道浸泡时间/h	允许压力降/MPa
钢管	p	$p+0.5$，且不小于 0.9	≥24（有水泥砂浆衬里）	0
球墨铸铁管	$p\leqslant 0.5$ $p>0.5$	$2p$ $p+0.5$	≥24（有水泥砂浆衬里）	0.03
预（自）应力混凝土管 预应力钢筒混凝土管	$p\leqslant 0.6$ $p>0.6$	$1.5p$ $p+0.3$	≥48（管道内径≤1000mm） ≥72（管道内径>1000mm）	
现浇钢筋混凝土管渠	$p\geqslant 0.1$	$1.5p$		
化学建材管	$p\geqslant 0.1$	$1.5p$，且不小于 0.8	≥24	0.02

严密性试验方法通常采用注水法试验，仍然以图 5.22 示意：测定试验管段长度，然后用试压泵将水压升至试验压力，关闭试压泵的 1 号阀，开始计时，每当压力下降，及时向管道内补水，但最大压降不得大于 0.03MPa，保持管道试验压力恒定，恒压延续时间不得小于 2h，并记录恒压延续时间，以及计量恒压时间内补入试验管段内水量，则试验管段的渗水量，若试验过程中管道未发生破坏，且渗水量不超过规范规定数值，则认为试验合格。

当管道工作压力小于 0.1MPa 时，除设计另有规定外，应按无压力管道规定，进行强度及严密性试验。

2. 管道安装允许偏差与检验方法

管道安装的允许偏差和检验方法见表 5.4。

表 5.4 管道安装的允许偏差与检验方法

检查项目		允许偏差/mm	检验方法
水平轴线	无压管道 压力管道	15 30	经纬仪测量或挂中线 用钢尺量测
管底高程	$D\leqslant 1000$mm	无压管道 ±10 压力管道 ±30	水准仪测量
	$D>1000$mm	无压管道 ±15 压力管道 ±30	

当管道沿曲线安装时，接口的允许转角见表 5.5。

表 5.5 沿曲线安装接口的允许转角

管材种类	管径 D/mm	允许转角/(°)
球墨铸铁管	75～600	3
	700～800	2
	≥900	1

续表

管材种类	管径 D/mm	允许转角/(°)
预应力混凝土管	500～700 800～1400 1600～3000	1.5 1.0 0.5
自应力混凝土管	500～800	1.5
预应力钢筒混凝土管	600～1000 1200～2000 2200～4000	1.5 1.0 0.5
玻璃钢管	400～500 500<D≤1000 1000<D≤1800 D>1800	1.5（承插式接口）/3.0（套筒式接口） 1.0（承插式接口）/2.0（套筒式接口） 1.0 0.5

3. 管道冲洗与消毒

给水管道水压试验后，竣工验收前应利用城镇管网中的自来水或清洁水源水进行冲洗消毒。

（1）管道冲洗。验收前，应冲洗管内的污泥、脏水及杂物，冲洗时一般避开用水高峰夜间作业，以流速大于1.0m/s的冲洗水连续冲洗，直至出水口处水样浊度小于3NTU。若排除口设于管道中间，应自两端冲洗。

（2）管道消毒。管道去污冲洗后，将管道放空，注入有效氯离子含量不低于20mg/L的清洁水浸泡24h，然后将管内含氯水放掉，再用清洁水进行冲洗，水流速度可稍低些，直至水质管理部门取样化验合格。

4. 工程验收

给水管道工程施工应经过竣工验收合格后方可投入使用。

竣工验收时，应提供竣工图及设计变更文件，主要材料和制品的合格证或试验记录，管道的位置及高程的测量记录，混凝土、砂浆、防腐、防水及焊接检验记录，管道的水压试验记录，中间验收记录及有关资料，回填土压实度的检验记录，工程质量检验评定记录，工程质量事故处理记录，给水管道的冲洗及消毒记录等资料。并且应对竣工验收资料进行核实，进行必要的复验和外观检查。应对管道的位置及高程，管道及附属构筑物的断面尺寸，给水管道配件安装的位置和数量，给水管道的冲洗及消毒，外观等项目作出鉴定，并填写竣工验收鉴定书。

给水管道工程竣工验收后，建设单位应将有关设计、施工及验收的文件和技术资料列卷归档。

5.3 给水管网的维护管理概述

城镇给水管网承担着为城镇输送生活和生产用水的重要任务，保证供水系统的安全运行，才能有效地保证城镇居民的用水质量，确保城镇的正常稳定运行。对给水管网进行科学的管理,还能够起到降低给水管网运行能耗和维护费用的效果。

城镇给水管网管理主要包括以下内容:①建立完整和准确的技术档案及查询系统;②管道检漏和修漏;③管道清垢和防腐蚀;④用户接管的安装、清洗和防冰冻;⑤管网事故抢修;⑥管道设备的维护和检修;⑦管网的日常运行调度。

5.3.1 管网技术档案管理

给水管网的技术档案资料包括管网现状、设计资料和竣工资料三部分。技术管理部门应将工程各阶段的批复文件及标明管线、泵站、阀门、消火栓等位置和尺寸的给水管网设计图列卷归档,作为信息数据查询的索引目录。

工程技术档案的主要内容因保存单位不同可分为几部分。

1. 供给建设单位保存的技术资料

(1) 竣工工程项目一览表。

(2) 图纸会审记录,设计变更通知书,技术核定书及竣工图等。

(3) 隐蔽工程验收记录(包括水压试验、灌水试验、测量记录等)。

(4) 工程质量检验记录及质量事故的发生和处理记录、监理工程师的整改通知单等。

(5) 规范规定的必要的试验、检验记录。

(6) 设备的调试和试运行记录。

(7) 由施工单位和设计单位提出的工程移交及使用注意事项文件。

(8) 其他有关该项工程的技术决定。

2. 由施工单位保存和参考的技术资料档案

(1) 工程项目及开工报告。

(2) 图纸会审记录及有关工程会议记录,设计变更及技术核定单位记录。

(3) 施工组织设计和施工经验总结。

(4) 施工技术、质量、安全交底记录及雨季施工措施记录。

(5) 分部分项及单位工程质量评定表及重大质量、安全事故情况分析及其补救措施理文件。

(6) 隐蔽工程验收记录及交竣工证明书。

(7) 设备及系统试压、调试和试运行记录。

(8) 规范要求的各种检验、试验记录。

(9) 施工日记。

(10) 其他有关施工技术管理资料及经验总结。

监理公司、档案馆保存的资料,就不再详细介绍。

3. 供水部门日常维护管理主要资料

(1) 管网工程的规划、设计、施工文件批复及前期的审批文件等。

(2) 管网设计文件,包括设计任务书,管道测量成果及技术报告,管网设计图,管网平差计算书,工程概预算书,以及设计变更等。

(3) 管网施工技术文件及施工原始记录。

(4) 管网竣工资料。管线埋在地下,施工完毕覆土后难以看到,因此应及时绘制竣工图将施工中的修改部分随时在设计图纸中订正,竣工图应在管沟口填土以前绘制,图中标明给水管线位置、管径、埋管深度、承插口方向、配件形式和尺寸,阀门形式和位置、其他有关管线(如排水管线)的直径和埋深等。竣工图上的管线和配件位置可用搭角线表示,注明管线上某一点或某一配件到某一目标的距离,便于及时进行养护检修。

1) 管线图。其表明管线的直径、位置、埋深以及阀门、消火栓等的布置,用户接管的直径和位置等,是管网养护检修的基本资料。

a. 管网总平面图。管网总平面图应绘制在供水区域地形图上,应能包括整个供水系统的各个组成部分及用户情况。图中应明确标明主要干线的走向、管径及与其相关的管道附属设备及主要用户等。

b. 管线带状平面图与管线高程。管线带状平面图与管线高程图比总平面图的比例尺要大些,内容更为翔实。图中应准确标出管线的具体位置、高程,附属设备节点位置,用户节点位置等(图 5.23～图 5.25)。

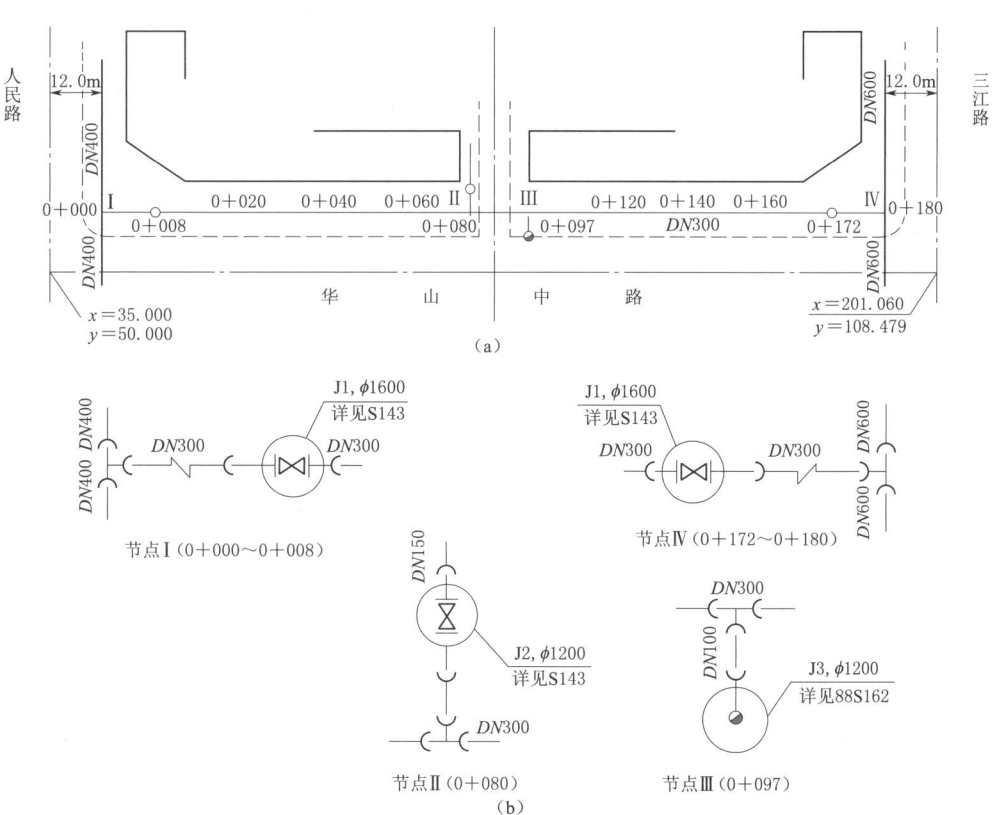

图 5.23 某给水工程管线带状平面图及节点大样图

c. 节点详图。节点详图有附属设备节点详图与用户节点详图。节点详图应准确反映附属设备及用户节点与管网的连接情况。节点详图不必按比例绘制,但管线方向和相对位置须与管网总图一致,图的大小根据节点构造的复杂程度而定。图 5.26 为

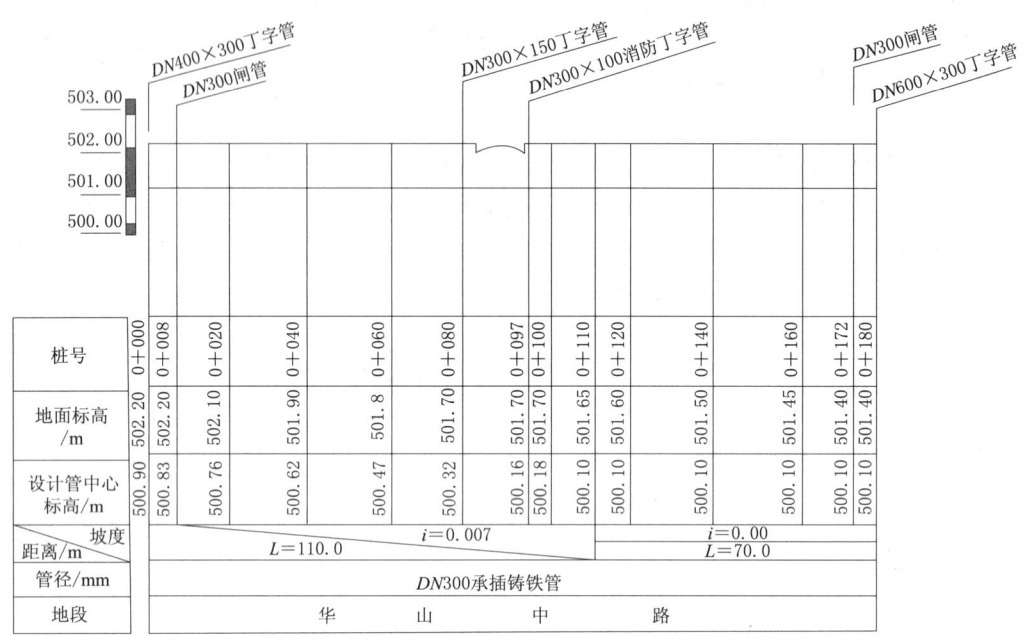

图 5.24 某供水管网纵剖面图

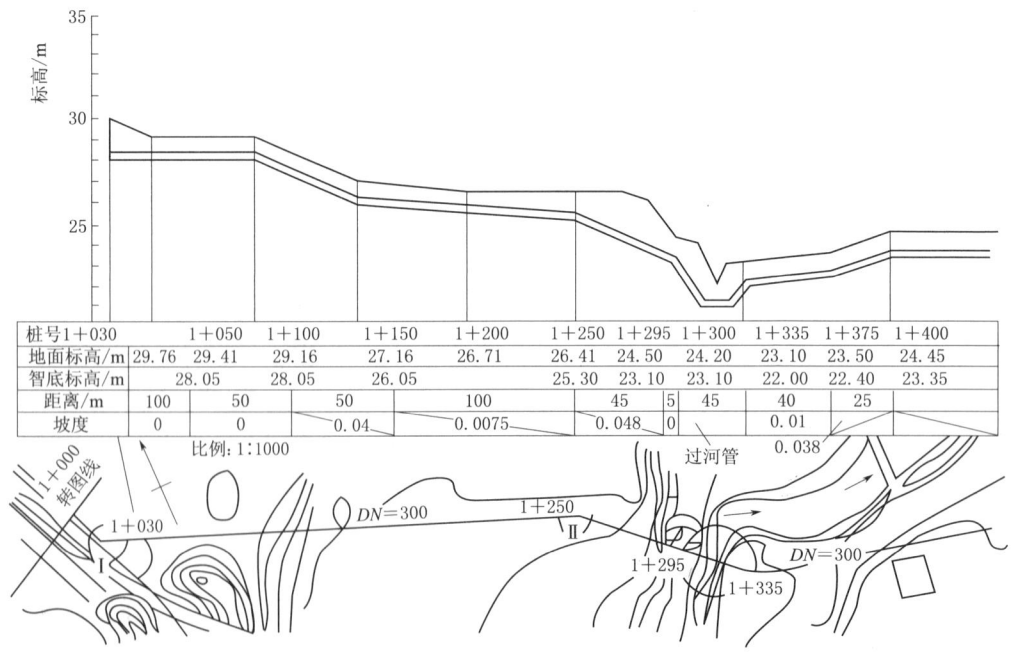

图 5.25 某输水管平面和纵断面图

供水管网中某一环的节点详图，图中标明消火栓的位置、各节点上所需的阀门和配件，管线旁注明管线长度（m）和管径（mm）。工程上常常在节点详图上为每一个管配件进行编号，名称和型号相同的标注同一个号码，然后做材料表，分为管配件名称、型号、数目和材料等项目，作为施工安装及抢修和概预算的依据。

d. 管线过河、过铁路和公路的构造详图。

2）各种管网附件及附属设施的记录数据和图文资料，包括安装年月、地点、口径、型号、检修记录等。

a. 闸门管理卡。闸门管理卡主要

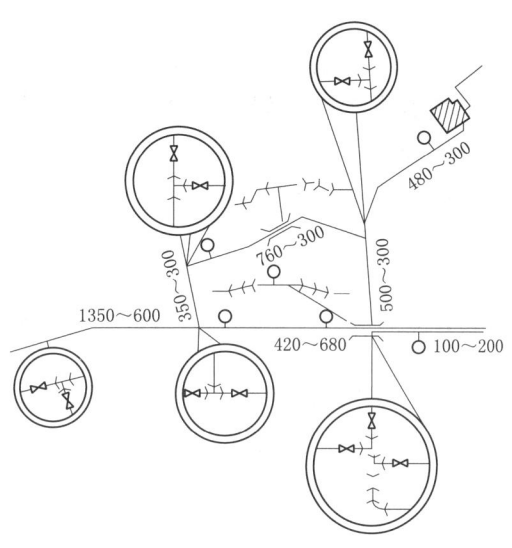

图 5.26 某供水管网节点详图

记录闸门（包括消火栓、测流装置、泄水阀、排气阀闸门型号、口径、安装日期、准确位置等）的运行与完好状况，其主要内容有闸门编号、闸门井构造与平面布置；闸门启闭方向与转数、启闭人等。

b. 用户管理卡。用户管理卡主要记录用户与管网的关系，其主要内容有进户管的管径、管材、埋深、准确位置；用户闸门与水表的型号、口径、进户管安装与使用的日期等。

c. 管网运行、改建及维护记录数据和文档资料。

工程技术档案是永久性保存文件，应严加管理，不能遗失和损坏。发生人员调动，必须办理交接手续。

5.3.2 给水管网水质监测

城镇给水，由水厂至用户的长距离连续输送过程中，存在诸多因素会导致水受到二次污染。例如：管材质量问题、给水管道的锈蚀结垢、管道的检漏修复、中途提升泵站的影响等。

进行管网水质监测，可及时分析水质变化的有关因素，并将结果反馈给自来水公司，指导和改进制水过程，及时制定管网污染的防护方案；并可通过长期的水质监测，积累监测数据，为建立符合实际的管网水质模型提供资料，优化管网布置及管网的运行管理。

根据《城市供水水质标准》（CJ/T 206—2005）的规定，管网水质监测项目包括浑浊度色度、臭和味、余氯、细菌总数、总大肠菌群、COD_{Mn}（管网末梢点）。在这7项指标中，浑浊度和余氯量的变化可以直接反映供水水质的变化。通常浑浊度的变化必然伴随污染物进入水中，以及微生物、细菌、病原菌的滋生；管网中的余氯可防止输水过程中微生物、细菌的再生长，因此，管网中游离余氯量的变化也是指示水质污染的一项重要指标。为此，在日常管网水质监测中，浑浊度及余氯是两个非常重要的监控指标。

管网水质检测点的布设原则是全面监测和控制管网系统中的水质状况,以确保供水安全和水质稳定。以下是一些常见的布设原则。

1. 代表性

要选择具有代表性的检测点,能够准确反映整个管网系统的水质情况。通常,检测点应覆盖不同的供水源、管线类型、水质受污染程度和消费者群体等因素。

2. 层次性

根据管网的复杂程度和规模,布设检测点时应分层次布设,即将管网分为主干管、支线管和终端用户等层次,每一层次都有相应的检测点。这样可以更好地掌握各个层次的水质变化和问题,及时采取相应措施。

3. 均匀性

布设检测点时要均匀分布于整个网络中,以便全面监测水质。避免过多集中在某一区域或节点,导致其他区域水质监测不足。应考虑到地理条件、人口分布、管线布局等因素,合理选择检测点位置。

4. 敏感区域

特别关注一些敏感区域,如重要的工业区、农业区、居民区、水源保护区等。这些区域的水质可能更容易受到污染或影响,应加强监测和控制。

5. 改造节点

对于管网中存在老旧和易漏水的节点,如老旧管线、接头等,应优先布设检测点。这样可以及早发现并解决漏水和污染问题,并进行相应的管网改造和维护。

6. 实时监测

在关键位置布设实时监测装置,实时监测水质变化和异常情况,确保及时发现和应对突发事件。这些位置可以是供水源、主要输水管道、水处理设备出口等关键节点。

7. 数据集成

布设的检测点应能够集成和共享数据,方便管理和分析水质信息。应建立完善的数据采集和传输系统,将检测数据及时上传到监测中心或相关管理机构。

除了以上原则,还应注意维护和管理检测点的设备,保证准确和可靠的数据;及时调整布设点位,针对水质问题进行调整和改进;结合当地法规和标准,制定相应的水质监测计划和方案。

5.3.3 给水管网水压与流量的测定

5.3.3.1 给水管网水压测定

测定管网的水压,应在有代表性的测压点进行。测压点的选定既要能真实反映水压情况,又要均匀合理布局,使每一测压点能代表附近地区的水压情况。测压点以设在大中口径的干管线上为主,不宜设在进户支管上或有大量用水的用户附近。测压时可将压力表安装在消火栓或给水龙头上,定时记录水压(一般一季度一次,用水高峰可加密监测频度),能用自动记录压力仪则更好,可以得出24h的水压变化曲线。

测定水压有助于了解管网的工作情况和薄弱环节。根据测定的水压资料,按

0.5~1.0m 的水压差,在管网平面图上绘出等水压线,由此反映各条管线的负荷。整个管网的水压线最好均匀分布,如某一地区的水压线过密,表示该处管网的负荷过大,提示所用的管径偏小。所以,水压线的密集程度可作为今后放大管径或增敷管线的依据。另外,由等水压线标高减去地面标高,得出各点的自由水压,即可绘出等自由水压线图,据此可了解管网内是否存在低水压区。

5.3.3.2 给水管网流量测定

给水管网中的流量测定是现代化供水管网管理的重要手段,普遍采用电磁流量计或超声波流量计,安装使用方便,不增加管道中的水头损失,容易实现数据的计算机自动采集和数据库管理。

1. 电磁流量计测定

电磁流量计由变送器和转换器两部分组成,变送器被安装在被测介质的管道中,将被测介质的流量变换成瞬时的电信号,而转换器将瞬时电信号转换成 0~10mA 或 4~20mA 的统一标准直流信号,作为仪表指示、记录、传送或调节的基础信息数据。

2. 超声波流量计测定

超声波流量计是利用超声波传播原理测量圆管内液体流量的仪器。探头(换能器)贴装在管壁外侧,不与液体直接接触,其测量过程对管路系统无任何影响,使用非常方便。

仪表分为探头和主机两部分。使用时将探头贴装在被测管路上,通过电缆与主机连接。使用键盘将管路及液体参数输入主机,仪表即可工作。PCL 型超声波流量计采用先进的"时差"技术,高精度地完成电信号的测量,以独特的技术完成信号的全自动跟踪、雷诺数及温度自动补偿。电路设计上充分考虑了复杂的现场,从而保证了仪表的精度、准确性、可靠性。

5.3.4 管网检漏

城镇给水系统的漏损会造成供水量的减少,水资源、能源和药物的浪费,同时危及公共建筑和道路交通等。因此,检漏工作非常重要。水管损坏引起漏水的原因很多,例如:因管道质量差或使用期长而破损;由于管线接头不密实或基础不平整引起的损坏;因使用不当(例如阀门关闭过快产生水锤)以致破坏管线;因阀门锈蚀、阀门磨损或污物堵住无法关紧等,都会导致漏水。

1. 实地观察法

从地面上观察漏水迹象,如排水井中有清水流出、局部路面发现下沉、路面积雪局部融化、晴天出现湿润的路面等。本法简单易行,但较粗略。

2. 听漏法

听漏法使用最久,听漏工作一般在深夜进行,以免受到车辆行驶和其他杂声的干扰。所用工具为一根听漏棒,使用时棒一端放在水表、阀门或消火栓上,即可从棒的另一端听到漏水声。这一方法的听漏效果凭个人经验而定。

检漏仪是比较好的检漏工具,所用仪器有电子放大仪和相关检漏仪等。

(1) 电子放大仪。电子放大仪是一个简单的高频放大器,利用晶体探头将地下漏水的低频振动转化为电信号,放大后既可在耳机中听到漏水声,也可从输出电表的指针摆动看出漏水情况。

（2）相关检漏仪。相关检漏仪是由漏水声音传播速度即漏水声传到两个拾音头的时间先后，通过计算机算出漏水地点，该类仪器使用时需较多人力，对操作人员的技术要求高。管材、接口形式、水压、土壤性质等都会影响检漏效果。优点是适用于寻找疑难漏水点，如穿越建筑物和水下管道的漏水。

3. **分区检漏**

用水表测出漏水地点和漏水量，一般只在允许短期停水的小范围内进行。方法是把整个给水管网分成小区，凡是和其他地区相通的阀门全部关闭，小区内暂停用水，然后开启装有水表的一条进水管上的阀门，使小区进水。如小区内的管网漏水，水表指针将会转动，由此可读出漏水量。水表装在直径为10~20mm的旁通管上，查明小区内管网漏水后，可按需要再分成更小的区，用同样方法测定漏水量。这样逐步缩小范围，最后还需结合听漏法找出漏水的地点。

4. **区域装表法**

将给水区划分为若干小区，根据经验，每个小区内以2000~5000户最为适宜。在进入小区的总管上安装总水表，如果总管经该区后还需供下游的小区用水时则在流入其他小区的水管上再装水表，抄表员在固定日期抄录该区域内的用户水表，加抄少量检漏专用的总水表后，即能计算出该区域是否有大的漏水。此法可减小音听检漏的范围，但投资较大，水表故障或估表会影响漏水的判断，最终确定漏点还需用听漏法。

5. **地表雷达测漏法（雷达探测仪测漏法）**

地表雷达法主要是利用无线电波对地下管线进行测定，可以精确地绘制出现有路面下管线的横断面图，它亦可根据水管周围的图像判断是否有漏水和漏水的情况。它的缺点是一次搜索的范围极小。

6. **浮球测漏法**

浮球测法是针对塑料管的检漏技术，检漏仪为一个便携式信号定位器和一个简易的信号发生器。测试时，先关闭测漏管段上下游阀门，在上游消火栓或阀门处将已封入信号发生器的泡沫塑料浮球塞入管道内，调节上下游阀门，使浮球在水压作用下以一定的速度向下游移动，便携式信号定位器随时监测信号发生器所在位置。若有漏水点，当浮球移动至漏水点时，由于水压的减小，浮球将停滞不前或移动速度减缓，则该点即为漏水点。这一方法的检漏准确性较高。

5.3.5 管道的维修与养护

5.3.5.1 管道外壁防腐

金属管道外部直接与大气和潮湿的土壤接触，将产生化学和电化腐蚀。腐蚀是金属管道的变质现象，其表现方式有生锈、坑蚀、结瘤、开裂或脆化等。金属管道防腐蚀处理非常重要，它将直接影响输配水的水质卫生安全及管道使用寿命和运行可靠。

一般情况下，水中含氧越多，腐蚀越严重（但对钢管来说，此时在管壁产生保护膜的可能性越大，因而可减轻腐蚀）；水的pH值明显影响金属管的腐蚀速度，pH值越低，腐蚀越快，中等pH值时不影响腐蚀速度，pH值高时因金属管表面形成保护膜，腐蚀速度减慢；水的含盐量越高，则腐蚀加快。

给水管道采用非金属管材，如预应力或自应力钢筋混凝土管、玻璃钢管、塑料管等，可以有效防止外壁腐蚀。若采用金属管材须做防腐处理，方法如下。

1. 涂料防腐

在金属管表面上涂油漆、水泥砂浆、沥青等，以防止金属和水相接触而产生腐蚀。例如可将明设钢管表面打磨干净后，先刷1~2遍红丹漆，干后再刷两遍热沥青或防锈漆；埋地钢管可根据周围土壤的腐蚀性，分别选用各种厚度的正常、加强和特强防腐层，如表5.6所示。

表5.6 埋地管道沥青绝缘防腐层结构

防腐措施	防腐层结构	每层沥青厚度/mm	总厚度不小于/mm
普通防腐	沥青底漆—沥青3层、中间夹玻璃布2层—塑料布	2	6
加强防腐	沥青底漆—沥青4层、中间夹玻璃布3层—塑料布	2	8
特加强防腐	沥青底漆—沥青5层或6层、中间夹玻璃布4层或5层—塑料布	2	10或12

2. 阴极保护

采用管壁涂保护层的方法并不能做到非常完美。这就需要进一步寻求防止管道腐蚀的措施。阴极保护是保护管道的外壁免受土壤侵蚀的方法。根据腐蚀电池的原理，两个电极中只有阳极金属发生腐蚀，所以阴极保护的原理就是使金属管成为阴极，以防止腐蚀。

但是，有了阴极保护措施仍须同时重视管壁保护涂层的作用，因为阴极保护也不是完全可靠的。阴极保护有两种方法。

（1）不外加电流阴极保护法。使用消耗性的阳极材料，如铝、镁等，隔一定距离用导线连接到管线（阴极）上，在土壤中形成电路，结果是阳极腐蚀，管线得到保护，如图5.27所示。这种方法常在缺少电源、土壤电阻率低和水管保护涂层良好的情况下使用。

（2）应用外加电流阴极保护法。通入直流电的阴极保护法如图5.28所示。埋在管线附近的废铁和直流电源的阳极连接，电源的阴极接到管线上，可防止腐蚀，在土壤电阻率高（约2500Ω·cm）或金属管外露时使用较宜。

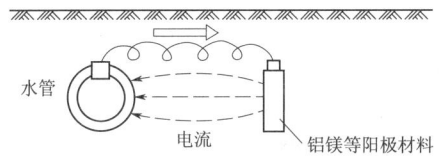

图5.27 不外加电流阴极保护法

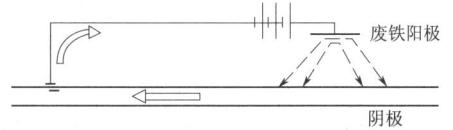

图5.28 应用外加电流阴极保护法

5.3.5.2 管道内壁的清垢涂衬

城镇供水中,由于输水水质、管道材料、流速等因素,金属管内壁产生腐蚀,水中的碳酸钙沉淀,水中的悬浮物沉淀,水中的铁、氯化物和硫酸盐的含量过高,以及铁细菌、藻类等微生物的滋长繁殖等,管道内壁会逐渐结垢而增加水流阻力,使水头损失逐渐增大,输水能力下降,需采取以下工程措施。

1. 管道内壁清垢

金属管线清垢的方法很多,应根据积垢的性质来选择。

(1) 管线水力清垢。

1) 高压射流清管法 对松软的积垢,可提高流速进行冲洗。冲洗时流速比平时流速提高 3~5 倍,但压力不应高于允许值。每次冲洗的管线长度为 100~200m。冲洗工作应经常进行,以免积垢变硬后难以用水冲去。

2) 加气冲洗法 用压缩空气和水同时冲洗效果更好,具有清洗简便,管道内中无须放入特殊的工具;操作费用比刮管法、化学酸洗法为低;工作进度较其他方法迅速,不会破坏水管内壁的水泥砂浆涂层。

3) 气压脉冲射流法 清洗管道冲洗过程见图 5.29,贮气罐中的高压空气通过脉冲装置 1、橡胶管 3、喷嘴 6 送入需清洗的管道中,冲洗下来的锈垢由排水管 5 排出。管垢随水流排出。起初排出的水浑浊度较高,以后逐渐下降,冲洗工作直到出水完全清时为止。该法的设备简单,操作方便,成本不高,效果好。进气和排水装置可安装在检查井中,因而无须断管或开挖路面。用这种方法清垢所需的时间不长,管内的绝缘层不会破损,所以也可作为新敷设管线的清洗方法。

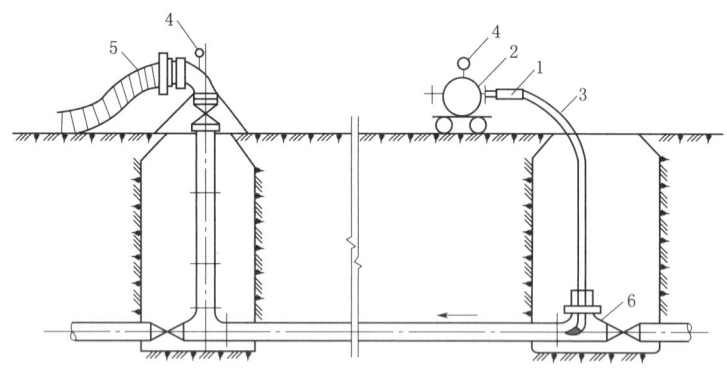

图 5.29 气压脉冲法冲洗管道
1—脉冲装置;2—贮气罐;3—橡胶管;4—压力表;5—排水管;6—喷嘴

(2) 机械刮管清垢。

1) 刮管法。坚硬的积垢须用刮管法清除。刮管法所用刮管器有多种形式,都是用钢绳绞车等工具使其在积垢的水管内来回拖动。图 5.30 所示的一种刮管器是用钢丝绳连接到绞车,适用于刮除小口径水管内的积垢。它由切削环、刮管环和钢丝刷组成。使用时先由切削环在水管内壁积垢上刻划深痕,然后刮管环把管垢刮下,最后用钢丝刷刷净。大口径管道刮管时,可用旋转法刮管器,如图 5.31 所示,情况和刮管器相类似，但钢丝绳拖动的是装有旋转刀具的封闭电动机。刀具可用与螺旋桨相似的刀片，也可用装在旋转盘上的链锤，刮垢效果较好。

刮管法的优点是工作条件较好，刮管速度快；缺点是刮管器和管壁的摩擦力很大，往返拖动相当费力，并且管线不易刮净。

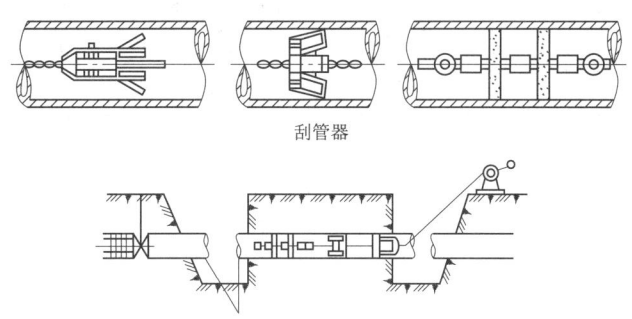

图 5.30　刮管器安装

2) 清管器法。采用软质材料制成的清管器清通管道。清管器用聚氨酯泡沫制成，其外表面有高强度材料的螺纹，外径比管道直径稍大，清管操作由水力驱动，大小管径均可适用。其优点是成本低、清管效果好、施工方便，且可延缓结垢期限，清管后如不衬涂也能保持管壁表面的良好状态。它可清除管内沉积物和泥沙，以及附着在管壁上的铁细菌、铁锈氧化物等，对管壁的硬垢如钙垢、二氧化硅垢等也能清除。清管时，通过消火栓或切断的管线，将清管器塞入水管内，利用水压力以 2～3km/h 的速度在管内移动。约有 10% 的水从清管器和管壁之间的缝隙流出，将管垢和管内沉淀物冲走。冲洗水的压力随管径增大而减小。软质清管器可任意通过弯管和阀门。这种方法具有成本低、效果好、操作简便等优点。

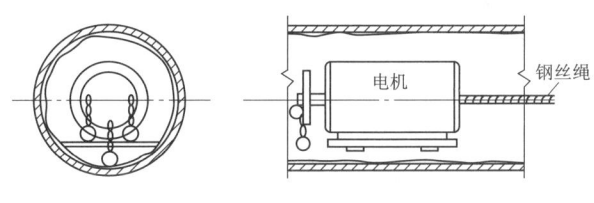

图 5.31　旋转法刮管器

（3）酸洗法清垢。将一定浓度的盐酸或硫酸溶液放进水管内，浸泡 14～18h 以去除碳酸盐和铁锈等积垢，再用清水冲洗干净，直到出水不含溶解的沉淀物和酸为止。由于酸溶液除能溶解积垢外，也会侵蚀管壁，所以加酸时应同时加入缓蚀剂，以保护管壁少受酸的侵蚀。这种方法的缺点是酸洗后，水管内壁变得光洁，如水质有侵蚀性，以后锈蚀可能更快。

2. 管道内壁的涂衬

（1）水泥砂浆涂衬。管壁积垢清除以后，应在管内衬涂保护涂料，以保持输水能力和延长水管寿命。一般是在水管内壁涂水泥砂浆或聚合物改性水泥砂浆，涂层厚度随着管径的不同而不同，如表 5.7 所示，相同管材和管径的情况下，前者的涂层大于后者。水泥砂浆用 M50 硅酸盐水泥或矿渣水泥和石英砂，按水泥：砂：水＝1：1：(0.37～0.40) 的比例拌和而成。聚合物改性水泥砂浆由 M50 硅酸盐水泥、聚乙酸乙烯乳剂、水溶性有机硅、石英砂等按一定比例配合而成。

衬涂砂浆的方法有多种。

1) 在埋管前预先衬涂，可用离心法，即用特制的离心装置将涂料均匀地涂在水管内壁上。

表 5.7　　ISO 4179 对水泥涂层厚度的要求

公称直径 DN/mm	内衬厚度/mm		
	公称厚度	最小平均厚度	某一点最小厚度
≤300	3.0	2.5	1.5
350～600	5.0	4.5	2.5
700～1200	6.0	5.5	3.0
1400～2000	9.0	8.0	4.0
≥2200	12.0	10.0	5.0

2) 对已埋管线衬涂时，也有用压缩空气的衬涂设备，利用压缩空气推动胶皮涂管器，借助胶皮的柔顺性，可将涂料均匀抹到管壁上。涂管时，压缩空气的压力为 29.4～49.0kPa。涂管器在管道内的移动速度为 1～12m/s，不同方向反复涂两次。

3) 在直径 500mm 以上的管道中，可用特制的喷浆机喷涂水管内壁。根据喷浆机的大小一次喷浆距离约为 20～50m。图 5.32 为喷浆机的工作情况。

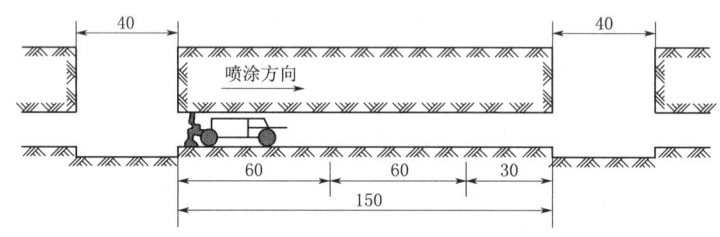

图 5.32　喷浆机的工作情况（单位：m）

清除水管内积垢和加衬涂料的方法，对恢复输水能力的效果很明显，所需费用仅为新埋管线的 1/12～1/10，亦有利于保证管网的水质。但对地下管线清垢和涂料时，所需停水时间较长，影响供水，使用上受到一定限制。

(2) 环氧树脂涂衬。环氧树脂具有耐磨性、柔软性、紧密性，使用环氧树脂和硬化剂混合的反应型树脂，可以形成快速、强度高、耐久的涂膜。环氧树脂涂衬方法是采用高速离心喷射原理，喷涂厚度为 0.5～1.0mm。环氧树脂涂衬不影响水质，施工期短，当天即可恢复通水，但是该法设备复杂，操作技术要求高。

(3) 内衬软管。内衬软管即在旧管内衬套管，有滑衬法、反转衬里法、"袜法"及用弹性清管器拖带聚氨酯薄膜等方法，该法形成"管中有管"的防腐结构，防腐效果好，但造价高。

5.3.5.3　管网漏水的修复

1. 水泥压力管的修理

(1) 管身裂缝修理。水泥压力管因裂缝而漏水，可采用环氧砂浆进行修补，如图 5.33 所示。修补时，先将裂口凿成宽约 15～25mm、深 10～15mm、长出裂缝 50～100mm 的矩形浅槽刷净后，用环氧底胶和环氧砂浆填充。较大的裂缝，还可用包贴玻璃纤维布和贴钢板的方法堵漏，如图 5.33、图 5.34 所示。玻璃纤维布的大小与层数应视裂缝大小而定，一般为 4～6 层。严重损坏的管段，可在损坏部位管外焊制一钢套管，内填油麻及石棉水泥。

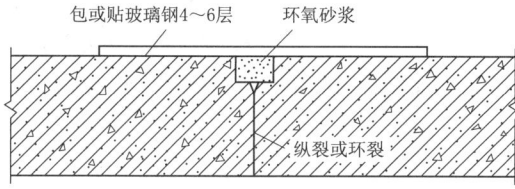

图 5.33 环氧砂浆、包贴玻璃纤维布修补

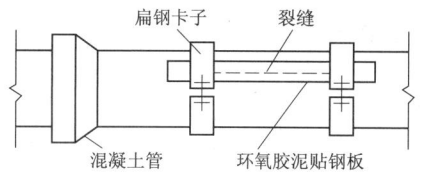

图 5.34 外贴钢板修补

管段砂眼漏水处理方法与裂缝相同。

（2）管道接口漏水修复。管道接口漏水多采用填充封堵的方法，在一般情况下需停水操作。

1) 由于胶圈密封不严产生的漏水，可将柔性接口改为刚性接口，重新用石棉水泥打口封堵。

2) 若接口缝隙太小，可采用充填环氧砂浆，然后贴玻璃钢进行封堵。

3) 若接口漏水严重，不易修补，可用钢套管将整个接口包住，然后在腔内填自应力水泥砂浆封堵。

4) 如果接口漏水的修复是带水操作，一般采用柔性材料封堵的方法，先将特制的卡具固定在管身上，然后将柔性填料置于接口处，最后上紧卡具，使填料恰好堵死接口。

2. 铸铁管件的修理

（1）铸铁管件本身具有一定的抗压强度，裂缝的修复可采用管卡进行。管卡做成比管径略大的半圆管段，彼此用螺栓紧固。发现裂缝，可在裂缝处贴上 3mm 的橡胶板，然后压上管卡上紧至不漏水即可。

（2）砂眼的修补可采用钻孔、攻丝、用塞头堵孔的方法进行修补。

（3）接口漏水，一般可将填料剔除，重新打口即可。

3. 用塑料管进行非开挖技术修复管道

聚乙烯管道特别适于非开挖工程，它质量轻，可以进行一体化的管道连接，熔接的连接接口抗拉能力高于管材本身；另外具有很好的挠性和良好的抵抗刮痕能力。

（1）爆管或胀管法更新管道。爆管或胀管法更新管道如图 5.35 所示。采用静态或动态的膨胀头（动态的如气动锤、液压胀管器）将旧管破碎，并用扩张器将旧管的碎片压入周围的土层，同时将新管拉入，完成管线的更换。新管的直径可与旧管道相同或更大。

爆管法施工前，先在旧管内穿一根钢丝绳，并由缆车向气动锤或液压胀管器提供恒定的张力，以保证施工时方向的稳定性。该法适用管径范围为 50～

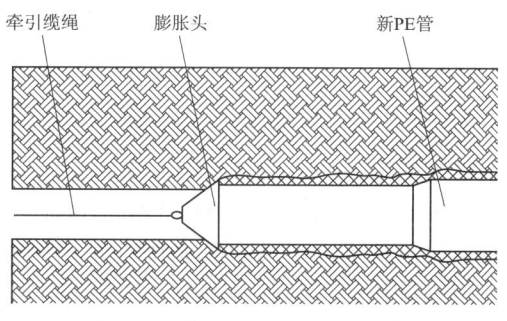

图 5.35 爆管或胀管法更新管道

600mm，长度一般为100m，适用于由脆性材料制成的管［陶土管、混凝土管、铸铁管、PVC管（聚氯乙烯管）］的更换，对于旧钢管的更换需要特殊的切割刀片。

爆管技术的商业名称为PIM。新管可以是连续的长管，也可以是带机械接头的短管。但最常用的是热熔对接起来的聚乙烯管；短管可采用PP管、UPVC管和陶土管等。更换金属管道时，往往要求有一套管以保护新管不受损坏。

（2）传统内衬法。传统内衬法是使用最早的一种非开挖管道修复方法。施工时将一直径较小的新管插入或拉入旧管内。通常，对自来水管道和污水管道要求向环形间隙灌浆固结而对燃气管道则不需要灌浆。这种方法的优点是施工简单，施工成本相对较低。然而由于直径减小，所以流量的损失较大。但对直径较大的管道来说，这种影响较小。该种方法适用于旧管内无障碍、形状完好，没有过度损坏的管道。传统内衬法可分为连续管法和短管法两类。

1）连续管法　将HDPE管（高密度聚乙烯管）热熔对接成一连续管，通过钢绳由绞车整体地拉入旧管内。安装可在插入工作坑内进行。使用HDPE管进行穿插更新，应首先检查旧管线中是否存在严重变形和障碍。其次，旧管线应是清洁的。可采用将一小段PE管拉过旧管的方法，判断旧管内是否清洁，是否需要清管。

HDPE管传统内衬穿插管径的确定需综合考虑下述因素。

① 确定塑料管口径上限。穿插过程中塑料管会遭到擦伤是确定塑料管口径上限的主要因素。金属管道内壁的毛刺、焊瘤以及管道弯曲都会对塑料管表面造成损伤。塑料管口径越大，穿插越困难，表面擦伤也越大。一般HDPE管的最大截面可占钢管直径的85%，对于混凝土管道可以适当放大。

② 确定塑料管径下限。在确定塑料管径下限的时候，主要考虑冰冻影响。地下水会通过腐蚀孔洞、钢管切割端进入塑料管与旧管道的环形空间，水结冰后的膨胀系数为10%，可能会将塑料管挤扁。从理论上计算，塑料管截面不小于旧管截面的40%，即可以有效地避免冰冻的影响。对于埋设在冰冻线以下的管道，可以不受此下限的限制。因此，HDPE管在进行管道穿插时占据的空间应为原管截面的40%~85%。

具体管径应根据流量要求确定。适用的聚乙烯管材可小到25.4mm，大则受到HDPE管材制造能力的限制，通常为1000mm以下。

2）短管法　这种方法使用的是带接头的短管。在工作坑连接后逐节由顶进装置顶入旧管内。

（3）改进内衬法。这种管道修复技术形成的内衬，既可以作为结构性的内衬（相当于敷设一条新管道），也可以作为非结构性的内衬或薄内衬（主要用于修复出现少量裂缝但结构完整的管道）。

在施工之前，对新的衬管首先减小尺寸（在安装现场或加工厂），随后插入旧管，最后使用热力、压力或自然的方法恢复原来的大小和尺寸，以保证与旧管形成紧密结合。与使新管断面减少的方法不同，这种方法可分为缩径法（拉拔法、冷轧法）和变形法。采用改进内衬法的主要优点是新旧管之间无环形间隙，管道断面过流损失很小；可在开挖的工作坑内施工，可长距离修复。其主要缺点是施工时可能会引起结构性的破坏。

1）缩径法。该方法是使内衬 PE 管的直径临时性缩小，然后送入旧管中，有热拔法和冷轧法两种缩径方式。

①热拔法。该方法施工时使中高密度聚乙烯管在加热后通过一个加热的模具拉拔新管，使塑料管的管径减小。如：100mm 管，管径约减小 20%；610mm 管，约为 7%。管子插入管道就位后，依靠高分子的记忆功能，使其直径逐渐自然恢复。可向其内部施加压力以加速恢复过程。恢复形状之后的管，通常能与旧管形成紧密结合。直径在 76~610mm 的管均可用该法施工。

②冷轧法。施工时，将标准的中或高密度聚乙烯管对焊成适当的长度后，在现场利用一台液压顶推装置向一组滚轧机推送塑料管，进行冷轧，以减少管的直径。插入旧管内就位后，对其施加压力，以恢复原有的尺寸，与旧管形成紧密的结合。

2）变形法。该方法又称 U 形内衬法，如图 5.36 所示。利

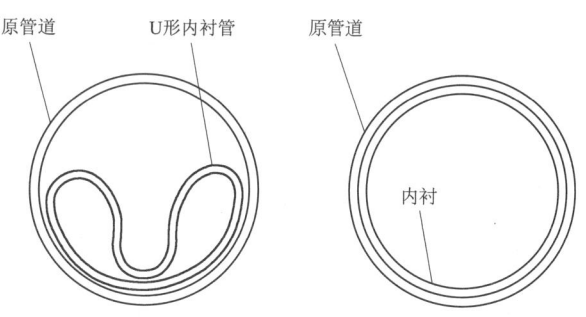

图 5.36 U 形内衬法

用机械将加热的、连续的聚乙烯管变成 U 形状态，然后将其插入旧管内，最后使用热气和液压使其恢复成形。更换之后可用遥控的切削器在不需要开挖的条件下进行水管的连接。这种方法的优点是 U 形管可在工厂预制，盘起来运输到工地施工，施工速度快。

5.3.6 管网水质的保障

保障管网水质也是管网管理工作的重要任务之一。水质已经达到标准出厂水，在通过复杂庞大的管网系统输送到用户的过程中，往往由于管网的影响，受到二次污染，使得水质达不到国家标准，甚至严重恶化，危及人体健康。

从水厂到用户，水在管网内的滞密时间可以达到数小时甚至数日。在这种情况下，一些主要的水质指标会发生明显变化，管网对水质的影响将成为供水管理的重要因素。

5.3.6.1 引起管网水质变化的因素

1. 管网水浊度的变化

水浊度是评价饮用水质量的一项重要指标。引起管网水浊度增高的主要原因有以下几种。

（1）出厂水水质的影响。出厂水水质的影响包括两个方面：一是水质的合格率，二是水质的稳定性。当出厂水中含铁、锰较高时，在管网中一经氧化则易形成红水。当出厂水带有腐蚀性时，会使无内衬金属管材内产生铁锈沉积，特别是在流速偏低或滞留水的管网末梢，一旦管内水流改向或突然加快时会引起红水或黑水现象。管网末余氯量的不足会导致管内细菌和病毒再次生长繁殖形成生物膜，从而影响水质。水的不稳定性也会导致微生物的生长繁殖，造成管网中的生物性污染，引起管网水浊度

增高。

（2）新建管网并网运行前清洗质量差。新铺设的管道清洗不干净，并入管网运行时，一旦水流方向改变或流速突然增大，会使沉泥冲起而导致管网水浊度增高。

（3）管网抢修或管网闸阀调整时，引起水流状态的改变。管网施工、维修时开关阀门造成管网压力、流向的变化引起的管网水浊度增高，已成为影响管网水质的主要因素之一。

（4）管网局部受到二次污染。在管道的抢修或检修等施工过程中，由于现场渗漏的泥水，有可能流回管道内，造成水质变坏。或者在一些施工现场，因管道堆放时间过长，施工时管内留的杂质未能仔细清理、冲洗消毒，也会使水浊度增高。

（5）其他因素。由于水压升降及负压的影响；树状管网支管铺设过长，造成末端滞水；消火栓不常使用或检修而形成死水；储水设备清洗周期过长等，都会使管网水浊度增高。

2. 管内腐蚀、结垢对水质的影响

水在管内流动的过程中，由于腐蚀等原因，往往形成管内腐蚀、沉淀及结垢的情况，由此生成各类沉积物并形成结垢层，其厚度和管道的使用年数有关，随着时间的延长不断增加，管道有效截面积不断缩小。这种结垢层是细菌滋生的场所，会形成"生物膜"，也称为"生长环"。这种管内结垢层既影响水质，又影响输水能力。

3. 微生物、有机物及藻类的影响

管网中微生物的存在与增减受水中所含营养成分、水温、余氯值及水压变化等因素的影响。

通常用氯消毒的饮用水，耐氯的藻类容易在管道内繁殖。

绝大多数情况下，供水管网中影响异养菌生长的营养因素是有机物的含量。加氯灭菌并保持管网中适当的余氯量，可以在一定程度上抑制细菌的生长。但如果有机营养基质存在，即使保持较高的余氯量，细菌仍会生长。况且氯含量的增加将引起氯化消毒副产物的增加，使饮用水的安全性下降。

提高出厂水水质，对出厂水进行稳定控制，管网中有机营养成分便减少了，耐氯的微生物也会随之减少。

4. 管道及附属设施受到污染

埋于地下的管道或安装在阀门井内管道上的自动排气阀，会受到已被污染的地下水、污水的浸泡，一旦管道内失压或停水，管道外部的脏水就可能渗入或被吸入管道内，引起管道污染。管道上的冲洗排水阀接出口要低于河床水位，若排水过程中不及时关闭，会引起河水倒灌。若管道爆破漏水，关阀后会形成负压，令水渗入管道内，管道修复后又未及时冲洗干净，便会形成污染。

管材、阀门锈蚀或水箱内衬涂料不合格会引起污染；水箱的入孔、通气孔、溢流管封口处理不当，或溢流管、放空管直接与下水管相连，导致蚊虫鼠蚁或其异物进入水管，引起污染；水池池体结构不合理，池内出现死水区，或池内水体循环时间过长导致池内水质恶化等，也会造成污染。

配水管网本身是一个庞大的、复杂的系统。从水质角度来讲，配水管网是一个巨大的管式反应器。饮用水从净水厂流至用户,这个过程会发生复杂的物理化学及微生物反应,造成水质不同程度的下降。

5.3.6.2 保障管网水质的措施

城镇给水管网水质保障的主要技术措施如下。

1. 提高出厂水水质和稳定性

由于不稳定或水质不好的出厂水直接导致管网水质发生变化,因此提高和稳定出厂水水质就显得尤为重要。净水厂应保证原水经过处理后能够使水质达到目标要求。保证管网水质主要是控制浊度、余氯、化学稳定性指标和生物稳定性指标。

2. 更新或改造供水管道系统

(1) 采用防污染的输(配)水管材。为了防止管壁腐蚀或积垢后降低管线的输水能力,除了新敷管线内壁事先采用水泥砂浆涂衬外,对于已埋地敷设的管线则需要有计划地进行刮管涂衬,即清除管内壁积垢并加涂保护层,以恢复输水能力,节省输水能量费用和改善管网水质。

(2) 经常性运行维护。作为一项经常性运行的措施,通过给水栓、消火栓和放水管,定期放去管网中的部分"死水",并借此冲洗水管,冲洗周期可根据当地实际情况而定。对注入水池或直接从管网抽水的管路,增添限流装置,防止水流波动。尽量降低管网漏水概率,加强管网检漏工作,及时检漏、堵漏,避免管网在负压状态下受到管道外部环境污染。

(3) 力求不停水作业。管网更新、维修、扩展引接分支管道时,应力求推行不停水作业。不停水作业一方面可避免因停水导致水资源的白白浪费;另一方面可以避免因管网局部停水引起水的流向、流速突变而影响水质。

(4) 运行前冲洗消毒。无论在新敷管线竣工后,还是在旧管线检修后,均应冲洗消毒。消毒之前用高速水流冲洗水管,然后用 20~30mg/L 的漂白粉溶液浸泡一昼夜以上,再清水冲洗,同时连续测定排出水的浊度和细菌,直到合格为止。

3. 完善二次供水设施的设计与施工

采用防止污染的二次供水设施,改进水池(箱)结构,保证水的流动性二次加压采用变频调速装置,省去高位水池(箱),减少发生污染的概率。长期维护与定期清洗水塔、水池及高位水箱,并检验其储水水质。

4. 管网中余氯浓度的管理

管网中的余氯值,可以表征管道内的卫生状况,可认为是表征管内水质的主要指标,各国都把监测管网的余氯值作为首要的监测项目,也是保障安全供水的需要。

水流从水厂进入管网,其水量、水质(余浓度、水温、pH 值等)是随时间变化的。同时,水流从配水管道到各用户所流经的时间,以及水质在空间和时间上也并不是相同的。

管网中的余氯受多种因素的影响,包括水质、管材、管径、管道内的卫生状况(生长环、生物膜等)、管网的结构、流速、流量、用水变化规律、水在管道内的滞留时间、季节和水温等。因此,合理控制管网的余氯浓度,既有环境效益,也有经济效益。

给水管网进行余氯监测，测出在不同状况下管网主要节点的余氯浓度。给水管道是传递水质信息的通道，因此，管网中各节点的水质信息是相关的。由此便可求得在不同状态下，管网中各节点的余氯值。从经济角度节点应以降低消毒剂药耗为目标；从安全供水角度出发，应达到各节点（或者水质监测点）的浓度分布比较均匀，用水端的余氯达到水质标准要求。当水质监测点的余氯偏离预定目标值时（偏低或偏高），通过投药系统动态调整出厂水的余氯浓度，以满足用户水的要求。

5. 二次加氯

净水厂采用一次加氯，带来的问题是：药剂消耗量大，消毒剂产物超标风险大，余氯分布不均衡，管网首段嗅味大；对于规模庞大、管线长、结构复杂的城镇管网，会导致管道卫生状况不好，余氯消耗速度快；为满足管道末梢控制点的余达标要求，则需要提高水厂出水的加氯量。

在管网中建立二次加氯点，目的是在保障安全供水的前提下，降低药耗和THMs（三卤甲烷）的生成量，使管网中余氯浓度分布趋于均匀，降低消毒副产物造成的风险。

6. CT 值

化学法消毒工艺的一条实用设计准则为接触时间（min）×接触时间结束时消毒剂残留浓度 C(mg/L)，被称为 CT 值。消毒接触一般采用接触池或利用清水池。由于其水流不能达到理想推流，所以部分消毒剂在水池内的停留时间低于水力停留时间 t，故接触时间 T 需采用保证 90% 的消毒剂能达到的停留时间，即 T_{10} 进行计算。T_{10} 为水池出流 10% 消毒剂的停留时间。T_{10}/t 值与消毒剂混合接触效率有关，值越大，接触效率越高。影响清水池 T_{10}/t 的主要因素有清水池水流廊道长宽比、水流弯道数目和形式、池型以及进、出口布置等。一般清水池的 T 值多低于 0.5，因此应采取措施提高接触池或清水池的 T_{10}/t 值，保证必要的接触时间。

思 考 题

1. 常用给水管道材料分为哪几类？各是什么材质？有何优缺点？
2. 给水管有哪些主要配件？在何种情况下使用？
3. 给水管网有哪些附属设施？有什么作用？
4. 管道施工主要有哪些内容？
5. 管道埋设的基础形式一般有几种？各适用于什么条件？
6. 什么是管道的覆土厚度和埋深？
7. 给水管网技术资料管理包括哪些内容？
8. 管网检漏的重要性和检漏方法有哪些？
9. 管道结垢和腐蚀是如何发生的？常用什么方法防治？
10. 管网漏水修复的方法有哪些？

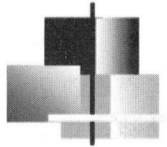

项目 6

城镇排水系统规划设计

【学习目标】
1. 知识目标：①能了解城镇排水系统的组成，掌握排水体制的分类及特点。②掌握城镇排水系统的规划设计的基本方法和要求。③熟悉城镇排水工程的相关法规、标准、规范和技术指南。
2. 技能目标：①能选择合适的排水体制并进行管道工程布置。②能运用城镇排水系统的基本理论和方法，进行污水管道系统、雨水管道系统和合流制管渠系统的规划与设计。③能正确使用排水工程的相关法规、标准、规范和技术指南。
3. 思政和素质目标：培养社会责任感和使命感，提升工程建设管理安全意识，为美丽中国和生态文明建设贡献力量。

6.1 城镇排水工程规划布置

6.1.1 城镇排水工程规划

1. 排水工程规划内容

排水工程规划是城镇总体规划的重要组成部分，是城镇专业功能规划的重要内容之一。排水工程规划必须与城镇总体规划协调，规划内容和深度应与城镇规划的步骤一致，充分体现城镇规划和建设的合理性、科学性和可实施性。

（1）估算城镇各种排水量。要求分别估算生活污水量、工业废水量和雨水径流量。一般将生活污水量和工业废水量之和称为城镇总污水量，而雨水量根据气象资料和地形地貌单独估算。

（2）拟订城镇污水、雨水的排除方案。包括确定排水区域和排水方向；研究生活污水工业废水和雨水的排除方式，确定排水体制；对旧城区原有排水设施的利用与改造方案以及确定在规划期限内排水系统的建设要求，近远期结合、分期建设等问题。

（3）研究城镇污水处理与利用的方法及污水处理厂、出水口位置的选择。根据国家《污水综合排放标准》(GB 8978—1996) 规定以及城镇的具体条件，确定污水处理程度、处理方案及污水、污泥综合利用的途径。

（4）进行排水系统的平面布置。其包括确定排水区域，划分排水流域，布置污水管网、水管网、防洪沟等。在管网布置中要决定主干管、干管的走向、位置、管径以及提升泵站的位置等。

（5）估算城镇排水工程的造价和年经营费用。一般按扩大经济指标粗略估算。

2. 排水工程规划原则

排水工程规划应符合国家城镇建设的方针政策，遵循下列原则。

(1) 满足城镇总体规划。排水工程是城镇建设的一个组成部分，排水工程规划是城镇总体规划中的一项单项规划，应当符合城镇总体规划所确定的原则与精神，并和其他单项工程建设密切配合、互相协调。在解决排水工程规划问题中，要从全局观点出发，合理布局，使其成为整个城镇有机的组成部分。

(2) 符合环境保护的要求，贯彻执行"全面规划，合理布局，综合利用，化害为利，依靠群众，大家动手，保护环境，造福人民"的环境保护方针。在规划中对于污（废）水的污染问题，要防患于未然，在规划阶段就要予以注意。要全面安排，首先从工业布局上考虑，做到合理布局，尽可能减少污染源。要开展污（废）水的综合利用，化害为利，变"废"为宝。要依靠各有关部门共同搞好治理工作，解决污染问题，保护和改善环境，造福人民。

(3) 充分发挥排水系统的功能，满足使用要求。城镇排水是否畅通，将直接影响生产生活及环境卫生。规划中应力求城镇排水系统完善，技术上先进，设计上合理，使污（废）水、雨水能迅速排除，避免积水为患。应使城镇污（废）水得以妥善地处理与排放，保护水体和环境卫生。

(4) 要考虑现状，充分发挥原有排水设施的作用。除少数新建城区外，排水工程规划都是在城镇旧排水系统的基础上进行的。规划中要从实际出发，充分掌握原有排水设施的情况，分析研究存在的主要问题及改造利用的可能途径，使新规划系统与原有系统有机结合。

(5) 注意工程建设中经济方面的要求。在排水工程规划中，要考虑尽可能降低工程的总造价与经常性管理费用，节省投资。如规划中尽量使各种排水管网系统简单、直接、埋深浅，减少或避免污、雨水输送过程的中途提升等。在规划工业废水排除系统时，应充分考虑采用循序使用及循环利用的可能性，以减少排水量、相应节约用水量。规划中要为污水和废水的处理与利用创造有利的条件等。

(6) 处理好近远期关系。规划中应以近期为主，考虑远期发展可能，处理好两者关系，做好分期建设的安排。实践证明，如规划中过多地考虑不落实的城镇远景需要，就可能使工程完成后若干年内不能充分利用，造成国家资金大量积压浪费，设备利用率低；另外，如规划年限考虑太短，工程投产不久，就不能满足需要，需扩建或另建平行的系统，也将造成基建投资与运行管理费用的不必要的提高。因此，规划中处理好近远期关系是十分重要的。

以上六个方面为排水工程规划中应考虑的一般原则。在实际工程中，针对具体情况，往往还有一些补充规定与要求。在处理问题时，会出现各种各样的矛盾。规划中要分清主次，解决矛盾，使方案合理、经济。

3. 排水工程规划方法

在排水工程规划中，要掌握正确的方法，一般按下列步骤进行。

(1) 收集必要的基础资料。进行排水工程规划，首先要明确任务，掌握情况，调查研究，收集必要的基础资料作为规划的依据，使规划方案建立在可靠的基础上。排水工程规划中所需的资料归纳如下。

1）有关明确任务的资料。其主要包括：城镇发展对城市排水的要求；城镇其他单项工程规划方案（如道路、交通、其他管线等）对排水工程的影响；上级部门对城镇排水工程建设的有关指示；城镇范围内各种排水量、水质情况资料，包括生活污水量、工业废水量、雨水径流量；环保、卫生、航运、农业等部门对水体利用及卫生防护方面的要求等。

上述资料通常由负责建设的单位（城镇建设局、各工厂及其他有关单位）提供，但常需补充与核实。

2）有关工程现状方面的资料。其主要包括：城市道路、建筑物、构筑物、地下管线分布及现有排水管线情况，绘制排水系统现状图（比例为1/10000～1/5000）；调查分析现有排水设施存在的主要问题，排水系统的薄弱环节。

3）有关自然条件方面的资料。其主要包括：气象、水文、水文地质、地形、工程地质等。由于资料多、涉及面广，往往不易在短时间内收集齐全。收集中可分主次、缓急，对有些次要资料可在今后逐步补充，不一定等待全部资料都齐全后才开始规划设计。

（2）考虑排水工程规划方案并进行分析比较。在基本掌握资料的基础上，着手考虑排水工程规划方案，绘制方案草图，估算工程造价，分析方案的优缺点。规划中一般要做几个方案，进行技术经济比较，选择最佳方案。

（3）绘制城市排水工程规划图及文字说明。在确定方案的基础上，绘制城镇排水工程规划图，图纸比例可采用1/10000～1/5000，图上表明城镇排水设施的现状以及规划的排水分区界线，排水管线的走向、位置、长度、管径、泵站、闸门的位置，污水处理厂的位置，用地范围，出水口位置等。图纸上未能表达的应采用文字说明，如有关规划项目的性质、规划年限（近、远期）、工程建设规模、采用的定额指标、总排水量、各种排水量、排水工程规划原则、城镇旧排水设施利用与改造措施、选用某种排水体制的理由、城镇污水处理与利用的途径、工业废水的处治、排水工程的总造价及年经营费用、方案技术经济比较情况以及下一步工作等。

6.1.2 排水系统组成及设施

排水系统是将污废水或雨水进行收集、输送、处理、再生和处置等设施以一定方式组合的总体。

1. 城镇污水排水系统的组成

城镇污水含有生活污水和工业废水。城镇污水排水系统示意图如图6.1所示，一般包括以下几部分。

（1）室内污水管道系统及卫生设备。室内污水管道系统及卫生设备又称建筑排水工程，用来收集生活污水与生活废水，并将其排入室外污水管道。

在住宅及公共建筑内，各种卫生设备既是人们用水的容器，也是承受污水的容器，它们又是生活污水、排水系统的起端设备。生活污水从这里经水封管、支管、竖管和出户管等室内管道系统流入室外居住小区管道系统。在每一出户管与室外居住小区管道相接的连接点设检查井，供检查和清通管道之用。

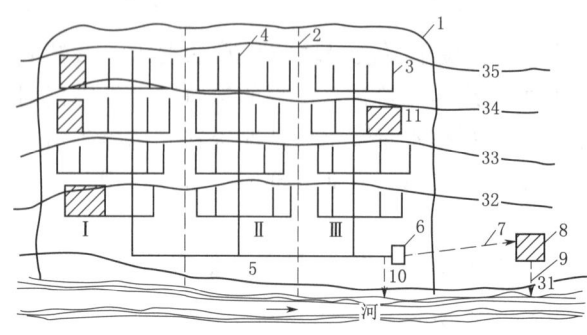

图 6.1 城镇污水排水系统示意图

Ⅰ,Ⅱ,Ⅲ—排水流域

1—城市边界；2—排水流域分界线；3—支管；4—干管；
5—主干管；6—总泵站；7—压力管道；8—城市污水处理厂；
9—出水口；10—事故排出口；11—工厂

(2) 室外污水管道系统。室外污水管道系统可分为居住小区污水管道系统和街道污水管道系统两部分。

1) 居住小区污水管道系统。居住小区污水管道系统是接纳小区内各建筑排放的污废水，再送往街道污水管道系统。它分为接户管、小区支管、小区干管。接户管负责收集各建筑物出户管的污水，布置在建筑物周围。小区支管收集若干接户管的污水并送入小区干管，一般布置在小区内道路下。小区干管收集若干小区支管的污水，一般布置在小区道路下或街道道路下。小区污水排入街道污水管道系统时，水质必须符合《污水排入城镇下水道水质标准》(GB/T 31962—2015)。

2) 街道污水管道系统。街道污水管道系统用来排除小区管道流来的污水，并将其送入污水处理厂，经处理后再排放利用，一般包括支管、干管和主干管。支管是用来接收小区污水或集中排放污水的管道。在每个排水流域内，干管收集由支管流来的污水，也称流域干管。主干管收集由两个或两个以上干管流来的污水，并把污水输送至城镇污水处理厂的管道。

室外污水管道系统还包括附属构筑物，如检查井、跌水井、倒虹管等。

(3) 污水泵站及压力管道。污水通常是以重力流排出的，但由于地形等条件的限制出现困难时，就需要设置泵站。泵站分为局部泵站、中途泵站和总泵站等。压送从泵站出来的污水至高地自流管道或至污水厂的承压管段，称压力管道。

(4) 污水处理厂。处理和利用污水、污泥的一系列构筑物及附属建筑物组成的综合体称为污水处理厂。城镇污水处理厂一般设置在城镇河流的下游地段，并与居民点或公共建筑保持一定的卫生防护距离。若采用区域排水系统，区域内的每个城镇就不需要单独设置污水处理厂，将全部污水送至区域污水处理厂进行统一处理。

(5) 出水口及事故排出口。出水口是污水排入水体的渠道和出口，是整个城镇排水系统的终点设备。事故排出口是指在一些易于发生故障的设备前（如总泵站、倒虹管前），所设置的辅助性出水渠，一旦发生故障，污水就通过事故排出口直接排入水体。

2. 城镇雨水排水系统的组成

城镇雨水排水系统是指将屋面与地面的雨水通过管道收集并排放到水体中或再次利用的管道系统。其由房屋雨水管道系统、街区雨水管渠系统、街道雨水管渠系统、排洪沟、雨水排水泵站及雨水出水口组成。

(1) 房屋雨水管道系统。作用是用来收集和输送屋面雨水，并将其排入街区雨水管渠中去。其主要包括屋面上的天沟、雨水斗和水落管及屋面雨水内排水系统。

（2）街区雨水管渠系统。其主要包括设置在厂区、街坊或庭院内的雨水管渠和收集雨水的雨水口等。街区雨水管道的作用是收集地面和房屋雨水管道系统排来的雨水，并将其输送至街道雨水管渠系统中去。

（3）街道雨水管渠系统。其主要包括设置于城镇主要街道下的雨水管渠（支管、干管、主干管）、雨水口等。

（4）排洪沟。其作用是将可能危害居住区及厂区的山洪及时拦截并将其引至附近的水体，以保障城区的安全。

（5）雨水排水泵站。用以抽升雨水，若雨水径流量大，一般应尽量少设和不设雨水泵站，但在必要时也需设置。

（6）雨水出水口。其是设在雨水排水系统终点的构筑物。雨水经出水口向水体排放，雨水排水系统的管渠上必要时也需设有检查井、消能井、跌水井等附属构筑物。

3. 工业废水排水系统的组成

用管道收集工厂内各车间及其他排水对象所排出的不同性质的废水，并将其送至废水回收利用和处理构筑物。经过回收处理后，这些水可以再次利用或排入水体，或者排入城镇排水系统。若某些工业废水水质满足直接排入城镇排水系统要求，就不需设置废水处理构筑物，而直接排入厂外的城镇污水管道中。

工业废水排水系统包含以下几部分。

（1）车间内部管道系统和设备。用于收集各生产设备排出的工业废水，并将其送至车间外部的厂区管道系统中。

（2）厂区管道系统。敷设在工厂内、用以收集并输送各车间排出的工业废水的管道系统。厂区工业废水的管道系统，可根据具体情况设置若干个独立的管道系统。

（3）污水泵站及压力管道。

（4）废水处理站。是厂区内回收和处理废水与污泥的场所。若所排放的工业废水符合《污水排入城镇下水道水质标准》（GB/T 31962—2015）的要求，可不经处理直接排入城镇排水管道中，和生活污水一起排入城镇污水厂集中处理。工业企业位于城区内时，应尽量考虑将工业废水直接排入城镇排水系统，利用城镇排水系统统一排除和处理，这样较为经济，能体现规模效益。当然工业废水排入应不影响城镇排水管道和污水处理厂的正常运行，同时以不影响污水处理厂出水以及污泥的排放和利用为原则。当工业企业远离城区，符合排入城镇排水管道条件的工业废水，是直接排入城镇排水管道或是单独设置排水系统，应根据技术经济比较确定。

6.1.3 排水系统的布置

排水管渠系统应按城镇总体规划和分期建设情况，全面考虑，统一布置，逐步实施。

1. 确定排水区界，划分排水流域

首先根据城镇总体规划的设计规模确定污水排水系统设置的界限，即排水区界。凡是采用完善卫生设备的建筑区都应设置污水管道。

在排水区界内，根据地形及城镇（地区）的竖向规划，划分排水流域。一般在丘陵及地形起伏的地区，可按等高线划出分水线，通常分水线与流域分界线基本一致。在地形平坦无显著分水线的地区，可依据面积的大小划分，使各相邻流域的管道系统能合理分担排水面积，使干管在最大合理埋深情况下，流域内绝大部分污水能以自流方式接入。每一个排水流域往往有一个或一个以上的干管，根据流域地势标明水流方向和污水需要抽升的地区。

如图 6.2 所示，该城镇被河流划分为四部分，根据自然地形也划分为四个排水流域。每个流域内有一条或一条以上的污水干管，Ⅰ、Ⅱ两流域形成河北排水区，Ⅲ、Ⅳ两流域形成河南排水区，两排水区的污水分别进入各区的污水处理厂，经处理后排入河流。

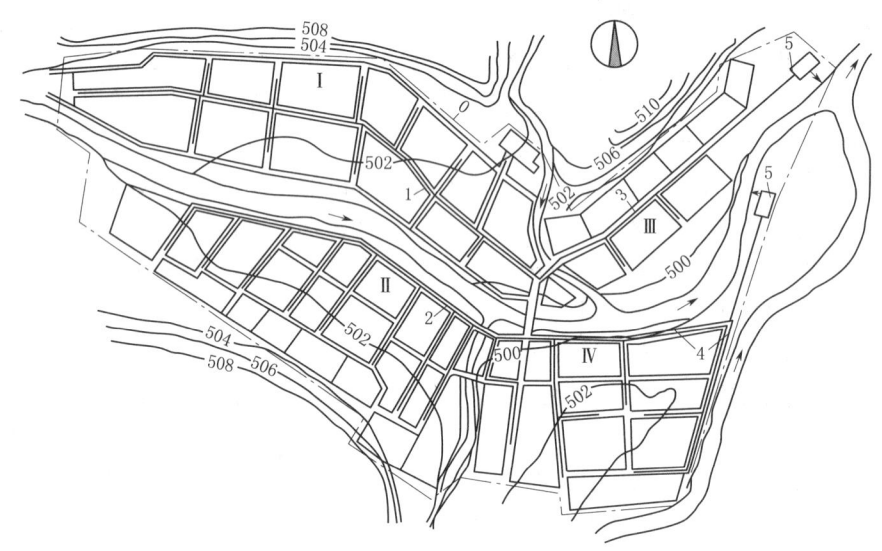

图 6.2 某城镇污水排水系统平面布置图
0—排水区界；Ⅰ、Ⅱ、Ⅲ、Ⅳ—排水流域编号；
1、2、3、4—各排水流域干管；5—污水处理厂

2. 排水管道的定线

在城镇的总平面图上确定排水管道的位置和走向，称排水管道系统的定线，是排水管道系统设计的重要环节。管道定线一般按主干管、干管、支管顺序依次进行。

（1）排水管道定线原则。定线应遵循的主要原则是：应尽可能地在管线较短和埋深较小的情况下，让最大区域的所需排除水能自流排出。为了实现这一原则，在定线时必须很好地研究各种条件，使拟定的路线能因地制宜地利用其有利因素而避免不利因素。

（2）排水管道定线影响因素。排水管道定线时通常考虑以下几个因素：地形和用地布局、排水体制和线路数目、污水处理厂和出水口位置、水文地质条件、道路宽度、地下管线及构筑物的位置、工业企业和产生大量污水的建筑物的分布情况。

1）地形和用地布局。在一定条件下，地形一般是影响管道定线的主要因素。定线时应充分利用地形，结合用地布局，使管道走向符合地形趋势，一般宜顺坡排水。

在排水区域内地势较低的地方（如集水线或河岸低处）敷设主干管和干管，以便支管的排水自流接入，横支管的坡度尽可能与地面坡度一致。

在地形平坦地区，应避免小流量的横支管长距离平行于等高线敷设，让其尽早接入干管。宜使干管与等高线垂直，主干管与等高线平行敷设。由于主干管管径较大，保持最小流速所需要的坡度小，其走向与等高线平行是合理的。

当地形坡度很大时，主干管与等高线垂直，干管与等高线平行。这种布置虽然主干管坡度较大，但是可设置为数不多的跌水井，使干管的水利条件得到改善。有时候，由于地形的原因还可以布置几个独立的排水系统。

当管道埋深增加超过一定限值时，需设排水泵站，但会增加基建投资和管理费用。如不建泵站则会导致管道埋深增加过多，造价高且施工困难。因此管道定线时需做方案比较，使之既能尽量减少泵站数量又能减少埋深。

2）排水体制和线路数目。采用何种排水体制也影响管道定线。分流制排水系统通常有两个或更多的管道系统，它们在平面和高程上要相互协调。合流制排水系统要确定截留干管和溢流井的正确位置。混合制排水系统要考虑两种体制的管道如何连接。

3）污水处理厂和出水口位置。排水主干管的走向和数目取决于污水处理厂与出水口的位置。在城镇较大或地形复杂的地方，可能需要建立多个污水处理厂分别处理和利用污水，这就需要敷设多条主干管。在城镇较小或地形倾向一方，通常只需要建设一个污水处理厂和一条主干管。如果相邻城镇联合建造区域污水处理厂，则需要建造相应的区域污水管道系统。

4）水文地质条件与地下管线及构筑物的位置。管道定线还要考虑地质状况、地下构筑物和其他障碍物的影响。应将管道，特别是主干管，布置在坚实的土壤里，尽量避免或减少管道穿过高地、基岩裸露地带或土质差的地方。也应尽量避免或减少与河流、山谷、铁路和各种地下构筑物的交叉。这样可以降低建设成本、缩短工期并减小日后维护工作的难度。如果管道必须通过高地，可以采用隧道或设置提升泵站；如须通过土质不好的地段，可以根据具体情况采取相应的处理措施，以保证地基和基础足够的承载力。当排水管道不能避开铁路、河流、地铁或其他地下构筑物时，管道最好垂直穿越障碍物，并根据具体情况采用倒虹管、管桥或其他工程设施。

5）街道宽度和交通情况等。街道宽度和交通情况也会影响管道的定线。污水干管一般不宜敷设在狭窄而拥挤的街道下。若街道宽度超过40m，为了减少连接支管的数目和减少与其他地下管线的交叉，可考虑设置两条平行的污水管道。

为了增大上游干管的直径、减小敷设坡度，从而能减少整个管道系统的埋深，将产生大流量污水的工厂或公共建筑物的污水排出口接入污水干管起端是有利的。

3. 污水管道的平面布置

（1）干管布置形式。排水系统的平面布置随着地形、竖向规划、污水处理厂位置、土壤条件、河流情况及污水种类和污染程度等因素而定，并应与源头减排设施和排涝除险设施的设计相协调。其中以城镇地形为主要考虑因素排水干管布置形式，如图6.3所示，有以下几种。

1) 正交式布置。在地势向河流适当倾斜的地区,可以使各排水流域的干管以最短距离与水体垂直相交,称为正交式布置。该布置干管的长度短、管径小、排水迅速、造价低。但从环保方面考虑,仅适用于雨水排水系统。

2) 截流式布置。在正交布置的基础上,沿河岸再敷设主干管将各流域干管的污水截流送至污水处理厂,称为截流式布置。该布置适用于分流制中的污水排水系统。

3) 平行式布置。在地势向河流有较大倾斜的地区,为了避免干管坡度和管内流速过大,使干管受到严重的冲刷,可使用平行式布置,即将干管与等高线、河道保持基本平行,将主干管与等高线、河道成一定斜角敷设。

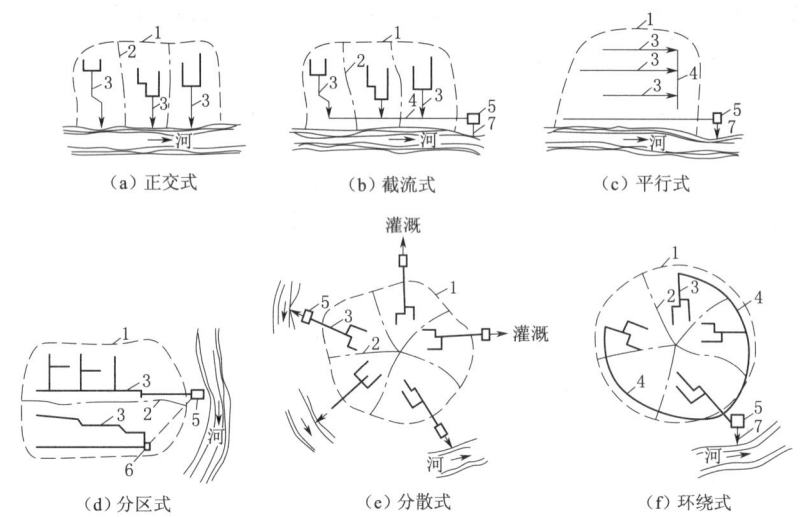

图 6.3 排水干管布置形式图
1—城市边界;2—排水流域分界线;3—干管;4—主干管;
5—污水处理厂;6—污水泵站;7—出水口

4) 分区式布置。在地势高差很大的地区,可采用分区式布置。分别在高地区和低地区敷设独立管道系统,高区污水自流进入污水处理厂,低区污水用水泵提升至污水处理厂。其优点是充分利用地形,节省电力。

5) 分散式布置。当城镇中央地势高、地势向周围倾斜,或城镇周围有河流时,可将各排水流域干管采用辐射状分散布置,各排水流域有独立排水系统,称为采用分散式布置。其优点是干管长度短、管径小、管道埋深浅、便于灌溉等,但可能需要建造多个污水处理厂。

6) 环绕式布置。在分散式布置的基础上,沿四周敷设截流主干管,将各排水流域的污水截流至污水处理厂进行处理,称为环绕式布置。适用于水厂用地不足、节省水厂基建投资及运行管理费用的情况。

(2) 支管平面布置形式。污水支管的平面布置取决于地形及街小区建筑特征,并应便于用户接管排水。如图 6.4 所示,污水支管平面布置一般有以下几种。

1) 低边式布置。当小区面积不大,污水通过小区主干管集中排出时,支管应敷设在小区较低侧的道路下,称为低边式布置。

2) 围坊式布置。当小区面积较大且地形平坦时,宜敷设在小区四周街道下,构成围坊式布置。

3）穿坊式布置。有些情况下，也可使某小区的污水管道穿过另一小区，并与被穿小区的污水管道相连接，称为穿坊式布置。

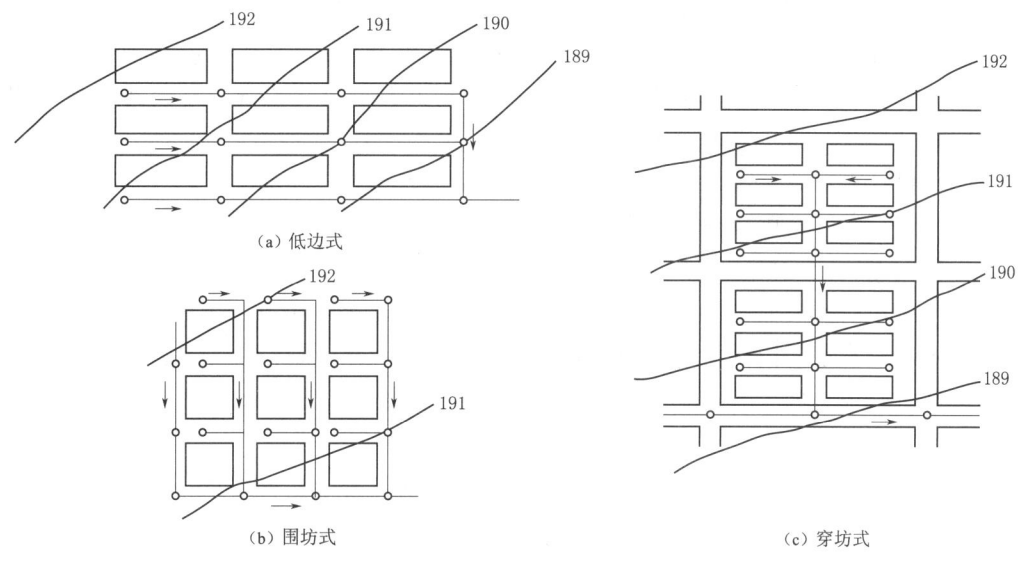

图 6.4 污水支管平面布置图

6.2 污水管道系统设计

污水管道系统是收集和输送城镇污水的管道及其附属构筑物。它的设计依据是批准的城镇总体规划和排水系统总体规划。污水管道系统设计的主要内容包括：

（1）设计资料的调查和设计方案的确定，包括排水体制的选择、排水系统的布置形式。

（2）污水管道系统设计流量计算与水力计算。

（3）污水管道系统附属构筑物的设计计算。

（4）污水管道在街道横断面上位置的确定。

（5）绘制污水管道系统平面图和纵剖面图。

6.2.1 污水设计流量的确定

污水管道系统的设计流量是指污水管道及其附属构筑物能保证通过的污水最大流量。常采用最高日最高时流量作为污水管道系统的设计流量。进行污水系统设计时应包含旱季设计流量和雨季设计流量。其中旱季设计流量主要包含综合生活污水和工业废水两大部分。

1. 综合生活污水设计流量

$$Q_1 = \frac{nNK_z}{24 \times 3600} \tag{6.1}$$

式中 Q_1——综合生活污水量设计流量，L/s；
　　n——综合生活污水定额，L/(人·d)；
　　N——设计人口数，人；
　　K_z——综合生活污水量变化系数。

(1) 综合生活污水定额。综合生活污水定额是居民生活污水和公共建筑排出污水两部分的总和。应根据当地采用的用水定额（平均日），结合建筑内部给排水设施水平确定，根据规范可按当地用水定额的90%采用。

(2) 设计人口数。设计人口数指污水排水系统设计期限终期的规划人口数，在计算时常用人口密度与服务面积相乘得到。

人口密度表示人口的分布情况，是指单位面积上的人口数，以人/hm²表示。若人口密度所用的地区面积包括街道、公园、运动场、水体等在内，称总人口密度。若所用的面积只是街区内的建筑面积，称街区人口密度。在规划初步设计时，使用总人口密度进行污水量的计算；而在技术设计或施工图设计时，一般采用街区人口密度计算。

(3) 综合生活污水量总变化系数。由于综合生活污水定额是平均日值，设计人口数与其乘积所得为污水平均日流量。污水管道设计管径要根据最高日最高时污水流量确定，因此需采用综合生活污水量总变化系数。

一般情况下，流入污水管道的污水量时刻都在变化。污水量的变化程度通常用变化系数表示，变化系数分为：

日变化系数（K_d）——最高日污水量与平均日污水量的比值；
时变化系数（K_h）——最高日最高时污水量与最高日平均时污水量的比值；
总变化系数（K_z）——最高日最高时污水量与平均日平均时污水量的比值。

$$K_z = K_d \cdot K_h \tag{6.2}$$

1) 根据我国现行《室外排水设计标准》（GB 50014—2021），在设计时如无实际测定资料可直接采用经验数值表，见表6.1。

表 6.1　　　　　　　　综合生活污水量变化系数

污水平均日流量/(L/s)	5	15	40	70	100	200	500	≥1000
变化系数	2.7	2.4	2.1	2.0	1.9	1.8	1.6	1.5

注　当污水平均日流量为中间数值时，变化系数可用内插法求得。

2) 我国在多年观测资料的基础上，经过综合分析归纳，总结出了总变化系数与平均流量之间的经验关系式，即

$$K_z = \frac{2.7}{Q_d^{0.11}} \tag{6.3}$$

式中　Q_d——污水平均日流量，L/s。当$Q_d < 5$L/s，$K_z = 2.3$。

实际上，污水流量的变化随着人口数和污水量定额的变化而变化。若污水量定额一定，流量的变化幅度随人口数的增加而减小；若人口数一定，流量的变化幅度随污水量定额的增加而减小。即平均流量越大，则总变化系数越小。

2. 工业废水设计流量

（1）生产污（废）水设计流量。

生产污（废）水指在生产过程中产生的废水，按式（6.4）计算：

$$Q_2 = \frac{mMK_z}{3600T} \quad (6.4)$$

式中 Q_2——生产污（废）水设计流量，L/s；

m——生产过程中每单位产品的废水量定额，L/单位产品；

M——产品的平均日产量，单位产品/d；

T——每日生产时数，h；

K_z——总变化系数。

1）生产污（废）水量定额。生产（污）废水量定额是指生产单位产品或加工单位数量原料所排出的平均废水量。它是通过实测现有车间的废水量而求得，在设计新建工业企业的排水系统时，可参考与其生产工艺相似的已有工业企业的排水资料来确定。生产废水量定额取决于产品种类、生产工艺、单位产品用水量以及给水方式等因素。

2）工业废水总变化系数。生产废水量的变化取决于工业企业的性质、生产工艺和其他具体情况一般情况下，生产废水量的日变化不大，其日变化系数可取为1；而时变化系数则可通过实测废水量最大一天的每小时流量进行计算确定。如无实测资料可参考表6.2不同工业种类的经验数值。

表6.2　　　　　　　　　　　工业废水总变化系数表

工业种类	冶金	化工	纺织	食品	皮革	造纸
总变化系数 K_z	1.0~1.1	1.3~1.5	1.5~2.0	1.5~2.0	1.5~2.0	1.3~1.8

（2）工业企业生活污水和淋浴污水设计流量 Q_3。工业企业的生活污水和淋浴污水主要来自生产区的食堂、卫生间、浴室等。其设计流量的大小与工业企业的性质、污染程度、卫生要求有关。一般按式（6.5）进行计算：

$$Q_3 = \frac{A_1 B_1 K_1 + A_2 B_2 K_2}{3600T} + \frac{C_1 D_1 + C_2 D_2}{3600} \quad (6.5)$$

式中 Q_3——工业企业生活污水和淋浴污水设计流量，L/s；

A_1——一般车间最大班职工人数，人；

B_1——一般车间职工生活污水定额，以25L/（人·班）计；

K_1——一般车间生活污水量时变化系数，一般车间采用3.0；

A_2——热车间和污染严重车间最大班职工人数，人；

B_2——热车间和污染严重车间职工生活污水量定额，以35L/（人·班）计；

K_2——热车间和污染严重车间生活污水量时变化系数，以2.5计；

C_1——一般车间最大班使用淋浴的职工人数,人;

D_1——一般车间的淋浴污水量定额,以 40L/(人·班)计;

C_2——热车间和污染严重车间最大班使用淋浴的职工人数,人;

D_2——热车间和污染严重车间的淋浴污水量定额,以 60L/(人·班)计;

T——每工作班工作时数,h。

3. 地下水渗入量

在地下水位较高地区,因当地土质、管道及接口材料和施工质量等因素的影响,一般均存在地下水渗入现象,设计污水管道系统时宜适当考虑地下水渗入量。地下水渗入量一般可按设计污水量的 10%～20%计算。

4. 污水管道系统设计总流量

污水系统的设计流量计算应按式(6.6)进行:

$$Q = Q_1 + Q_2 + Q_3 + Q_4 \tag{6.6}$$

式中 Q——污水设计流量,L/s;

Q_4——入渗地下水量,L/s。

其他符号同上。

6.2.2 污水管段设计流量计算

在污水的收集和输送过程中,污水管道的流量从管网的起始端到末端不断地增加,管道的直径也随之不断加大。在设计计算时,一般将管道系统中流量和管道敷设坡度不变的一段管道作为一个设计管段,将该管段上游端汇入的污水流量和该管段收集的污水量作为管段的输水流量,称为管段设计流量。每个设计管段的上游端和下游端称为污水管网的节点。污水管网节点处一般设有检查井,但并不是所有检查井处均为节点。如果检查井未发生跌水,且连接的管道流量和坡度均保持不变,则该检查井可不作为节点,即管段上可以包括多个检查井。

1. 设计管段及其划分

两个检查井之间的管段采用的设计流量不变,且采用同样的管径和坡度,称它为设计管段。但在划分设计管段时,为了简化计算,不需要把每个检查都作为设计管段的起止点。因为在直线管段上,为了疏通管道,需在一定距离处设置检查井。估计可以采用同样管径和坡度的连续管段,就可以划作一个设计管段。根据管道平面布置图,凡有集中流量进入,有旁侧管道接入的检查井均可作为设计管段的起止点。设计管段的起止点应依次编上号码,如图 6.5 所示,然后即可计算每一设计管段的设计流量。

2. 设计管段的设计流量确定

每一设计管段的污水设计流量可能包括本段流量、集中流量和转输流量三种。

(1) 本段流量 q_1。本段流量是指从本管段沿线街坊流来的污水量,是沿管线长度变化的,即从设计管道起点开始到末端流量在逐渐增大。为了计算的方便,通常假定本段流量是在设计管段起点检查井集中进入设计管段的。一般用式(6.7)计算:

$$q_1 = F q_s K_z \tag{6.7}$$

式中　q_1——设计管段的本段流量，L/s；
　　　F——设计管段服务的街坊面积，hm^2；
　　　K_z——综合生活污水量总变化系数；
　　　q_s——综合生活污水比流量，$L/(s·hm^2)$。

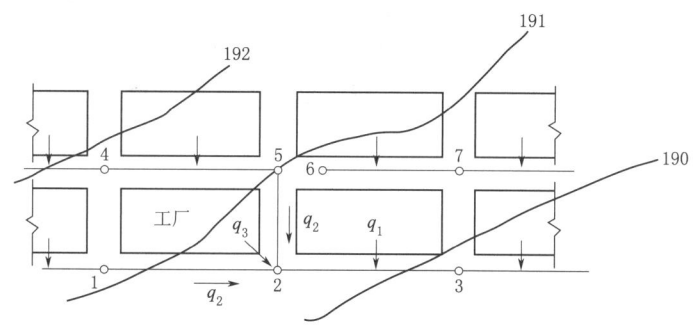

图 6.5　设计管段划分示意图

综合生活污水比流量是指从单位面积上排出的平均日综合生活污水量，可采用式（6.8）计算：

$$q_s = \frac{n\rho}{24 \times 3600} \tag{6.8}$$

式中　n——综合生活污水定额（平均日），L/(人·d)；
　　　ρ——人口密度，人/hm^2。

（2）转输流量 q_2。转输流量是指从上游管段和旁侧管段流来的污水量。它对某一设计管段而言，是不发生变化的，但不同的设计管段，可能有不同的转输流量。该流量从设计管段起点进入管道。

（3）集中流量 q_3。集中流量是指工业企业或大型公共设施等大用户的污水量。对某一设计管而言，它不发生变化。集中流量从起点进入设计管段。

3. 设计管段设计流量计算步骤

（1）比流量 q_s（单位面积上的平均日综合生活污水流量）的计算。

（2）计管段的综合生活污水平均日流量（含本段流量与转输流量）计算：

$$Q_平 = q_s F \tag{6.9}$$

用 $Q_平$ 计算出对应的综合生活污水量总变化系数 K_z 值。

（3）设计管段污水设计流量的计算：

$$Q = K_z Q_平 + q_3 \tag{6.10}$$

6.2.3　污水管道的水力计算

6.2.3.1　污水管道中污水流动的特点

（1）污水在管道内依靠管道两端的水面高差从高处流向低处，属于重力流，管道内不承受压力。

（2）污水中含少量悬浮物，可认为污水的流动仍遵循一般流体流动的规律，设计时按水力学公式计算。

(3) 管道内污水水流的流速随时都在变化，但在直线管段上，当流量没有很大变化且无沉淀物时，设计时可认为污水的流动接近均匀流。因此在设计与施工中应注意改善管道水流量条件，尽可能使水流接近均匀流。

6.2.3.2 污水管道水力计算的设计参数

由水力计算公式可知，设计流量与设计流速及过水断面积有关，而流速则是管壁粗糙系数、水力半径和水力坡度的函数。为了保证污水管道的正常运行，在《室外排水设计标准》（GB 50014—2021）中对这些因素综合考虑，提出了水力计算的控制参数，在污水管道进行水力计算时应予以遵守。

1. 设计充满度

设计充满度是指设计流量下，污水在管道中的有效水深 h 与管道直径 D 的比值 (h/D)，它表示污水在管道中的充满程度。当 $h/D=1$ 时称为满流；$h/D<1$ 时称为不满流。

污水管道按非满流设计，最大充满度应满足表 6.3 规定。

表 6.3 最大设计充满度表

管径（D）或渠高（H）/mm	最大设计充满度（h/D）或（h/H）
200～300	0.55
350～450	0.65
500～900	0.70
>1000	0.75

注 在计算污水管道充满度时，不包括短时突然增加的污水量，但当管径小于或等于 300mm 时，应按满流复核。

这样规定的原因如下。

（1）污水流量时刻在变化，很难精确计算，而且雨水或地下水可能通过检查井盖上的孔口或管道接口渗入污水管道。因此，有必要预留一部分管道断面，为未预见水量的增长留出空间，避免污水溢出影响环境卫生。

（2）污水管道内沉积的污泥可能分解析出一些有害气体（如 CH_4、H_2S 等）。此外，污水中如含有汽油、苯、石油等易燃液体，可能产生爆炸性气体。故需留出适当的空间，以利管道的通风，及时排除有害气体及易爆气体。

（3）便于管道的清通和养护管理。

2. 设计流速

设计流速是指与设计流量和设计充满度相应地污水平均流速。污水在管内流动缓慢时，水中杂质容易下沉产生淤积；而污水流动较快时，管道内可能产生冲刷现象，甚至损坏管道。为防止淤积或冲刷现象，污水管道的设计流速应在最小设计流速和最大设计流速范围内。

最小设计流速是保证管道内不发生淤积的流速，与污水中所含杂质有关；污水管道在设计充满度下的最小设计流速应为 0.6m/s，含有金属、矿物固体或重油杂质等的污水管道最小设计流速宜适当加大。当设计流速不满足最小设计流速时，应增设防淤积或清淤措施。

最大设计流速是保证管道不被冲刷破坏的流速,与管道材料有关;金属管道的最大设计流速为 10m/s,非金属管道的最大流速为 5m/s。

3. 最小设计坡度

在进行污水管道设计时,管道设计坡度通常与地面坡度保持基本一致,为防止淤积现象,管道设计流速应满足最小流速的要求。这在地势平坦或管道逆坡敷设的地区更需重视。将相应于管道内流速为最小设计流速时的管道坡度称为最小设计坡度。最小设计坡度是保证不发生淤积时的坡度。

管径相同的管道,因充满度不同,其最小坡度也不同。当在给定设计充满度条件下,管径越大,相应最小设计坡度就越小。

我国《室外排水设计标准》(GB 50014—2021)规定最小管径 300mm 时,污水管相应最小设计坡度为 0.003。其余常用管径的最小设计坡度可参考表 6.4。

表 6.4　　　　　　　　　　最小管径和相应最小设计坡度

管道类别	最小管径/mm	相应最小设计坡度
污水管、合流管	300	0.003
雨水管	300	塑料管 0.002,其他管 0.003
雨水口连接管	200	0.010
压力输泥管	150	—
重力输泥管	200	0.010

4. 最小管径

一般在污水管道系统的上游部分,污水设计流量很小,若根据设计流量计算,则管径会很小。根据养护经验证明,管径过小极易堵塞,会增加管道清通次数。此外采用较大管径,坡度可选小,以减少管道埋深和降低工程造价。因此,常规定一个允许的最小管径。最新规范规定:污水管道的最小管径为 300mm。

在进行污水管道水力计算时,由于上游管段服务排水面积小,所得流量也小,按该流量计算得出管径若小于最小管径,应直接采用最小管径值。将设计管段的设计流量小于其在最小管径、最小设计流速和最大设计充满度条件下管道通过的流量,则这样的管段称为不计算管段。设计时不再进行水力计算,直接采用最小管径与相应最小坡度。

6.2.3.3 污水管道的埋设深度

如图 6.6 所示,管道埋设深度有两个意义。

(1) 覆土厚度,是指管道外壁顶部到地面的距离。

(2) 埋设深度,是指管道内壁底部到地面的距离。

为降低工程造价、缩短工期,管道的埋设深度要求越小越好。但管道的埋设深度不能过小,其覆土厚度应有一个最小的限值,该最小限值称为最小覆土厚度,一般应满足以下三个因素的要求。

1. 防止管道内污水冰冻和土壤膨胀而损坏管道

冰冻层内污水管道埋设深度或覆土厚度与流量、水

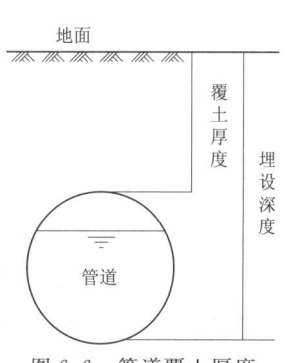

图 6.6 管道覆土厚度和埋设深度示意图

文、水流情况、敷设位置等因素有关。污水一般水温较高,在冬季也不低于4℃。同时管道按一定坡度敷设后污水具有一定流速,因此污水在管道内不易冰冻,管道周围土壤也不易冰冻。就没有必要将整个污水管道埋设在冰冻线之下,但全部埋设于冰冻线之上可能会由于浅层土壤冰冻膨胀而损坏管道基础和管道。

《室外排水设计标准》(GB 50014—2021)规定,冰冻地区的排水管道宜埋设在冰冻线以下。当该地区或条件相似地区有浅埋经验或采取相应措施时,也可埋设在冰冻线以上,其浅埋数值应根据该地区经验确定,但应保证排水管道安全运行。

2. 防止管壁因地面荷载而受到破坏

埋设在地面下的污水管道承受着覆盖在其上的土壤静荷载和地面上车辆运行造成的动荷载。为防止管壁在这些荷载作用下被损坏,除选用合适管材提高强度外,还必须保证管道有一定的覆土厚度。《室外排水设计标准》(GB 50014—2021)规定,在车行道下,污水管道最小覆土厚度宜为 0.7m;在人行道下,污水管道最小覆土厚度宜为 0.6m。当不能执行上述规定时,应对管道采取加固措施。

3. 满足街区污水连接管衔接要求

为了让城镇住宅和公共建筑的污水能够顺利流入街道污水管网,就要求街道污水管网的起点的埋设深度大于或等于街坊的污水干管终点的埋深。同时,街坊的污水支管的起点埋深要大于或等于建筑物的污水出户管埋深。这对于确定气候温暖又地势平坦地区的街道污水管网的起点埋深或覆盖厚度是很重要的。考虑到安装的技术要求,如图 6.7 所

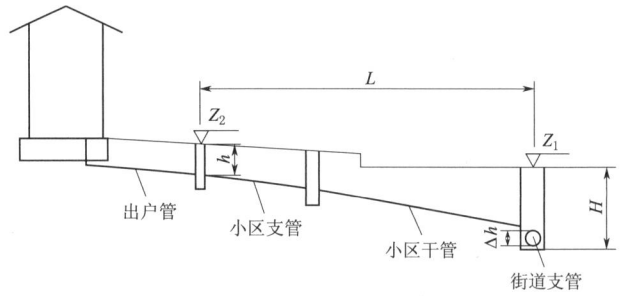

图 6.7 街道污水支管起端埋深

示,为了保证建筑物一楼的卫生设施的污水能够顺利排出,其出户管的最小埋深一般采用 0.5~0.6m,所以小区的污水支管的起点的最小埋深至少是 0.6~0.7m。据街坊污水支管起点最小埋深,可按式(6.11)推求出街道污水支管起端的最小埋深:

$$H = h + iL + Z_1 - Z_2 + \Delta h \tag{6.11}$$

式中 H ——街道污水支管起点的最小埋深,m;

h ——小区污水支管起点的最小埋深,m;

i ——小区污水干管和支管的坡度;

L ——小区污水干管和支管的总长度,m;

Z_1 ——街道污水支管起点检查井处地面标高,m;

Z_2 ——小区污水支管起点检查井处地面标高,m;

Δh ——街坊干管与街道污水支管的管内底标高差,m。

对每一个具体管道,根据上述三个不同的因素可得到三个不同的管道埋深或管顶覆土厚度值,这三个数值中的最大值就是该管道的最小覆土厚度或最小埋设深度。

此外，还应考虑最大埋深问题。污水管道是利用重力从高处向低处流动的。如果管道的坡度比地面的坡度大，那么管道的埋深就会越来越大，特别是在地势平坦的地区。埋深越大，就意味着造价越高、施工时间越长。管道埋深允许的最大值称为最大允许埋深。这个值应该根据技术经济指标和施工方法来确定，一般情况下，在干燥的土壤中，最大埋深不超过7m；在多水、流沙和石灰岩地层中，一般不超过5m。

6.2.3.4 控制点和泵站设置地点确定

在污水排水区域，有些地点的管道埋深会对管道系统的埋深起控制作用，称为控制点。比如，很多管道的起点就是该管道的控制点。离出水口最远的控制点，一般就是整个系统的控制点。具有相当深度的工厂排除口或有些低洼地区的管道起点，也可能成为整个管道系统的控制点。这些控制点的埋深，影响了整个污水管道系统的埋深。

在确定控制点的标高时，一方面要根据城镇的竖向规划，保证排水区域内的污水都能排出，并且考虑未来发展，在埋深上留一些余量。另一方面，不能因为照顾个别控制点而增加整个管道系统的埋深。对此，通常可以采取一些措施，比如，提高管材的强度；填土以保证最小的覆土厚度；设置泵站提高管位等，从而减小控制点管道和整个管道系统的埋深，降低工程造价。

在排水管道系统中有时需设一些泵站，来解决地形条件等因素的影响，如图6.8所示。当管道埋深接近最大埋深时，为提高下游管道的管位可设中途泵站。若将地势较低区域的污水抽到附近的管道系统中，可设局部泵站。将污水管道系统终点的污水抽到污水处理厂的第一个处理构筑物中所设泵站称为终点泵站或总泵站。泵站的具体位置应该考虑环境卫生、地质、电源和施工条件等因素，并且应该征求规划环保、城建等部门的意见。

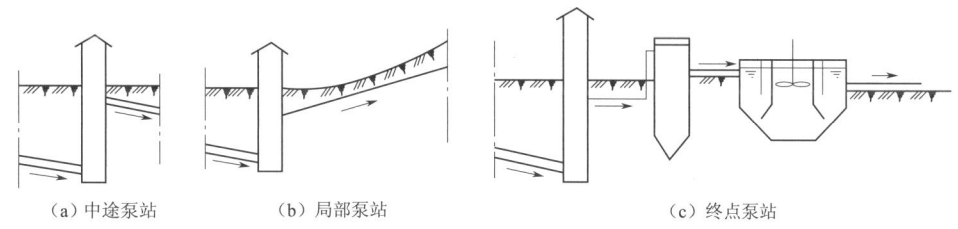

(a) 中途泵站　　　　(b) 局部泵站　　　　(c) 终点泵站

图6.8　污水泵站的设置地点

6.2.3.5　污水管道的衔接

污水管道在管径、坡度、高程、方向发生变化及支管接入的地方都需设置检查井。设计时必须考虑检查井内上下游管道衔接时的高程关系。管道衔接时应遵循以下两个原则。

(1) 尽可能提高下游管道的高程，以减小管道的埋深，降低造价。

(2) 避免在上游管段中形成回水而造成淤积。

污水管道衔接的方法，通常有水面平接和管顶平接两种，如图6.9所示。

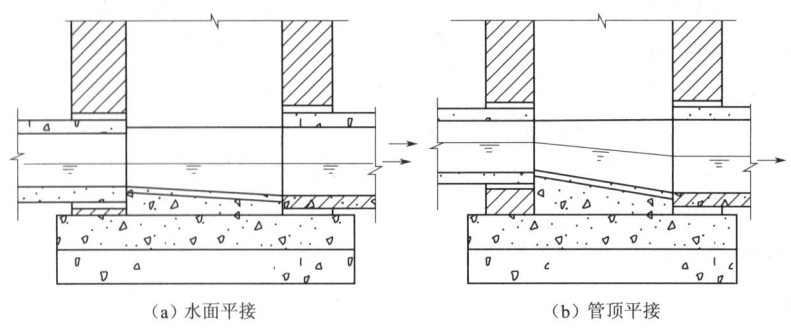

(a) 水面平接 (b) 管顶平接

图 6.9 污水管道的衔接

水面平接是使污水管道上游管段终端与下游管段起端的水面标高相同，一般用于上下游管径相同的污水管道的衔接。由于上游管段中的水面变化较大，水面平接时在上游管段内的实际水面标高可能低于下游管段的实际水面标高，因此，在上游管段中容易形成回水。

管顶平接是使上游管段终端和下游管段起端的管内顶标高相同，一般用于上下游管径不同的污水管道衔接。可以避免在上游管段中产生回水，但会增加下游管段的埋设深度，不适用于地势平坦的城镇或埋设深度较大的管道。

无论采用哪种衔接方法，下游管段起端的水面标高和管内底标高都不得高于上游管段终端的水面标高与管内底标高。

此外当管道敷设时地面坡度很大时，实际采用管道设计坡度会小于地面坡度。为了保证下游管道最小覆土厚度和减少上游管道埋深，可适当采用跌水链接，如图 6.10 所示。

6.2.3.6 污水管道水力计算的方法

设计管段的设计流量确定后，需充分考虑设计参数要求，进一步确定管道的管径、敷设

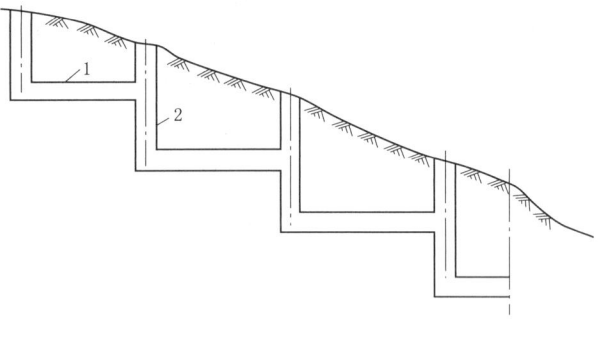

图 6.10 管段跌水连接
1—管段；2—跌水井

坡度。所确定的管道直径，必须在规定的设计充满度和设计流速情况下，能够排泄设计流量。管道敷设坡度应参照地面坡度和最小设计坡度规定来确定。要使管道坡度尽可能与地面坡度平行敷设，以减小管道埋深，同时也必须满足最小设计坡度的规定，以免流速不满足最小设计流速而产生淤积。管道敷设坡度也不应过大而导致管壁受到冲刷。

在具体水力计算中，已知管段设计流量 Q 及管道粗糙系数 n，需求管径 D、充满度 h/D、水力坡度 i、流速 v，直接采用水力计算的基本公式计算极为复杂。为

了简化计算，采用水力计算图（见附录）。通常已知设计管段的设计流量 Q，可参考对应地面坡度来确定管道敷设坡度 i，同时要控制流速 v、设计充满度在规定范围内。

【例 6.1】 已知 $n=0.014$、$D=300\text{mm}$、$i=0.004$、$Q=30\text{L/s}$。求 v 和 h/D。

解： 采用 $D=300\text{mm}$ 的水力计算图。

在这张图上有 4 组线条：竖线条表示流量，横线条表示水力坡度，从左向右下倾的斜线表示流速，从右向左下倾的斜线表示充满度。每条线上的数目字代表相应数量的值。

先在纵轴上找到 0.004，从而找出代表 $i=0.004$ 的横线。从横轴上找出代表 $Q=30\text{L/s}$ 的那条竖线，两条线相交得一点。这一点落在代表流速 v 为 0.8m/s 与 0.85m/s 两条斜线之间，估计 $v=0.82\text{m/s}$；落在 $h/D=0.5$ 与 0.55 两条斜线之间，估计 $h/D=0.52$。

6.2.3.7 污水管道的水力计算步骤

【例 6.2】 某城镇一个小区的平面图，小区街坊人口密度为 400 人/hm²，平均综合生活用水量定额为 120L/(人·d)。工厂的工业废水（包括从各车间排出的生活污水和淋浴污水）设计流量为 25L/s。工业废水经局部处理后与生活污水一起由污水管道全部送至污水处理厂经处理后再排放。工厂工业废水排出口的埋深为 2m，试进行该小区污水管道系统的设计。

设计方法和步骤如下。

1. 在小区平面图上布置污水管道

该小区地势自北向南倾斜，坡度较小，没有明显分水线，可划分为一个排水流域。排水管道系统应按截流式形式布置，如图 6.11 所示。

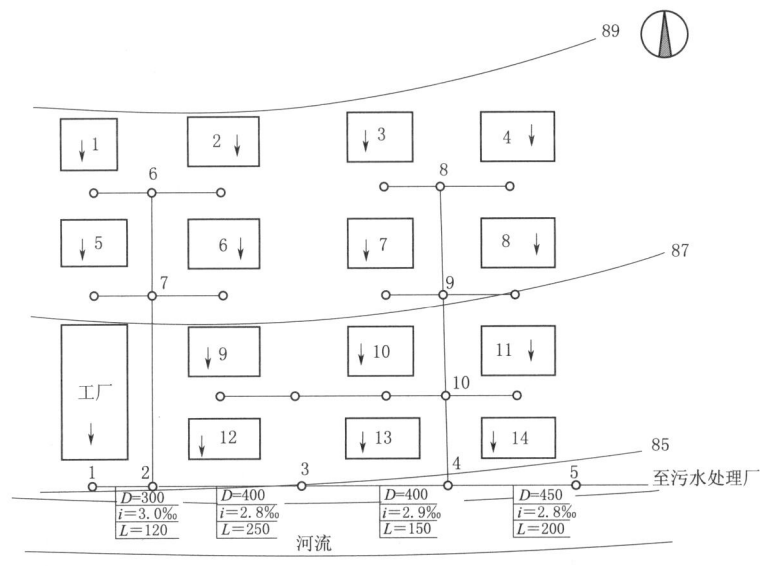

图 6.11 某建筑小区污水管道平面布置图

2. 街坊编号并计算面积

将小区各街坊面积进行编号并计算面积,列入表6.5中,用箭头标出各街坊污水排出方向。

表6.5 各街坊面积汇总

街坊编号	1	2	3	4	5	6	7
街坊面积/hm²	1.20	1.50	2.10	1.80	2.00	1.90	1.35
街坊编号	8	9	10	11	12	13	14
街坊面积/hm²	2.05	1.85	2.00	2.20	2.20	1.25	2.25

3. 划分设计管段,计算设计流量

根据设计管段的定义和划分方法,将各干管和主干管中有本段流量进入的点(一般定为街坊两端)、有集中流量进入及有旁侧支管接入的点,作为设计管段的起止点的检查井并将该点的检查井编上号码,如图6.11所示。

各设计管段的设计流量应列表进行计算。在初步设计中只计算干管和主干管的设计流量,见表6.6。

表6.6 污水干管和主干管设计流量计算

管段编号	居住区生活污水量(综合生活污水量)								集中流量 q_3		设计流量 /(L/s)
	本段流量 q_1				转输流量 q_2/(L/s)	合计平均流量 /(L/s)	总变化系数 K_z	生活污水设计流量 /(L/s)	本段 /(L/s)	转输 /(L/s)	
	街坊编号	街坊面积 /hm²	比流量 q_s/[L/(s·hm²)]	流量 q_1 /(L/s)							
1	2	3	4	5	6	7	8.00	9.00	10	11	12.00
1~2	—	—	—	—	—	—	—	—	25		25
6~7	—	—	—	—	1.35	1.35	2.3	3.11	—	—	3.11
7~2	—	—	—	—	3.3	3.3	2.2	7.26	—	—	7.26
2~3	12	2.2	0.5	1.1	3.3	4.4	2.3	10.12	—	—	35.12
3~4	13	1.25	0.5	0.63	4.4	5.03	2.1	10.55	—	25	35.55
8~9	—	—	—	—	1.95	1.95	2.2	4.29	—	25	4.29
9~10	—	—	—	—	3.65	1.7	2.3	3.91	—	—	3.91
10~4	—	—	—	—	6.68	6.68	2.1	14.02	—	—	14.02
4~5	14	2.25	0.5	1.13	11.7	12.83	2.0	25.65	—	25	50.65

(1) 计算比流量。本例居住区人口密度为400人/hm²,平均综合生活用水量定额为120L/(人·d)。查规范后综合生活污水量定额取综合生活用水量定额的90%。于是综合生活污水量定额为120×90%=108L/(人·d),则综合生活污水比流量为

$$q_s = \frac{108 \times 400}{86400} = 0.500 \text{L/(s} \cdot \text{hm}^2) \quad (6.12)$$

（2）计算设计流量。设计管段 1~2 为主干管的起始管段，只有集中流量（工厂经局部处理后排出的工业废水）25L/s 流入，故其设计流量为 25L/s。

设计管段 2~3 除转输管段 1~2 集中流量 25L/s 外，还有本段流量 q_1 和转输流量 q_2 流入。2~3 管段本段接纳街坊 12 的污水，其街坊面积为 2.20hm²（表 6.5），故本段平均流为 $q_1 = q_s \cdot F = 0.500 \times 2.20 = 1.10$L/s。转输流量 q_2 是从旁侧管段 6~7~2 流来的生活污水平均流量，其值为 $q_2 = q_s \cdot F = 0.500 \times (1.20 + 1.50 + 2.00 + 1.90) = 3.30$L/s。设计管段 2~3 的合计平均流量为 $q_1 + q_2 = 1.10 + 3.30 = 4.40$L/s<5L/s，得 $K_z = 2.3$，故该管段的综合生活污水设计流量为 $Q_1 = (q_1 + q_2) \times 2.3 = 10.12$L/s，总设计流量为综合生活污水设计流量与集中流量之和，即 $Q = 10.12 + 25.00 = 35.12$L/s。

其余各管道设计流量的计算方法与上述方法相同。

4. 水力计算

各设计管段的设计流量确定后，即可从上游管段开始依次进行各设计管段的水力计算，先进行污水干管的水力计算，在污水干管水力计算的基础上再进行污水主干管的水力计算。污水主干管的计算结果如表 6.7 所示。

表 6.7 污水主干管水力计算

管段编号	管道长度 L/m	设计流量 Q(L/s)	管径 D/mm	坡度 i/‰	流速 v/(m/s)	充满度 h/D	充满度 h/m	降落量 iL/m
1	2	3	4	5	6	7	8	9
1~2	120	25.00	300	3.0	0.75	0.52	0.156	0.360
2~3	250	35.12	400	2.8	0.62	0.45	0.180	0.700
3~4	150	35.55	400	2.9	0.63	0.45	0.180	0.435
4~5	200	50.65	450	2.8	0.80	0.45	0.203	0.560

管段编号	标高/m 地面 上端	地面 下端	水面 上端	水面 下端	管内底 上端	管内底 下端	埋设深度/m 上端	下端
1	10	11	12	13	14	15	16	17
1~2	86.20	86.10	84.356	83.996	84.200	84.840	2.00	2.26
2~3	86.10	86.00	83.920	83.220	83.740	83.040	2.36	2.96
3~4	86.00	85.90	84.475	83.040	83.040	82.605	2.96	3.30
4~5	85.90	85.80	82.708	82.148	82.505	81.945	3.73	4.19

（1）从污水管道平面布置图上量出污水主干管每一设计管段的长度，填入表 6.7 中的第 2 项，将设计管段编号填入表 6.7 中的第 1 项。

（2）将各设计管段的设计流量填入表 6.7 中的第 3 项。设计管段起止点检查井处的地面标高填入第 10、11 项。

（3）计算每一设计管段的地面坡度，作为确定管道坡度时的参考值。例如，管段 1～2 的地面坡度为

$$\frac{86.2-86.1}{120}=0.0008$$

（4）根据设计管段 1～2 的设计流量，参照地面坡度估算管径，根据估算的管径查水力计算图得出设计流速、设计充满度和设计坡度。拟采用 $D=300$mm 的管道，查水力计算图，当 $Q=25.00$L/s 时，$v=0.75$m/s，$h/D=0.52$，$I=0.003$，均符合控制参数的规定，故采用此管道。将确定的管径、坡度、流速和充满度 4 个数据分别填入表 6.7 中第 4、5、6、7 列。

其余各设计管段的计算方法同上。

（5）根据管径和充满度求设计管段内的水深。如管段 1～2 的水深为 $h=Dh/D=0.3\times0.52=0.156$m，列入表 6.7 中第 8 项。

（6）根据设计管段的长度和管道设计坡度求降落量。如设计管段 1～2 的降落量为 $iL=0.003\times120=0.360$m，将其填入表 6.7 中的第 9 项。

（7）确定管道系统的控制点。本例中离污水厂最远点的有干管起点 6、8 点及工厂工业废水排出口 1 点，这些点都可能成为管道系统的控制点。6、8 点的埋设深度假定为 1.50m，由此计算出干管与主干管交会点处的最大埋设深度为 1.45m。而工厂工业废水排出口的埋设深度为 2.0m，因此对主干管埋设深度起决定作用的控制点为 1 点。

1 点是主干管的起始点，它的埋设深度受工厂排出口埋深的控制，假定 1 点的埋设深度为 2.00m，将该值填入表 6.7 中第 16 项。

（8）求设计管段上、下端的管内底标高、埋设深度和水面标高。

1 点的管内底标高等于 1 点的地面标高减 1 点的埋深，为 $86.200-2.00=84.200$m，填入表 6.7 中第 14 项。

2 点的管内底标高等于 1 点的管内底标高减管段 1～2 的标高降落量，为 $84.200-0.360=83.840$m，填入表 6.7 中第 15 项。

2 点的埋设深度等于 2 点的地面标高减 2 点的管内底标高，为 $86.100-83.840=2.260$m，填入表 6.7 中第 17 项。

管段上下端的水面标高等于相应点的管内底标高加水深。如管段 1～2 中 1 点的水面标高为 $84.200+0.156=84.356$m，填入表 6.7 中第 12 项。2 点的水面标高为 $83.840+0.156=83.996$m，填入表 6.7 中第 13 项。

根据管段在检查井处采用的衔接方法，可确定下游管段的管内底标高。

例如管段 1～2 与 2～3 的管径不同，采用管顶平接。即管段 1～2 与 2～3 在 2 点处的管顶标高应相同。所以管段 2～3 中 2 点的管内底标高为 $83.840+0.3-0.4=83.740$m。求出 2 点的管内底标高后，按照前述方法即可求出 3 点的管内底标高和 2、3 两点的水面标高及埋设深度。

又如管段2～3与3～4管径相同，采用水面平接。即管段2～3与3～4在3点处的水面标高应相同。然后用3点的水面标高减去管段3～4的降落量，便可求得4点的水面标高。用3、4两点的水面标高减去水深便得出相应点的管内底标高，进一步可求出3、4点的埋设深度。

（9）在进行管道水力计算时，应注意下列问题。

计算设计管段的管内底标高时，要注意各管段在检查井中的衔接方式，要保证下游管段起点的管内底标高不大于上游管段终点的管内底标高。在计算水面标高时需保证下游管段起点的水面标高不大于上游管段终点的水面标高。

在水力计算自上游管段依次向下游管段进行时，随着设计流量的增加，设计流速也应增加。只有当坡度大的管道接到坡度小的管道时，设计流速才允许减小。设计管径一般也应沿程增大。但当管道穿过陡坡地段时，管径可以减小。但缩小的范围不得超过50～100mm，同时不得小于最小管径的要求。

在支管与干管的连接处，要使干管的埋深满足支管接入的要求。

当地面坡度太大时，管道敷设坡度往往要比地面坡度小，可能导致下游管道覆土厚度无法满足规范要求。在适当地点可采用跌水井，通常当污水管道的跌落差大于1m时，设置跌水井；当落差小于1m时，只把检查井的流槽做成斜坡即可。

6.3 雨水管渠系统设计

降落到地面的雨水及融化的冰、雪水，沿地表径流。在径流过程中，有一部分蒸发，一部分渗入地下和被植物所吸收，其余大部分仍沿着地形，向地势较低的地方汇流。在城镇或工业企业，对这部分径流雨水，如不能及时排除，就会积水为害，影响人们的正常生活和生产活动。更甚者，雨水会泛滥成灾，严重影响国计民生。

雨水管网系统的主要作用：及时、有效地收集、输送和排除雨水或融化的冰、雪水（主要是雨水）的这部分径流，以保障人民生命财产安全及社会生产顺利进行。

6.3.1 雨量分析与暴雨强度公式

统计和分析多年（一般具有10年以上）降雨过程的资料，找出表示暴雨特征的降雨历时、暴雨强度与降雨重现期之间的关系，是雨水管渠设计的依据。

6.3.1.1 降雨量

降雨量指降雨的绝对量，一般用降落在不透水平面上的雨水深度 H 表示，单位以 mm 计，也可以用单位面积上的降雨体积（m^3/hm^2）表示。

很少以一场雨作为研究降雨量的对象，而是对多场降雨进行分析并掌握其规律与特征，常用的降雨量有以下几种。

（1）年平均降雨量：指多年观测的各年降雨量的平均值。

（2）月平均降雨量：指多年观测的各月降雨量的平均值。

（3）年最大日降雨量：指多年观测的各年中降雨量最大一日的降雨量。

6.3.1.2 降雨历时

降雨历时指连续降雨时段,可指一场雨的全部降雨时间,也可指其中个别的连续降雨时段。用 t 表示,其以 min 或 h 计。

6.3.1.3 暴雨强度

暴雨强度指某一连续降雨时段内的平均降雨量。即单位时间的平均降雨深度,用 i 表示,其计量单位为 mm/min 或 mm/h。

$$i = \frac{H}{t} \tag{6.13}$$

在工程上,常用单位时间内平均体积 q,$L/(s \cdot hm^2)$ 表示:

$$q = \frac{10000 \times 1000i}{1000 \times 60} = 167i \tag{6.14}$$

暴雨强度是描述暴雨特征的重要参数,也是设计雨水管渠的依据。

暴雨强度公式是在分析整理各地自记雨量计数据的基础上,按一定方法推求出来的。我国常用的暴雨强度公式形式为

$$q = \frac{167A_1(1 + c\lg P)}{(t+b)^n} \tag{6.15}$$

式中　　q——设计暴雨强度,$L/(s \cdot hm^2)$;

P——设计重现期,a;

t——降雨历时,min;

A_1、c、b、n——地方参数。

由于不同地区的气候条件、降雨规律不同,因此各地的降雨强度公式也不同。我国《给水排水设计手册》中收录了国内部分城市的暴雨强度公式,计算时可直接选用。目前尚无公式的城镇,可以借用附近气象条件相似地区的暴雨强度公式。

6.3.1.4 降雨面积和汇水面积

降雨面积是指降雨所笼罩的面积,就是直接承受雨水的地面面积。汇水面积指雨水管渠汇集雨水的面积。用 F 表示,以公顷或平方公里为单位（hm^2 或 km^2）。汇水面积一般小于或等于降雨面积。

任一场暴雨在降雨面积上都是不均匀的,即暴雨强度不相同。但城镇雨水管渠的汇水面较小,降雨不均匀的影响也比较小。因此可假定降雨在城镇雨水管渠的汇水面积内是均匀分布的,即降雨面积内暴雨强度均相等。

6.3.1.5 重现期

根据统计学理论,偶然事件也有一定的规律性。例如,特大的雨和特小的雨一般出现的次数很少,即出现的可能性小。这样就可以利用以往观测的资料,用统计方法对未来的情况作出估计,找出偶然事件变化的规律,作为工程设计的依据。

在工程设计中,为了方便理解和计算,常用重现期 P 来代替频率这个抽象的概念。重现期是指一个事件发生的平均间隔时间,它可以反映事件发生的概率。重现期 P 与频率 f 互为倒数。

暴雨强度的重现期 P 是指等于或大于某种暴雨强度的降雨平均多久发生一次的

时间，单位为年（a）。

按年最大值选样时：

$$P = \frac{1}{f} = \frac{N+1}{m} \qquad (6.16)$$

按一年多次法选样时：

$$P = \frac{1}{fM} = \frac{NM+1}{mM} \qquad (6.17)$$

式中 P——暴雨强度的重现期，a；

N——观测资料年限，a；

m——观测资料年限内大于等于某暴雨强度出现的次数；

f——降雨频率；

M——每年取样数。

6.3.2 雨水管渠系统设计要求

雨水管渠系统设计、计算必须满足排除设计地区地面径流的要求，使其经济合理，力求投资少、收效大。雨水管网的设计，要根据设计地区的具体条件，并结合设计地区的自然环境及总体规划，深入设计地区进行调查研究。在掌握大量、必要、可靠的设计资料的基础上，按照设计要求，再进行综合分析。

1. 充分利用地形，就近排入水体

雨水管渠应尽量利用自然地形坡度布置，要以最短的距离靠重力流将雨水排入附近的河流、湖泊等水体中。当地形坡度较大时，雨水干管宜布置在地面标高较低处或溪谷线上；当地形平坦时，雨水干管宜布置在排水流域的中间，以便于支管接入，尽量扩大重力流排除雨水的范围。

当管道排入池塘或小河时，由于出水口的构造比较简单，造价较低，而且就近排放，管线较短，管径也较小，因此可采用分散出水口式的管道布置形式，这在技术和经济上都是合理的，如图 6.12 所示。

当河流水位变化很大，管道出口离常水位较远时，出水口的构造就比较复杂，造价较高，这时宜采用集中出水口式的管道布置形式，如图 6.13 所示。

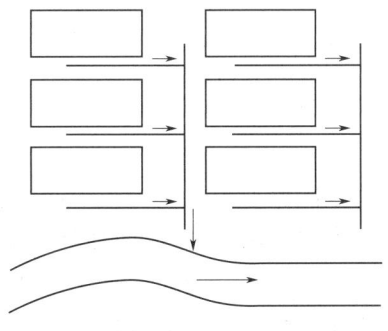

图 6.12 分散出水口式雨水管布置

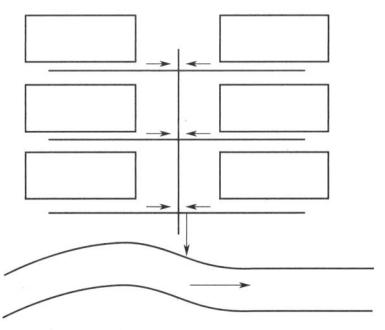

图 6.13 集中出水口式雨水管布置

在有条件的地区，当设计地区周围有多处可供排放雨水径流的自然水体时，雨水管网就近向水体排放。因此，可以考虑分散布置多处雨水管网出水口。这样，使设计地区的雨水管网，以各出水口为中心形成若干个管网的系统，还可以使雨水管网的管线短、管径小，减少简化城镇、工业企业地下管线的施工。

分散排放出水口与集中排放出水口比较，还有规模小、构造简单的优点。虽然由于雨水的分散排放而增加了出水口的数量，但就工程的总造价而言，分散排放的造价还是低于集中排放的。

此外，由于分散排放的雨水径流量小，还可向一些较小的水体（小河、池塘等）排放，因此，它还有一定的灵活性和适应性。

2. 结合街区及道路规划布置雨水管道

按照城镇规划和建筑物、道路、地形、施工条件及养护管理等因素综合考虑布置雨水管道，并应与源头减排设施和排涝除险设施的平面和竖向设计相协调。应使街区内大部分雨水能够最快地排入街道低侧的雨水管道。雨水管道应与道路中心线平行，宜在人行道、慢车道或绿化带下布设，尽量避开快车道，以减少积水对交通的影响或维修管道时对路面的破坏。当道路宽度超过40m时，可以在道路两侧各设置雨水管道。雨水管道在平面和竖向布置上应与其他地下构筑物（包括各种管线及地下建筑物等）相互配合，在竖向上要保持最小净距。在有池塘、坑洼的地方，可以考虑利用雨水进行调蓄。在有连接条件的地方，应考虑实现两个管道系统之间的连接。

3. 雨水管道采用明渠或暗管应视具体情况而定

城镇雨水管道在建筑密度高、交通量大的区域，一般采用暗管排除雨水。暗管的特点是卫生条件好、不影响交通，但造价高。在建筑密度较低、交通量较小的地方，一般可以考虑采用明渠。明渠的特点是造价低，但明渠容易淤积，滋生蚊蝇，影响环境卫生。在地形平坦、埋设深度或出水口深度受限制的地区，可采用暗渠（盖板渠）排除雨水。

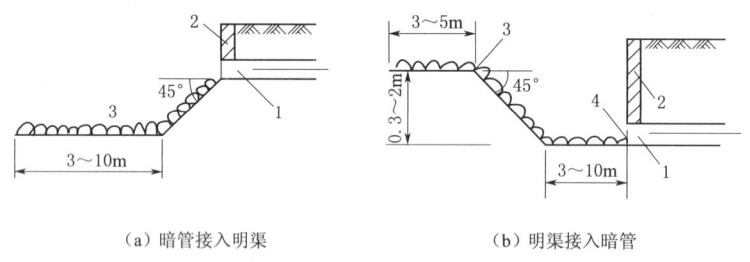

（a）暗管接入明渠　　　　　　（b）明渠接入暗管

图6.14　排水管道与明渠连接

1—管道；2—挡土墙；3—明渠；4—格栅

每条雨水干管的起端应尽可能利用到道路边沟排除路面雨水，可减少暗管长度，降低工程造价。雨水暗管和明渠连接处应采取一定的工程措施以保证良好的水力条件，如图6.14所示，为了防止衔接处明渠立土的坍落，在管道末端应设置挡土墙。为防止对明渠底部可能的冲刷，在衔接处明渠应加部分铺砌。铺砌高度不低于明渠的超高，其长度一般可考虑由管道端3～10m。如有跌水，当落差在0.3m以上，还需增加 45°斜坡，并加铺砌。在管道与明渠衔接处，还应考虑设置格栅，以阻隔污物杂质。

4. 合理布置雨水口，保证路面雨水顺畅排出

雨水口是在雨水管道或合流管道上收集雨水的构筑物。雨水口的布置应根据地形和汇水面积确定，以使雨水不致形成积水或漫过路口而影响交通、行人安全。一般在道路交叉口的汇水点、低洼地段均应设置雨水口。此外，在道路上每隔 25～50m 也应设置雨水口。道路交叉口处雨水口的布置可参见图 6.15。

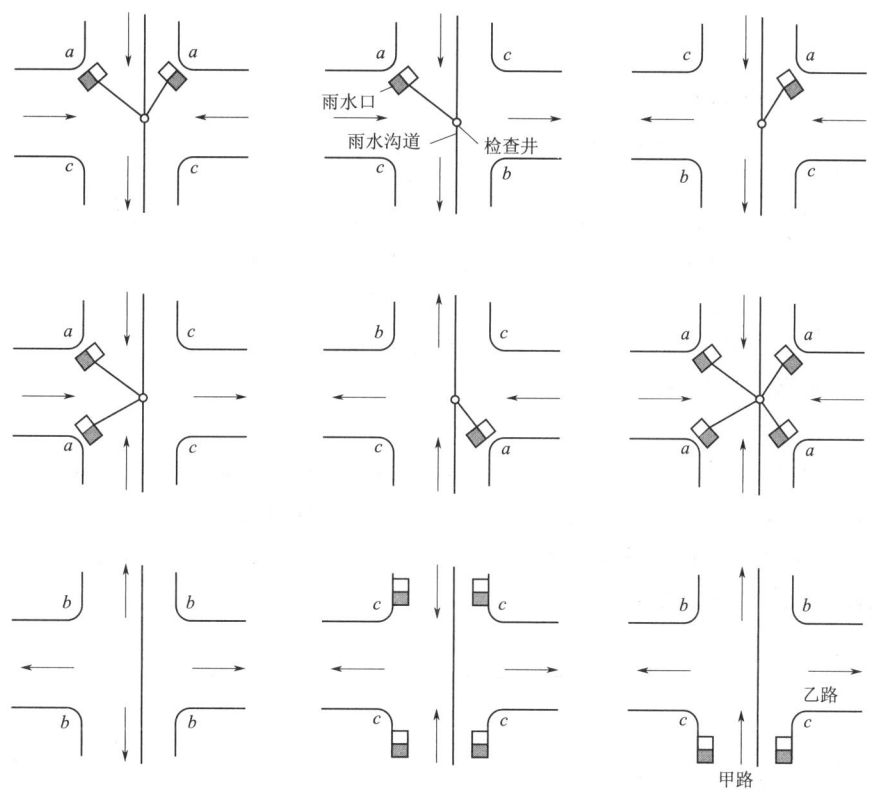

图 6.15　道路交叉口处雨水口的布置

5. 设置排洪沟排除设计地区以外的雨洪径流

为了避免雨季时设计地区外大量雨洪径流的威胁，傍山建设的工厂和居住区除了在设计地区内设置雨水渠道外，还应考虑在周围或者超过设计区建设排洪沟，将分水岭以内排泄下来的雨洪拦截并引入附近的水域，从而确保工厂和居住区的安全。

6. 要尽量避免设置雨水泵站

由于雨水排水系统的设计流量很大，如果在雨水管网系统中设置雨水泵站，其造价是相当可观的。再加上雨水排水泵站发挥作用的时间又较短（尤其在北方），利用率很低，其经济效益是很低的，因此，在雨水排水系统的设计中，要使雨水管网系统尽可能利用自然地形，依靠重力排水，力求不设置雨水泵站。如果在地形不利，且设计地区面积很大、管线又很长、必须设置雨水泵站时，也要力争少设置，并且使通过

泵站的流量减到最低限度，以减少工程投资及雨水泵站的日常维护管理费用。

6.3.3 雨水管渠设计流量的确定

雨水管道的设计，是要保证排除汇水面积上产生的最大径流量，而最大径流量是确定雨水管道断面尺寸的重要依据。

6.3.3.1 雨水管渠设计流量计算公式

由于城镇雨水管渠的汇水面积较小，一般属于水文学中的小汇水面积范畴，因此雨水管渠设计流量可以采用小汇水面积暴雨径流推理公式计算，即

$$Q = \psi \cdot q \cdot F \tag{6.18}$$

式中　Q——雨水设计流量，L/s；

　　　ψ——径流系数；

　　　q——设计暴雨强度，L/(s·hm^2)；

　　　F——汇水面积，hm^2。

式（6.18）是在做了假定后推求的，与实际有一定的差异，因此是一个半经验、半理论性公式，但基本上能满足工程计算上的要求，因此得到广泛应用。

当汇水面积大于 2km^2 时，应考虑区域降雨和地面渗透性能的时空分布不均匀性和管网汇流过程等因素，采用数学模型法确定雨水设计流量。

6.3.3.2 雨水管渠设计数据的确定

1. 径流系数 ψ 的确定

降落到地面上的雨水只有一部分沿地面的自然坡度流进雨水管渠，这部分雨水称为径流。径流量与雨水量的比值称为径流系数，其值常小于 1。影响径流系数的因素包括地面覆盖情况、地面坡度、地貌、建筑密度的分布、路面铺砌情况等。径流系数常按地面覆盖种类来选值，见表 6.8。

表 6.8　　　　　　径　流　系　数

地面种类	ψ
各种屋面、混凝土或沥青路面	0.85～0.95
大块石铺砌路面和沥青表面处理的碎石路面	0.55～0.65
级配碎石路面	0.40～0.50
干砌砖石和碎石路面	0.35～0.40
非铺砌土路面	0.25～0.35
公园或绿地	0.10～0.20

通常汇水面积含多种地面覆盖种类，因此整个汇水面积上的平均径流系数是用加权平均法计算，即

$$\psi_{av} = \frac{\sum F_i \cdot \psi_i}{F} \tag{6.19}$$

式中　F_i——汇水面积上各类地面面积，hm^2；

　　　ψ_i——与各类地面相应的径流系数；

　　　F——全部汇水面积，hm^2。

当计算工作量很大且不能保证所得数据准确时，在设计中也可采用区域综合径流系数，按区域情况查表 6.9 取值后，应核实地面种类的组成和比例。随城市不透水面积相应增加，ψ 可取较大值。

表 6.9　综合径流系数

区域情况	ψ
城市建筑密集区	0.60～0.70
城市建筑较密集区	0.45～0.60
城市建筑稀疏区	0.20～0.45

2. 设计暴雨强度的确定

由前述暴雨强度公式可知，确定了设计重现期 P 和设计降雨历时后，即求得设计暴雨强度 q。

（1）设计重现期 P 的确定。在设计中，若选用较高设计重现期，设计暴雨强度大，雨水设计流量大，管渠断面相应大。对防止地面积水有利，安全性高，但造价高。若选用较低的设计重现期，管渠断面可减小，但可能经常发生排水不畅、地面积水而影响交通，甚至对生活和生产造成危害。

雨水管渠设计重现期应根据汇水地区性质、城镇类型、地形特点和气候特征等因素，经技术经济比较后按表 6.10 的规定取值。此外，非中心城区下穿立交道路的雨水管渠设计重现期不应小于 10 年，高架道路雨水管渠设计重现期不应小于 5 年。

表 6.10　雨水管渠设计重现期　　　　　　　　　　单位：年

城镇类型	中心城区	非中心城区	中心城区的重要地区	中心城区地下通道和下沉式广场等
超大城市和特大城市	3～5	2～3	5～10	30～50
大城市	2～5	2～3	5～10	20～30
中等城市和小城市	2～3	2～3	3～5	10～20

注　1. 按表中所列设计重现期适用于采用年最大值法确定的暴雨强度公式；
　　2. 雨水管渠应按重力流、满管流计算；
　　3. 超大城市指城区常住人口在 1000 万以上的城市；特大城市指城区常住人口在 500 万以上 1000 万以下的城市；大城市指城区常住人口 100 万以上 500 万以下的城市；中等城市指城区常住人口 50 万以上 100 万以下的城市；小城市指城区常住人口在 50 万以下的城市（以上包括本数，以下不包括本数）。

（2）集流时间（设计降雨历时）的确定。根据雨水管道设计的极限强度理论可知，当降雨历时等于集水时间时，雨水管道需要排出的雨水量最大。因此设计中一般将汇水面积最远点的雨水流至设计断面的集水时间作为设计降雨历时。对管道的某一设计断面来说，集水时间 t 由地面集水时间 t_1 和管内雨水流行时间 t_2 组成。用公式表述如下：

$$t = t_1 + t_2 \tag{6.20}$$

式中　t——降雨历时，min；
　　　t_1——地面集水时间，min；
　　　t_2——管渠内雨水流行时间，min。

地面集水时间 t_1 为雨水从汇水面积最远点流至第一个雨水口所需时间。地面集水时间受多种因素影响，包括地形坡度、地面铺砌、地面种植情况、水流路程、道路纵坡和宽度等。这些因素直接影响到水流在地面或边沟的流动速度。同时，暴雨强度也会对地面集水时间产生影响,因为暴雨强度大时,水流的时间会缩短。但在这些因素中,地面集水时间主要取决于雨水流行距离的长短和地面坡度。在实际的设计工作中,要准确地计算 t_1 值是困难的,故一般不进行计算,而采用经验数值。《室外排水设计标准》(GB 50014—2021)规定:地面集水时间应视汇水距离、地形坡度及地面覆盖情况而定,宜采用 5~15min。根据经验,建筑密度较大、地形较陡、雨水口分布较密的地区或街区内设置的雨水暗管,宜采用较小的 t_1 值;而建筑密度较小、汇水面积较大、地形较平坦、雨水口布置较稀疏的地区,宜采用较大的 t_1 值。在设计工作中,应结合具体条件恰当地选定。如果选用过大的 t_1 值,将会造成排水不畅,以致管道上游地面经常积水;选用过小的 t_1 值,又会使雨水管渠尺寸加大而增加工程造价。

管渠内雨水流行时间 t_2 是指雨水从雨水设计管道的起点流至计算断面所需的时间,即

$$t_2 = \sum \frac{L}{60v} \tag{6.21}$$

式中　L——各管段的长度,m;
　　　v——各管段满流时的水流速度,m/s;
　　　60——单位换算系数,1min=60s。

6.3.4　雨水管渠的水力计算

雨水管渠系统设计的基本要求是能通畅、及时地排走城镇或工厂汇水面积内的暴雨径流量。

6.3.4.1　雨水管渠水力计算的设计参数

为使雨水管渠正常工作,避免发生淤积、冲刷等现象,对雨水管渠水力计算的设计参数做如下的技术规定。

1. 设计充满度

雨水中主要含有泥砂等无机物质,不同于污水的性质,加之暴雨径流量大,而相应较高设计重现期的暴雨强度的降雨历时一般不会很长。故管道设计充满度按满流考虑,即 $h/D=1$。明渠则应有等于或大于 0.20m 的超高。

2. 设计流速

为避免雨水所挟带的泥砂等无机物质在管渠内沉淀下来而堵塞管道,雨水管渠的最小设计流速应大于污水管道,满流时管道内最小设计流速为 0.75 m/s;明渠内最小设计流速为 0.40m/s。当设计流速不满足最小设计流速时,应增设防淤积或清淤措施。

为防止管壁受到冲刷而损坏,影响及时排水,对雨水管渠的最大设计流速规定为:金属管最大流速宜为 10m/s;非金属管最大流速宜为 5m/s。

明渠中水流深度为 0.4~1.0m 时最大设计流速宜按表 6.11 采用。

表 6.11　　　　　　　　　　雨水明渠最大设计流速

明渠类别	最大设计流速/(m/s)	明渠类别	最大设计流速/(m/s)
粗砂或低塑性粉质黏土	0.8	黏土	1.2
粉质黏土	1.0	草皮护面	1.6

续表

明渠类别	最大设计流速/(m/s)	明渠类别	最大设计流速/(m/s)
干砌块石	2.0	石灰岩和中砂岩	4.0
浆砌块石或浆砌砖	3.0	混凝土	4.0

当水流深度小于 0.4m 时，宜按表 6.11 所列最大设计流速乘以 0.85 计算；当水流深度大于 1.0m 且小于 2.0m 时，宜按表 6.11 所列最大设计流速乘以 1.25 计算；当水流深度不小于 2.0m 时，宜按表 6.11 所列最大设计流速乘以 1.40 计算。

3. 最小管径

为了保证管道养护上的便利，防止管道发生阻塞，《室外排水设计标准》（GB 50014—2021）规定雨水管道的最小管径为 300mm，雨水口连接管的最小管径为 200mm，见表 6.4。

4. 最小设计坡度

为了保证管渠内不发生淤积，雨水管渠有最小坡度的要求。《室外排水设计标准》（GB 50014—2021）规定：当雨水管最小管径为 300mm 时，塑料管最小设计坡度为 0.002，其他管最小设计坡度为 0.003；雨水口连接管的最小坡度为 0.01，见表 6.4。

5. 最小埋深与最大埋深

其具体规定与污水管道相同。

6.3.4.2 雨水管渠水力计算的方法

雨水管渠水力计算仍按均匀流考虑，其水力计算公式与污水管道相同，但按满流即 $h/D=1$ 计算。在实际计算中通常采用根据公式制成的水力计算图（见附录）或水力计算表。

在工程设计中，通常在选定管材之后，管道粗糙系数 n 即为已知数值。而设计流量 Q 也是经计算后求得的已知数。所以剩下的只有 3 个未知数 D、v、i。这样，在实际应用中，就可以参照地面坡度，假定管底坡度 i，从水力计算图或表中求得 D、v、i，并使所求得的各值符合水力计算基本数据的技术规定。

雨水管道中常用的断面形式大多为圆形，但当断面尺寸较大时，宜采用矩形、马蹄形或其他形式。明渠和盖板渠的底宽，不宜小于 0.3m。无铺砌的明渠边坡，应根据不同的地质按表 6.12 采用；用砖石或混凝土块铺砌的明渠可采用 1:0.75～1:1 的边坡。

表 6.12　　　　　　　　　　　雨水排水明渠边坡

地　质	边　坡	地　质	边　坡
粉砂	1:3～1:3.5	半岩性土	1:0.5～1:1
松散的细砂、中砂和粗砂	1:2～1:2.5	风化岩石	1:0.25～1:0.5
密实的细砂、中砂、粗砂或黏质粉土	1:1.5～1:2	岩石	1:0.1～1:0.25
粉质黏土或黏土砾石或卵石	1:1.25～1:1.5		

6.3.5 雨水管渠系统的设计步骤与案例
6.3.5.1 雨水管渠系统的设计步骤

(1) 收集和整理设计地区原始资料。其包括地形图，城市或工业区的总体规划，水文、地质、暴雨等资料作为基本的设计数据。

(2) 划分排水流域和管道定线。应结合城镇总体规划图或工厂的总平面图布置图，根据地形来划分排水流域。如图6.16所示，为某地雨水管道平面布置图，该城镇被一条自西向东南流动的河流分为南、北两区。南区可见一明显分水线，其余地方地形起伏不大，沿河两岸地势最低，故排水流域的划分基本按雨水干管服务的排水面积大小确定。根据该地暴雨量较大的特点，每条干管承担面积不宜太大，故划为12个流域。

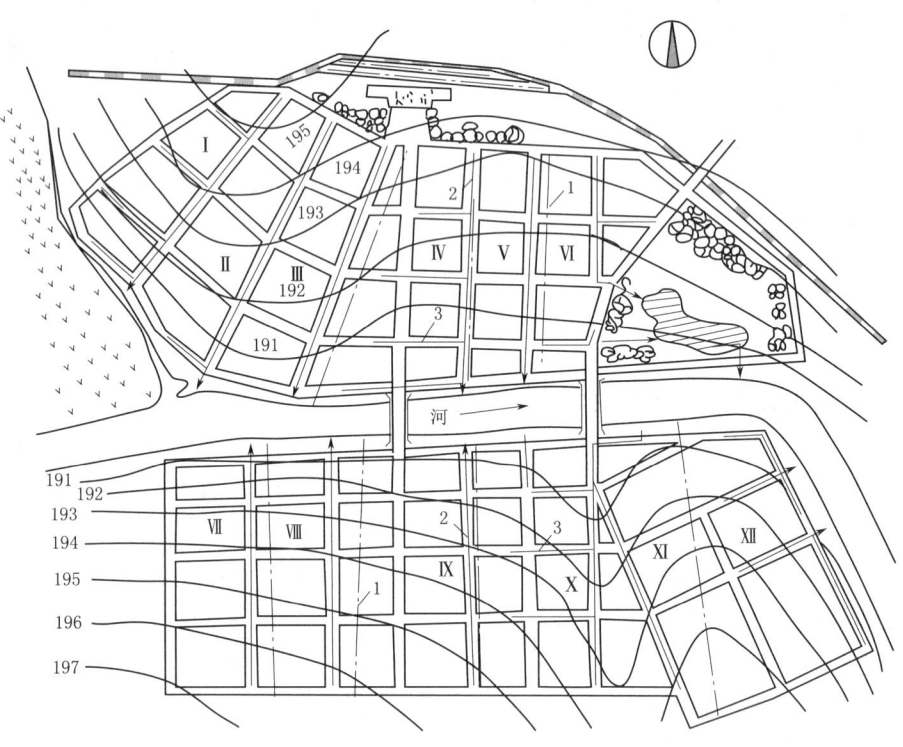

图6.16 某地雨水管道平面布置图

由于地形对排除雨水有利，拟采用分散出口的雨水管道布置形式。雨水干管基本垂直于等高线，布置在排水流域地势较低一侧，这样雨水能以最短距离靠重力流分散就近排入水体。为了充分利用街道边沟的排水能力，每条干管起端100 m左右可视具体情况布设雨水暗管。雨水支管一般设在街坊较低侧的道路下。

(3) 划分设计管段。根据管道的具体位置，在管道转弯处、管径或坡度改变处，有支管接入处或两条以上管道交会处以及超过一定距离的直线管段上都应设置检查井。把两个检查井之间流量、管径和坡度都没有变化的管段定为设计管段，并从管段上游往下游按顺序进行检查井的编号。

(4) 划分并计算各设计管段的汇水面积。汇水面积的划分与实际地形条件，汇水面积大小及雨水管道布置等有关。如地形较平坦，可按就近排入雨水管的原则进行划分；如地形坡度较大，应按雨水径流的水流方向划分。并将每块面积进行编号，计算其面积的数注明在图中。汇水面积除街区外，还包括街道、绿地。

（5）确定各排水流域的平均径流系数值。通常根据排水流域内各类地面的面积数或所占比例，计算出该排水流域的平均径流系数。也可根据规划的地区类别，采用区域综合径流系数。

（6）确定设计重现期 P、地面集水时间 t_1。设计时应结合该地区的地形特点、汇水面积的地区建设性质和气象特点选择设计重现期。各个排水流域雨水管道的设计重现期可选用同一值，也可选用不同的值。

根据该地建筑密度情况，地形坡度和地面覆盖种类，街区内设置雨水暗管与否等，确定雨水管道的地面集水时间 t_1。

（7）求单位面积径流量 q_0。q_0 是暴雨强度 q 与径流系数 ψ 的乘积。求得各管段的管内雨水流行时间 t_2 之后，就可求出相应于该管段的 q_0 值。

$$q_0 = q \cdot \psi = \frac{167 A_1 (1 + c \lg P) \cdot \psi}{(t_1 + m t_2 + b)^n} \quad [\mathrm{L/(s \cdot hm^2)}] \tag{6.22}$$

（8）计算雨水干管的设计流量，进行水力计算。列表进行雨水干管的设计流量和水力计算，以求得各管段的设计流量，以及确定各管段的管径、坡度、流速、管底标高和管道埋深值等。计算时需先定管道起点的埋深或是管底标高。

（9）绘制雨水管道平面图及纵剖面图。综合上述结果，再结合设计计算草图，绘制雨水管渠的平面图及纵剖面图。

6.3.5.2 雨水管渠设计计算案例

某城镇居民区部分雨水管道布置如图 6.17 所示，地形西高东低，城镇南边有一

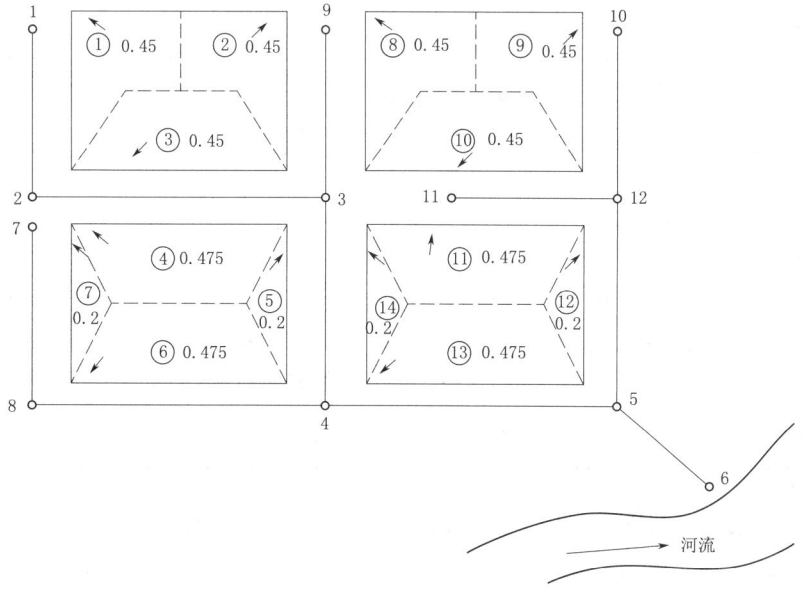

图 6.17 某城镇居民区部分雨水管道平面布置图

条自西向东流的河流。该城镇暴雨强度公式为

$$q = \frac{500(1+1.38\lg P)}{t^{0.65}} \quad [\text{L/(s·hm}^2)] \tag{6.23}$$

该街区采用暗管排除雨水，管材采用圆形钢筋混凝土管。该城镇地形平坦，各种类地面面积见表6.13，管道起点埋深1.30m。试进行雨水管道的设计计算。

表6.13　街区各类地面面积汇总

地面种类	面积/hm²	ψ	地面种类	面积/hm²	ψ
屋面	1.5	0.90	土路面	0.9	0.30
沥青路面	0.8	0.90	绿地	0.9	0.15
干砌砖石路面	0.6	0.40	合计	4.7	—

(1) 划分排水区域，管道定线。从居住区平面图与资料中得知，该地区地形较平坦，无明显分水线，因此排水流域可按城镇主要汇水面积划分。河流位置确定了雨水出水口的位置—设在河岸边，故雨水干管走向从西向东南，为保证在暴雨期间排水的可能性在雨水干管的终端设置雨水泵站。

(2) 划分设计管段。根据地形及管道布置情况，划分设计管段，将设计管段的检查井依次编号，确定出各检查井的地面标高，见表6.14。每一设计管段长度在200m内为宜，各设计管段的长度，见表6.15。

表6.14　地　面　标　高

检查井编号	地面标高/m	检查井编号	地面标高/m
1	86.700	4	86.550
2	86.630	5	86.530
3	86.560	6	86.500

表6.15　管　道　长　度　汇　总

管道编号	管道长度/m	管道编号	管道长度/m
1～2	80	4～5	140
2～3	140	5～6	120
3～4	100	—	

(3) 划分汇水面积。每一设计管段所承担的汇水面积可按就近排入附近雨水管道的原则划分。将每块汇水面积编号、面积数、雨水流向标注在图中，见表6.16。

表6.16　汇　水　面　积　计　算

设计管段编号	本段汇水面积编号	本段汇水面积/hm²	转输汇水面积/hm²	总汇水面积/hm²
1～2	1	0.45	0	0.45
2～3	3、4	0.925	0.45	1.375

续表

设计管段编号	本段汇水面积编号	本段汇水面积/hm²	转输汇水面积/hm²	总汇水面积/hm²
9～3	2、8	0.9	1.375	2.275
3～4	5、14	0.4	2.275	2.675
7～8	7	0.20	2.675	2.875
8～4	6	0.475	2.875	3.35
4～5	13	0.475	3.35	3.825
10～12	9	0.45	3.825	4.275
11～12	10、11	0.925	4.275	5.20
12～5	12	0.20	5.20	5.40
5～6	—	—	5.40	5.40

（4）确定平均径流系数值。由于该城镇内建筑分布情况差异不大，可采用统一的平均径流系数值。

$$\psi = \frac{\sum F_i \psi_i}{F} = \frac{1.5 \times 0.9 + 0.8 \times 0.9 + 0.6 \times 0.4 + 0.9 \times 0.3 + 0.9 \times 0.15}{4.7} \approx 0.58$$

（5）确定重现期与地面集流时间。该市地形平坦，建筑较稀，地面集水时间采用 $t_1 = 10 \text{min}$，设计重现期选用 $P = 2a$。

（6）单位面积径流量。

$$q_0 = \psi q = 0.58 \times \frac{500 \times (1 + 1.38 \lg 2)}{(10 + \sum t_2)^{0.65}}$$

（7）列表进行干管的水力计算。见表6.17，雨水干管水力计算表。将管长列入表中第2项，汇水面积列入表中第3项。

表6.17 雨水干管水力计算

管段编号	管段长度 L/m	汇水面积 F/hm²	管内雨水流行时间/min		单位面积径流量 q_0	设计流量 Q/(L/s)	管径 D/mm	坡度 i/‰	流速 v/(m/s)	管道输水能力 Q	坡降 i/(L/m)	标高/m				埋设深度/m	
			$\sum t_2$	$t_2 = L/v$								地面		管内底		上端	下端
												上端	下端	上端	下端		
1	2	3	4	5	6	7	8	9	10	11	12	13	14	15	16	17	18
1～2	80	0.45	0	1.78	91.79	41.3	300	3	0.75	54	0.24	86.7	86.63	85.4	85.16	1.3	1.47
2～3	140	1.375	1.78	3.11	82.53	113.47	500	1.5	0.75	150	0.21	86.63	86.56	84.96	84.75	1.67	1.81
3～4	100	2.675	4.89	2.22	70.86	189.56	600	1.3	0.75	220	0.13	86.56	86.55	84.65	84.52	1.91	2.03
4～5	140	3.825	7.11	2.62	64.74	247.62	600	1.7	0.89	250	0.238	86.55	86.53	84.52	84.282	2.03	2.248
5～6	120	5.4	9.73	1.67	59.01	318.64	600	3	1.2	350	0.36	86.53	86.5	84.282	83.922	2.248	2.578

1）各管段设计流量计算。计算中假定流量均从管段的起点进入，即各管段起点为设计断面。各管段的设计流量是按该管段起点计算的，即在计算各设计管段的暴雨

强度时,用的 t_2 值应按上游各管段的管内雨水流行时间之和 Σt_2 求得。用各设计管段的单位面积径流量乘以该管段的总汇水面积得管段设计流量。例如:管段 1~2 是起始管段,故 $\Sigma t_2 = 0$ (列入表中第 4 项),将此数据代入 q_0 公式中,可求得 1~2 管段单位面积径流量 $q_0 = 91.79 [L/(s·hm^2)]$ (列入表中第 6 项),q_0 乘以汇水面积值,即该管段设计流量 $Q_{1-2} = 0.45 \times 91.79 = 41.30 L/s$ (列入表中第 7 项)。

2) 求管径,管道坡度与流速。根据求得的各设计管段的设计流量,参考地面坡度,查钢筋混凝土圆管(满流,$n = 0.013$)水力计算图,确定管段的设计管径、坡度和流速。由于该街区地面坡度较小,甚至地面坡度与管道坡向正好相反。因此,为不使管道埋深过多,管道坡度宜取小值,但所取的最小坡度应能使管内水流速度不小于设计流速。Q、V、i 和 D 这四个水力因素可相互适当调整,使计算结果既符合设计数据的确定又经济合理。

例如管道 1-2 处的地面坡度为 $i_{1-2} = \dfrac{G_1 - G_2}{L_{1-2}} = \dfrac{86.700 - 86.630}{80} 0.0009$,($G_1$、$G_2$ 为 1、2 点的地面标高),该管段的设计流量 $Q = 41.30 L/s$,当管道坡度采用地面坡度 ($i = 0.0009$)时,查表 D 介于 300~400mm 之间,$V = 0.48 m/s$,不符合最小设计流速要求。因此需调整,当 $D = 300 mm$ 和 400mm 之间 $v = 0.75 m/s$,$i = 0.003$,符合设计规定,故采用。分别列入表 6.17 中第 8、9、10 项。

根据调整后的 D、i、v,计算雨水的实际过水能力——管道的输水能力 Q',要求 $Q' > Q$,管段 1~2 的 $Q' = 53 L/s$,列入表 6.17 中第 11 项。

3) 求本管段管内雨水流行时间 t_2。管段 1~2 的管内雨水流行时间 $t_2 = \dfrac{L_{1\sim2}}{60 v_{1\sim2}} = \dfrac{80}{60 \times 0.75} \approx 1.78 min$,列入表 6.17 中第 5 项。此值为下一个管段 2~3 的 Σt_2 值。

4) 求降落量。管段长度乘以管道坡度得到该管段起点与终点之间的高差,即降落量。如管段 1~2 的降落量 $IL = 0.003 \times 80 = 0.24 m$。列入表 6.17 中第 12 项。

5) 确定管段起点埋深或管底标高。据冰冻情况,雨水管道衔接要求及承受荷载要求来确定同时满足最小覆土厚度的条件。雨水管道设计时采用管顶平接衔接。例如管段 1~2,起点埋深为 1.30m,列入表 6.17 中第 17 项。用起点地面标高减去该点管道埋深得到该点管底标高,即 $86.700 - 1.30 = 85.400 m$,列入表中第 15 项。用起点管底标高减去 1、2 点的降落量得到该管段终点 2 的管底标高,即 $85.400 - 0.240 = 85.160 m$,列入表 6.17 中第 16 项。用 2 点地面标高减该点的管底标高的该点的埋深,即 $86.630 - 85.160 = 1.47 m$,列入表 6.17 中第 18 项。

6) 水力计算结束后,需进行校核,使各设计管段的流速、标高及埋深符合设计规定。雨水管道在设计计算时,应注意以下几点问题。

a. 划分汇水面积时应尽量使各设计管段的汇水面积均匀增加,避免出现下游管段的设计流量小于上游管段的情况。若出现此类情况,应取上游管段的设计流量作为下游管段的设计流量。

b. 水力计算应从上游管段一次向下游进行。雨水管道之间衔接应采用管顶平接。

c. 本例仅进行了干管的水力计算，实际设计中应同时进行干管与支管的水力计算。

7) 绘制雨水干管平面图及纵剖面图（略）。

6.3.6 立体交叉道路排水

随着国民经济的飞速发展，全国各地修建的公路、铁路立交工程逐日增多。立交工程多设在交通繁忙的主要干道上，车辆多，速度快。而立交工程中位于下边的道路的最低点，往往比周围干道约低 2~3m，形成盆地，加之纵坡很大，立交范围内的雨水径流很快就汇集至立交最低点，极易造成严重的积水。若不及时排除雨水，便会影响交通，甚至造成事故。

立交道路排水主要解决降雨在汇水面积内形成的地面径流和必要排除的地下水。雨水设计流量的计算公式同一般雨水管渠。但设计时与一般道路排水相比具有下述特点。

(1) 要尽量缩小汇水面积，以减少设计流量。立交的类别和形式较多，每座立交的组成部分也不完全相同。但其汇水面积一般应包括引道、坡道、匝道、跨线桥、绿地及建筑红线以内的适当面积（约 10m）。在划分汇水面积时，如果条件许可，应尽量将属于立交范围的一部分面积划归附近另外的排水系统。或采取分散排放的原则，将地面高的水接入较高的排水系统，自流排出；地面低的雨水接入另一较低的排水系统，并应采取措施，封闭回水范围，避免客水汇入。若不能自流排出，设置排水泵站提升。这样可避免所有雨水都汇集到最低点造成排泄不及时而积水。同时还应有防止地面高的水进入低水系统的拦截措施。

(2) 注意地下水的排除。当下穿立交道路的最低点位于地下水位以下时，为保证路基经常处于干燥状态，使其具有足够的强度和稳定性，需要采取必要的措施排除地下水。通常可埋设渗渠或花管，以吸收、汇集地下水，使其自流入附近排水干管或河湖。若高程不允许自流排出，则设泵站抽水。

(3) 排水设计标准高于一般道路。由于立交道路在交通上的特殊性，为保证交通不受影响，畅通无阻，中心城区下穿立交道路的雨水管渠设计重现期应按"中心城区地下通道和下沉式广场等"的规定执行，非中心城区下穿立交道路的雨水管渠设计重现期不应小于 10 年，高架道路雨水管渠设计重现期不应小于 5 年且不应小于地面道路雨水管渠设计重现期。交通繁忙，汇水面积大的取高限，反之取低限。同一立体交叉道路的不同部位可采用不同的重现期。地面集水时间宜取 2~10min。径流系数根据地面种类分别计算，一般取 0.9~1.0。

(4) 雨水口布设的位置要便于拦截径流。立交的雨水口一般沿坡道两侧对称布置，越接近最低点，雨水口布置越密集，并往往从单箅或双箅增加到 8 箅或 10 箅。面积较大的立交，除坡道外，在引道、匝道、绿地中都应在适当距离和位置设置一些雨水口。位于最高点的跨线桥，为不使雨水径流距离过长，通常由泄水孔将雨水排入立管，再引入下层的雨水口或检查井中。

(5) 下穿立交道路常见集水方式要求。下穿立交道路纵坡大，雨水汇水快、水流急。因此，下穿立交道路雨水收集系统宜设置横截沟和边沟来截取水流再通过管渠排入泵站集水池。可以在坡道中部以下或在底部设置多道横截沟,提升雨水收集的效果。横截沟设计应便于清淤和沉泥。横截沟盖和边沟盖的设置,应保证车辆和行人的安全。对于开发密度大的城市,高架道路雨水一般直接接至地面雨水系统,导致高架和立管附近的地面常常发生积水,因此,在有条件的地区宜设置单独的收集管和出水口。当高架道路出水管接入地面雨水管道时,应充分考虑高架道路排水对地面雨水管道的冲击,复核受纳雨水管道的排水能力及排水安全性。

(6) 管道布置及断面选择。立交排水管道的布置,应与其他市政管道综合考虑,并应避开立交桥基础。若无法避开,应从结构上加固,或加设柔性接口,或改用铸铁管材等,以解决承载力和不均匀下沉问题。此外,立交工程的交通量大,排水管道的维护管理较困难。一般可将管道断面适当加大,起点断面最小管径不小于 400mm,以下各段的设计断面均应加大一级。

(7) 保障安全措施。为了防止行人或机动车进入积水较深的下穿立交道路区域造成人身伤害和财产损失,下穿立交道路应设置地面积水深度标尺、标识线和提醒标语等警示标识。此外,下穿立交道路宜设置积水自动监测和报警装置,可实现水位变化监测、积水智能报警、信息发布和远程监控指挥,做到提前预警和警示。

6.3.7 排洪沟的设计

在靠近山麓建设的工业企业和居住区,除了要在工业企业或居住范围内设计雨、污水管网系统,以收集、输送设计范围内的雨、污水外,还应考虑到暴雨时,设计地区周围,可能沿地势倾泻而至的山洪对工业企业、居住区的威胁。

由于山区的地势陡峻,在暴雨降临时,山上的洪水集水时间很短、水流急,使山沟的水位暴涨。再加之,山洪中又往往挟带大量砂石、其冲刷力很强。因此,山洪的破坏力是非常惊人的。这种由暴雨形成的山洪,如不能及时,有效地排除,可能对工业企业、居住区构成严重危害,以致造成严重的后果。

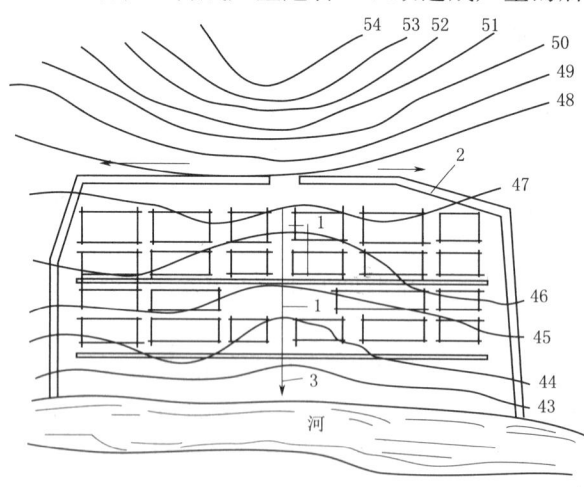

图 6.18 某居住区雨水管网系统及排洪沟的布置示意图
1—雨水管道;2—排洪沟;3—出水口

通常,山区洪峰的流量大、来势迅猛,宜疏导,而不宜阻塞。为此,对地处山区的工业企业或居住区,应考虑在其周围设置排洪沟以有效地拦截山洪,并及时将其引导流入附近的水体,以确保工业企业、居住区在汛期的安全。

图 6.18 为某居住区的雨水管网系统及排洪沟的布置示意图。

为了防洪的需要,在设计排洪沟前,应对设计地区洪水的迹线(洪痕)进行必要的考查。在山区,由于山洪的长期冲刷所形成的冲沟,是沿地形自然形成的天然排洪渠道。在设计排洪沟时，应首先考虑对这种山洪冲沟的整治，以充分利用、发挥其宣泄山洪的作用。

此外，在确定建筑物的设计高程时，要保证所有建筑物的高程都位于当地洪痕以上，并应留有充分余地。同时，还应对设计地区周围的地形、地貌、土壤、径流、暴雨、洪水等各方面的自然条件，进行充分、细致的调查研究，以便为排洪沟的设计、计算提供可靠的依据。

6.3.7.1 洪峰流量的推算

山区洪峰流量的推算，可采用小面积设计流量公式计算，或通过对洪峰调查进行推算。

山区洪峰小面积径流量的计算公式有很多，大致可以分为洪水调查法、推理公式与经验公式两类。

(1) 洪水调查法。洪水调查法是深入现场，勘察洪水位的痕迹，推导它发生的频率，选择和量河槽断面，按式 (6.24) 计算流速，然后按式 (6.25) 计算出调查的洪峰流量。

$$v = \frac{1}{n} R^{\frac{2}{3}} i^{\frac{1}{2}} \tag{6.24}$$

$$Q = Av \tag{6.25}$$

式中　Q——洪峰流量；
　　　v——流速；
　　　n——河槽的粗糙系数；
　　　R——水力半径，即河槽的过水断面与湿周之比；
　　　i——水面比降，可用河底平均比降代替；
　　　A——河槽断面面积。

最后通过流量变差系数和模比系数法，将调查得到的某一频率的流量换算成设计频率的洪峰流量。

(2) 推理公式法。用推理公式求设计洪峰流量时，需要较多的基础资料，计算过程也较烦琐。中国水科院水文研究所提出的推理公式是我国目前应用较为广泛的一种公式，即

$$Q = 0.278 \frac{\psi S}{\tau^n} F \tag{6.26}$$

式中　Q——设计洪峰流量，m^3/s；
　　　ψ——洪峰径流系数；
　　　S——暴雨雨力，即与设计重现期相应的最大的一小时降雨量，mm/h；
　　　τ——流域的集流时间，h；
　　　n——暴雨强度衰减指数；
　　　F——流域面积，km。

此公式适用于流域面积为 $40\sim 50km^2$ 的地区。

(3) 经验公式。在一些水文观测资料缺乏的地区，洪峰小面积径流量的计算，可

采用经验公式。常见的经验公式,是以流域面积为参数的,式(6.27)是其中的一个:

$$Q = CF^m \tag{6.27}$$

式中　Q——设计径流量,m³/s;

　　　C——径流模数(即汇水面积为1km²时的设计径流量),在不同地区,可根据表6.18选用;

　　　F——流域面积,km²;

　　　m——面积指数。当$F \leqslant 1\text{km}^2$时,$m=1$;当$1\text{ km}^2 < F < 10\text{km}^2$时,可由表6.18取值。

表6.18　　　　　　　　　　径流模数及面积指数

地　区	在不同洪水频率时的C值					m值
	1:2	1:5	1:10	1:15	1:20	
华北	8.1	13.0	16.5	18.0	19.0	0.75
东北	8.0	11.5	13.5	14.6	15.8	0.85
东南沿海	11.0	15.0	18.0	19.5	22.0	0.75
西南	9.0	12.0	14.0	14.5	16.0	0.75
华中	10.0	14.0	17.0	18.0	19.6	0.75
黄土高原	5.5	6.0	7.5	7.7	8.5	0.80

表6.18中的洪水频率项,是反映大小不同的洪水发生的可能性。例如1:5是说明这种洪水发生的可能性为20%、即5年中可能发生一次,或在100年中可能发生20次。

经验公式使用方便,在设计地区,确定出经验公式,便可使用。如果该公式是建立在较丰富且可靠的资料基础上,应用时只需确定设计地区的流域面积大小,便可求得洪峰流量。这样,可以避免由于使用者主观因素而造成的一些误差。但是,经验公式的地区条件性很强,因此,在采用这种公式时,尤其在新的设计地区,必须注意地区条件的差异。

其他的经验公式,可参阅有关资料或各省的水文手册。

对于以上三种方法,应特别重视洪水调查法。在此法的基础上,再结合其他方法进行计算。

6.3.7.2　设计防洪标准

防洪工程的规模是根据洪峰设计流量拟定的。要准确、合理地拟定某项防洪工程规模需要综合考虑该工程的性质、范围以及重要性等因素来确定防洪设计标准。它一般是以洪峰量计算的设计频率表示的。实际工作中一般常用重现期衡量设计标准的高低,即重现期越大,则设计标准就越高,工程规模也就越大;反之,设计标准低,工程规模小。根据我国防洪工程的特点和防洪工程运行的实践,我国山洪防治标准及城市防洪标准分别见表6.19和表6.20。

表 6.19　　　　　　　　　　山洪防治标准

工程等级	防护对象	防洪标准	
		频率/%	重现期/a
二	大型工业企业，重要中型工业企业	2～1	50～100
三	中小型工业企业	5～2	20～50
四	工业企业生活区	10～5	10～20

表 6.20　　　　　　　　　　城市防洪标准

工程等级	防护对象			防洪标准	
	城市等级	人口/万人	重要性	频率/%	重现期/a
一	大城市、重要城市	>50	重要政治、经济、文化、国防中心，交通枢纽，特别重要工业企业	<1	>100
二	中等城市	20～50	比较重要政治、经济中心，大型工业企业，重要中型工业企业	2～1	50～100
三	小城市	<20	一般性小城市，中小型工业企业	5～2	20～50

6.3.7.3　排洪沟的设计要点

排洪沟的设计涉及面广、影响因素复杂，应根据城镇或工厂总体规划、山区自然流域划分范围、山坡地形及地貌条件、原有天然排洪沟情况、洪水走向及冲刷情况、当地工程地质及水文地质条件、当地气象条件等各种因素综合考虑，合理布置排洪沟。

(1) 排洪沟布置应与建筑区总体规划密切配合，统一考虑。傍山建设的工厂和居住区在选址时，应对当地洪水的历史和现状进行充分的调查研究，弄清楚洪水的走向，合理布置排洪沟，避免把厂房建筑或居住建筑设在山洪口上，不与洪水主流顶冲。

排洪沟应布置在厂区、居住区外围靠山坡一侧，避免穿绕建筑群。应与铁路、公路、建筑区排水等工程相协调，尽量避免穿越铁路、公路，以减少交叉构筑物。以免因沟道转折过多而增加桥、涵的投资，造成沟道水流不顺畅，转弯处小水淤、大水冲的状况。

排洪沟与建筑物及山坡开挖线之间应留有 3m 以上的距离，以防水流冲刷建筑物基础及造成山坡塌方。

(2) 排洪沟应尽可能利用原有天然山洪沟。原有山洪沟是洪水经若干年冲刷形成的，其形状、底板均已比较稳定，因此应尽量利用原有的天然沟道做排洪沟。当利用原有沟道不能满足设计要求而必须加以整修时，亦不宜大改大动，应尽可能保持原有沟道的水力条件，因势利导，使洪水下泄通畅。

(3) 排洪沟应尽量利用自然地形坡度。排洪沟的走向，大部分应沿地面水流的垂直方向，因此应充分利用地形坡度，使截流的山洪水能以最短距离靠重力排入受纳水体。一般情况下，排洪沟是不设中途泵站的。同时，当排洪沟截取几条截流沟的水流时，在交会处截流沟应尽可能斜向下游，并与排洪沟成弧线连接，以使水流能平缓进入排洪沟内，防止冲刷。

(4) 排洪沟采用明渠或暗渠应视具体条件确定。为了养护管理的方便，排洪沟一般采用明渠，但当排洪沟通过市区或厂区时，由于建筑密度较高、交通量大，应采用暗渠。

(5) 排洪明渠平面布置的基本要求。

1) 进口段。为使洪水能顺利进入排洪沟，进口形式和布置是很重要的。进口段的形式应根据地形、地质及水力条件进行合理的选择。常用的进口形式有两种：一种是排洪沟直接插入山洪沟，衔接点的高程为原山洪沟的高程。适用于排洪沟与山沟夹角小的情况，也适用于高速排洪沟。另一种是侧流堰式，将截流坝的顶面做成侧流堰渠与排洪沟直接相接。此形式适用于排洪沟与山洪沟夹角较大且进口高程高于原山洪沟沟底高程的情况。

通常进口段的长度不小于3m，在进口段的上段一定范围内应进行必要的整治，以便衔接良好，水流通畅，具有较好的水流条件。

为防止洪水冲刷变形，进口段应选择在地形和地质条件良好的地段。

2) 出口段。排洪沟出口段应布置在不致冲刷排放地点（河流、山谷等）的岸坡，因此出口段应选择在地形较平缓、地质条件良好的地段，并采取护砌措施。

此外，出口段宜设置渐变段，逐渐增大底宽，以减少单宽流量，降低流速；在出口段与河沟的交会处，其交会角对于河流下游方向要小于90°，并做成弧形弯道，做适当铺砌，以防冲刷。为防止河水倒灌、排水不畅，出口标高宜在相应的排洪设计重现期的河流洪水位以上。

3) 连接段。当排洪沟受地形限制走向无法布置成直线时，应保证转弯处有良好的水流条件，不应使弯道处受到冲刷。

一般平面上转弯处的弯曲半径不应小于5~10倍的设计水面宽度。当有浆砌块石铺面时，弯曲半径应不小于2.5倍的设计水面宽度。

排洪沟的安全超高一般采用0.3~0.5m。

在弯道处，由于水流因离心力作用，使水流轴线偏向弯曲段外侧，设计时外侧沟高应大于内侧沟高，即弯道外侧沟高除考虑沟内水深及安全超高外，尚应增加沟内外侧水位差h值的1/2，同时应加强弯道处的护砌。h值可由下列公式求得：

$$h=\frac{V^2 B}{Rg} \tag{6.28}$$

式中　h——水位高程差，m；
　　　V——排洪沟平均流速，m/s；
　　　B——排洪沟弯道半宽度，m；
　　　R——弯道半径，m；
　　　g——重力加速度，9.81m/s²。

当排洪沟的宽度发生变化时，应设渐变段。渐变段的长度为5~10倍两段沟底宽度之差。

(6) 排洪沟纵坡的确定。排洪沟的纵坡应根据地形、地质、护砌、原有排洪沟坡度以及冲淤情况等条件确定，一般不小于1%。设计纵坡时，应使沟内水流速度均匀增加，以防止沟内产生淤积。当纵坡很大时，为防止冲刷，应考虑设置跌水或陡槽，但不得设在转弯处。一次跌水高度通常为0.2～1.5m。陡槽纵坡一般为20%～60%，多采用片石、块石或条石砌筑，也有采用钢筋混凝土浇筑的，其终端应设消力设施。

（7）排洪沟的断面形式、材料及其选择。排洪沟的断面形式常采用梯形断面。当建筑区地面较窄或需少占农田时，可采用矩形断面，最小断面$B \times H = 0.4m \times 0.4m$。

排洪沟的材料及加固形式应根据沟内最大流速、当地地形及地质条件、当地材料供应情况确定。一般常用片石、块石铺砌。由于土渠的边坡不稳定，在强大的山洪冲击下，很容易被毁，故不适宜。

图6.19为常用的排洪沟断面及加固形式。

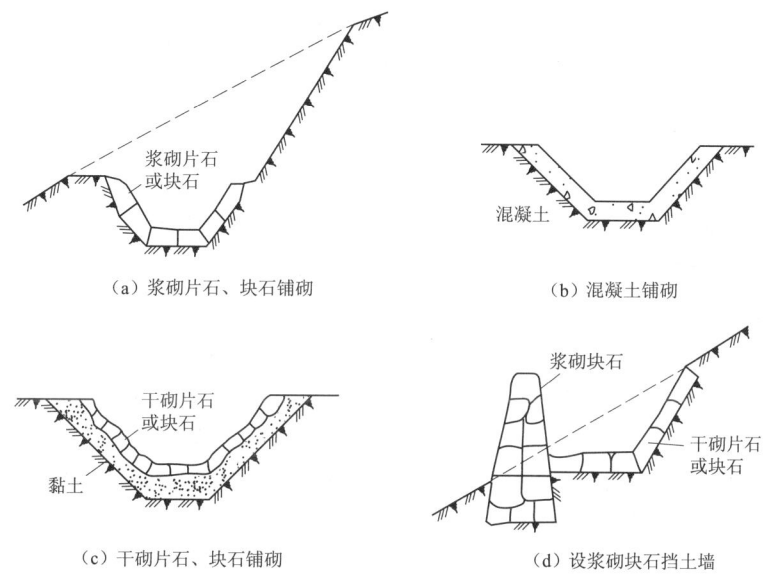

图6.19 常用的排洪沟断面及加固形式

（8）排洪沟的最大流速。为了防止山洪冲刷，应按流速的大小选用不同铺砌加固沟底沟壁的强度。表6.21列出了常用铺砌及防护渠道的最大设计流速。

表6.21 常用铺砌及防护渠道的最大设计流速。

表6.21 常用铺砌及防护渠道的最大设计流速

序号	铺砌及防护类型	水流平均深度/m			
		0.4	1.0	2.0	3.0
		最大设计流速/(m/s)			
1	单层铺石（石块尺寸15cm）	2.5	3.0	3.5	3.8
2	单层铺石（石块尺寸20cm）	2.9	3.5	4.0	4.3
3	双层铺石（石块尺寸15cm）	3.1	3.7	4.3	4.6
4	双层铺石（石块尺寸20cm）	3.6	4.3	5.0	5.4

续表

序号	铺砌及防护类型	水流平均深度/m			
		0.4	1.0	2.0	3.0
		最大设计流速/(m/s)			
5	水泥砂浆砌软弱沉积岩块石砌体，石材强度等级不低于 MU10	2.9	3.5	4.0	4.4
6	水泥砂浆砌中等沉积岩块石砌体	5.8	7.0	8.1	8.7
7	水泥砂浆砌，石材强度等级不低于 MU15	7.1	8.5	9.8	11.0

6.4 合流制管渠系统

目前，合流制排水系统在许多城镇仍然普遍采用。然而，工业和人口的大量集中，导致城镇污水对自然水体严重污染。为了保护环境、保障城镇居民的健康，满足城镇建设的发展需要，原建的合流排水系统也可能需要进行必要的改造。

6.4.1 合流制管渠系统的特点及应用

6.4.1.1 合流制管渠系统的特点

6.4.1

6.4.2

合流制管渠系统是将生活污水、工业废水和雨水汇集到同一管渠内排除的管渠系统。根据混合污水的处理和排放的方式，分直泄式合流制和截流式合流制两种。由于直泄式合流制严重污染水体，因此对于新建排水系统不宜采用，故本任务只介绍截流式合流制管渠系统。

截流式合流制排水系统是直泄式合流制排水系统的发展。截流式合流制管渠系统是在临河敷设的截流管上设置截流井并收集来自上游或旁侧的生活污水、工业废水及雨水，截流管中的流量是变化的。晴天时，截流管以非满流将生活污水和工业废水送往污水处理厂处理，然后排入自然水体。雨天时，随着雨水量的增加，截流管以满流将生活污水、工业废水和雨水的混合污水送往污水处理厂处理。当雨水径流量继续增加到混合污水量超过输水管的设计输水能力时，超过部分通过截流井溢流到河道，并随雨水径流量的增加，截流量也增大。当降雨时间继续延长时，由于降雨强度的不断减弱，截流井处的流量减小，截流量也减小。最后，混合污水量又重新小于或等于截流管的设计输水能力，截流井停止溢流。

可见，截流式合流制排水系统，使城镇污水及降雨初期污染较严重的雨水得到了必要的处理，减轻了对自然水体的污染程度，弥补了直泄式合流制排水系统的不足。但是，与分流制排水系统比较，这种排水体制的总干管、泵站及污水处理厂规模都较大。另外，虽然这种体制解决了对城镇污水及初降雨水的处理。但是，在暴雨时仍有部分城镇污水随着混合污水溢流排入自然水体，因此，也能构成对水体的污染。再者，由于非降雨时期城镇污水流量较小，排水管网经常处于低流状态，在管渠内很容易形成污物及杂质的沉积。而雨天时，管渠内流量倍增，大量的沉物则因管渠内流速增大而被冲动。其中也会有部分污物、杂质被混合污水夹带流入水体中形成污染因素。

合流制排水系统（其中包括截流式合流制系统）由一套管网系统，完成对生活污水、工业废水及天然降水的收集、输送、处理和排放。它管线单一，管线总长度短。从而，减少了施工和管理方面的许多复杂因素，在同等的设计条件下，采用合流制排水系统，要比采用分流制排水系统的工程投资节省得多，养护管理费用也会相应减少。因此，合流制排水系统，特别是截流式合流制排水系统，在一些新建的城镇、工业区也还被采用。特别是对原有合流制排水系统的改造工程中，由于种种条件的限制，一般较多地采用截流式合流制排水体制。

6.4.1.2 合流制排水系统的应用

对合流制排水系统的选择，应特别慎重，首先应考虑环境保护的要求以及城镇、工业区、工业企业的总体发展。

一般在下列情况下，选用合流制排水系统比较有利的情况如下。

（1）在排水区域内，有一处或多处水量充沛的水体，其流量、流速都足够大。当设计城镇污水量排入后，其对自然水体的污染程度在允许范围之内，并留有充分的余地。

（2）排水管网能以自流方式向水体排放，中途不需设置排水泵站。

（3）地面有一定的坡度倾向水体，当水体处于汛期高水位时，岸边不受淹没。

（4）街区、厂区及道路建设比较完善，雨水用暗管排出。

（5）道路的横断面较狭窄，排水管线位置受到限制。

在考虑采用合流制排水系统时，应首先满足环境保护方面的要求，结合其他自然条件，在设计地区总体规划的基础上，充分考虑到工业区、城镇及工业企业的长远发展以免被动。

根据国内外许多城镇和地区采用合流制排水系统所造成的严重后果，以及为此而进行的排水系统的改造工程投资之巨大、施工之困难的经验教训。现行的《室外排水设计标准》（GB 50014—2021）中规定，对排水体制的选择，要求尽可能采用分流制。

从发展的观点来看，直接向水体排放的直泄式排水系统，必将被截流式合流制排水系统所取代。

在考虑选用截流式合流制排水系统时，应注意以下几点。

（1）排水管网的布置，应保证排水面积上的生活污水、工业废水及天然降水，都能合理地排入管网系统。管线以尽可能短的距离排向自然水体。

（2）在沿水体布置的截流干管上的适当位置设置截流井，以保证超过截流干管设计流量的部分混合污水，能够及时、顺利地通过截流井向水体排放。

（3）必须在截流干管上合理地确定截流井的位置和数量。一方面，要尽可能地减少对自然水体的污染；另一方面又要力求减小截流干管的截面尺寸和排放管渠的长度。

从环境保护的角度看：需要将混合污水对排放水体的污染程度降至最低，要求截流干管上截流井数量要少，其位置应尽可能设在排放水体的下游。

由经济的观点看：截流井数量多，可以使混合污水及早流入排放水体，从而可相应减少截流干管的流量，减小截流干管的断面尺寸。虽然，由于截流井的数量增加，截流井及其向水体排放的管渠的长度要相应增加。然而，对整个排水工程而言，由于排水泵站、污水处理厂规模的减小，将会节省大量的工程投资。

可见，确定截流井在截流干管上的数量和位置，对于截流式合流制排水系统是至关重要的，应该引起足够的重视。

（4）在汛期，自然水体的水位增高，使得截流干管上的截流井不能按重力流的方式通过溢流管渠向自然水体排放时，则需考虑在溢流管渠上设置闸门，防止可能的洪水倒灌，并应设置临时排水泵站或永久性泵站提升排放水位。在这种条件下，宜将截流井适当集中，以利于排水泵站的集中抽升。

6.4.2 合流制管网系统的设计
6.4.2.1 合流制管网系统的设计流量

1. 直泄式合流制管网系统设计流量的确定

在合流制排水系统中，直泄式合流制管网系统的设计流量，等于生活污水设计流量，工业废水设计流量与雨水设计流量的总和，即

$$Q = Q_d + Q_m + Q_s \tag{6.29}$$

式中 Q——设计流量，L/s；

Q_d——设计综合生活污水量，L/s；

Q_m——设计工业废水量，L/s；

Q_s——雨水设计流量，L/s。

通过实际计算可以得知：在合流制管网系统的上述三种设计流量中，生活污水与工业废水的设计流量，远比雨水的设计流量小。一般情况下，在设计，计算合流制管网的设计流量时，如果生活污水与工业废水设计流量之和小于雨水设计流量的5%，其流量可以忽略不计。这是由于此值的增减，并不会影响直泄式合流制管渠断面尺寸、坡度和流速等的确定。

2. 截流式合流制管网系统设计流量的确定

在截流式合流制管网中，由于截流井的分流作用，截流井上游设计流量与截流井下游的设计流量有差异，相应的计算方法也不同。

（1）第一个截流井上游设计流量的确定。截流式合流制系统中在第一个截流井以前管网部分设计流量的计算方法与直泄式合流制管网系统设计流量的计算方法是相同的。这是因为，在截流式合流制的管网系统的第一截流井以前部分，其工作状况与直泄式合流制管网系统的工作状况没有什么区别。因此，在第一个截流井以前，可以将截流式合流制管网系统视作一般直泄式合流制的管网系统对待。

（2）截流井下游设计流量的确定。在截流式合流制的管网系统中，截流井是一个很重要的构筑物。经过截流井的分流作用，在雨天，可以使非雨天流量若干倍的雨水流量进入截流井下游的截流干管。这项指定的倍数值，被称作截流倍数 n_0。当通过截流井的混合污水流量超过 n_0 指定的截流流量时，过剩的混合污水流量则经截流井，通过排放管渠截入自然水体。

可见，截流倍数 n_0 是一个直接能影响到截流井下游干管的流量及混合污水对水体污染程度的重要设计参数。

为了保护自然水体，减少环境污染，一般应采用较大的 n_0 值。如果为了减小截流井下游干管的断面尺寸及处理厂规模，则应选用较小的 n_0 值。确定 n_0 时，须结合设计地区的具体条件和总体规划，还应考虑自然水体的自净能力及周围环境的自然条件等因素，并要征得环保、卫生等有关部门的同意。我国《室外排水设计标准》（GB 50014—2021）规定采用 $n_0 = 2 \sim 5$。目前我国多采用截流倍数 $n_0 = 3$，也可按表 6.22 选用，但随着人们环保意识的提高，截流倍数的取值有增大的趋势。

n_0 值确定之后，便可以进行截流井下游截流干管设计流量的计算。截流井下游截流干管的设计流量，可按下列公式求得。

$$Q' = (n_0 + 1)(Q_d + Q_m) \tag{6.30}$$

式中　Q'——截流后污水管道的设计流量，L/s；

　　　n_0——截流倍数。

其余符号意义同前。

根据对截流式合流制管网系统的养护管理经验，有条件时，最好能在截流井上游的普通检查井内设置沉泥槽，或专门设置一沉泥井，使城镇污水及初降雨水的污泥杂质在此处预沉。以减少流入截流井及下游干管与自然水体混合污水中的污泥、杂质含量。从而，减轻对自然水体的污染程度，减少截流井下游干管淤积的可能性。

6.4.2.2　合流制管网系统的设计计算特点

一般合流制管网系统的设计与计算方法、步骤、内容、要求基本上与雨水管网设计计算相同。

在水力计算方面的设计规定也同对雨水管网设计规定一致。合流制管网也是按无压满流设计，对于最小设计管径、最小设计流速、最小坡度的规定与雨水管网的设计规定是一样的。但是在设计流量方面，合流制排水管网的设计流量，除了考虑雨水设计流量外，尚须包括生活污水与工业废水的平均流量。此外，合流制管网的设计、计算结果，还须用非雨天的管内实际流量进行校核，以确保低流条件下，管内的设计流速不低于最小设计流速的要求。

截流式合流制管网系统，由于截流干管上截流井的设置，整个排水系统的工作情况发生了变化。由于截流井的分流作用，截流井上下游的流量发生了变化。因此，截流式合流制管网系统设计计算也变得较为复杂，其设计计算程序一般可分为：①截流井上游管网的设计与计算；②截流井下游干管的设计与计算；③截流井的设计与计算；④非雨天流量的校核。

截流井是截流式合流制管网系统中的重要构筑物，它是设在合流干管与截流干管交汇处的排水分流设施，其构造、型式、种类也很多。一般按其构造可分为截流槽式截流井和溢流堰式截流井。

截流槽式截流井的简单构造如图 6.20 所示。

由图 6.20 可见：截流槽式的截流井，溢流槽是设在截流井的底部，而溢流槽上顶低于合流干管与排放管道的管底，却略高于截流干管的上顶。当合流干管混合污水流量小于截流干管的设计流量时，混合污水由合流干管跌入溢流槽内，并由截流井流向截流干管的下游。当合流干管的流量大于截流干管的设计流量时，便有多余的混合

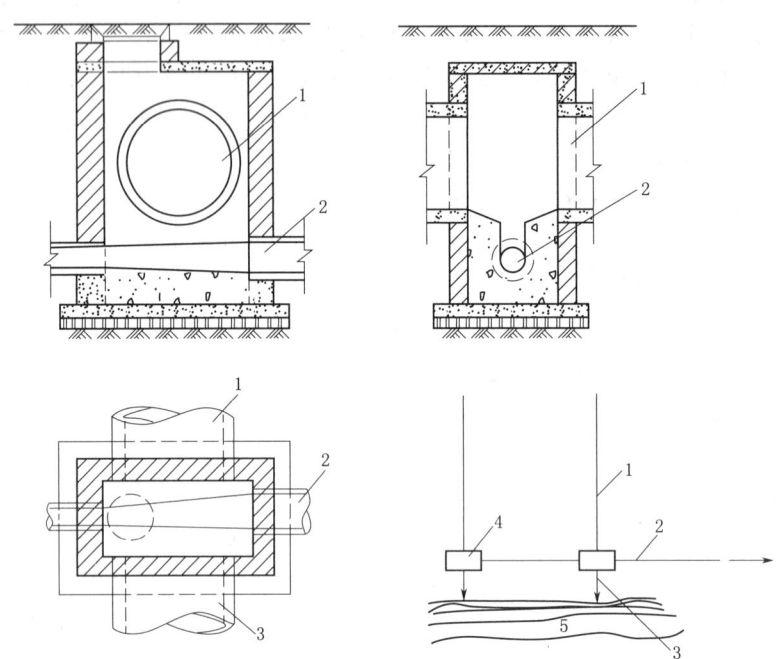

图 6.20　截流槽式截流井的简单构造
1—合流管渠；2—截流干管；3—排放管渠；4—截流井；5—自然水体

污水，由截流槽的上顶溢出，并通过截流井，溢流到截流井下游的排放管，再由排放管注入自然水体，达到分流的目的。

溢流堰式截流井的简单构造如图 6.21 所示。

由图 6.21 可见，溢流堰式截流井中，溢流堰的一侧是合流干管与截流干管衔接的流槽，而另一侧是截流井的排放管渠。当合流干管的流量小于截流干管的设计流量时，混合污水由合流干管直接流入截流干管。当合流干管的流量超过截流干管的设计流量时，混合污水便溢过溢流堰向截流井下游的排放管渠流去，从而完成了混合污水的分流。

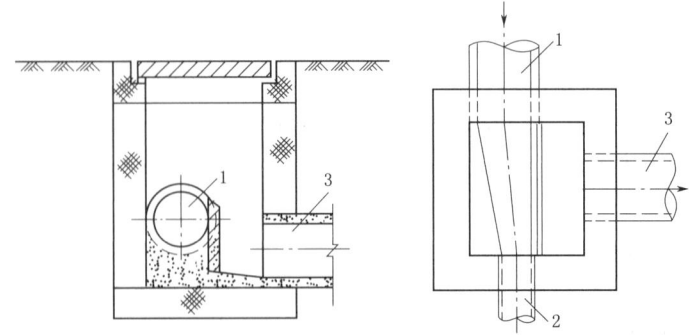

图 6.21　溢流堰式截流井的简单构造
1—合流管渠；2—截流管道；3—排放管渠

在溢流堰式的截流井中,当溢流堰的顶线与截流干管的中心线平行时,如图 6.21 所示,通过溢流堰的流量,可按式(6.31)进行计算:

$$Q = M\sqrt[3]{l^{2.5}h^{5.0}}\tag{6.31}$$

式中　Q——溢流堰流出流量,m^3/s;

　　　l——堰长,m;

　　　h——堰顶末端堰顶以上的水层高度,m;

　　　M——溢流堰流量系数,薄壁堰一般采用 2.2。

在合流制管网系统中,计算雨水的设计流量时,其设计重现期一般应考虑较同等条件下分流制雨水系统所采用的设计重现期适当提高 10%~25%。虽然,在相同情况下,合流制管网系统,比分流制雨水管网系统形成漫溢的可能性要小些。但是,由于合流制管网系统混合污水漫溢所造成的危害,比分流制雨水管网系统雨水的漫溢所造成的危害大,计算雨水设计流量时,对设计重现期采用标准应该提高些,在允许雨水漫溢方面也应从严考虑。

关于合流制管网系统在设计计算中,非雨天流量的校核。一般情况下,在非雨天时的管网流速应达到最小设计流速的要求。当不能达到这一要求时,应调整设计管段的管径与坡度,使其符合设计规定。应当指出,由于合流制管网的非雨天流量相对于总设计流量是较小的,因此在非雨天流量校核时,特别是在上游管段,往往不易达到最小流速的要求。为此可在管底部设置低流槽,以使非雨天的设计流速达到设计要求。或是加强养护和管理,利用雨天流量冲刷管道,亦可防止管道淤积。

6.4.2.3　合流制排水系统的改造

合流制排水系统的改造,一般有两种途径:其一,将城镇的原有合流制排水系统,逐步改造成为分流制排水系统;其二,将合流制排水系统,逐步改造成为截流式合流制排水系统。

一般在城镇形成和发展的初期,降雨的地面径流和城市的少量污水,都是利用明渠向附近的自然水体排放。随着城镇的工业、商业和交通的发展,城镇不断扩大,人口也更加集中。与此同时,城镇的生活污水及工业废水量也大量增加,城镇污水的成分也更加复杂。为了改善城镇的卫生条件,人们便将城镇原有的排水明渠改为地下管渠。这便是在城镇早期发展、形成的直泄式合流制排水系统。城镇污水由明渠排出,发展到由地下管渠排出,明显地改善了城镇的卫生条件,但是,并没有改变城镇污水对自然水体的污染。

随着城镇进一步的发展,工业和人口更加向城镇集中。新兴工业的密集,居民卫生条件的提高,使生活污水与工业废水的流量急剧增加。由于大量城镇污水,特别是工业废水大量地向自然水体排放,久而久之,势必造成对自然水体的严重污染,破坏生态的平衡,危害人们的健康。因此,必须对向自然水体排放的城镇污水的水质实行严格限制。基于上述原因,在城镇的排水体制中便出现了分流制的排水系统。对主要构成对自然水体污染的生活污水、工业废水进行单独的收集、输送并经过无害化的处理后,再向水体排放。这样,城镇污水的排放水质得到极大的改善,城镇污水污染自然水体的问题得到了基本解决。如果再将雨水系统中部分初降雨水也截流至污水处理厂,进一步处理后再排放，便消除了初期降水可能对自然水体的污染，使得城镇排水系统对水体的污染降至更低的限度。为保护自然水体的水质及自然环境提供了可靠的保障。

为了对城镇原建的直泄式合流制排水系统进行改造，便又出现了可将城镇污水及部分初降雨水进行无害化处理的截流式合流制排水系统。

在进行城镇环境保护的综合治理工作中，对现存的合流制排水系统的改造是其中重要的组成部分。由于合流制系统的改造是一项相当艰巨、复杂而耗资巨大的工程，因此，改造工程必须在当地总体发展规划的基础上，结合实际情况，确定出经济合理、行之有效的改造方案。其中，重要的一点就是要尽可能有效地发挥原有排水系的作用，减少对自然水体与环境的污染。

目前，对城镇合流制排水系统实施的改造途径，一般有下列几种。

（1）将原有的合流制排水系统改造成为分流制排水系统。实施这种改造的具体做法是：将城镇原有的合流制排水系统改造成为分流制排水系统的雨水系统，再同时增建一套污水排水系统，以形成一个新的分流制排水系统。具备下列条件的合流制排水系统，可以考虑将其改造成为分流制排水系统。

1）改造地区的居民区，有较完善的室内外卫生设备，有利于生活污水与雨水径流的分流。

2）改造地区的工业区、工业企业内，具备可以清浊分流的条件。可以将工业企业内符合放流标准的工业废水纳入城镇污水排水系统，轻度污染的生产废水纳入城镇雨水排水系统或在工业企业内部循环再利用。

3）改造地区城镇道路的横断面，足够容纳改造后新增建的污水管网系统。另外，也不致因改造工程施工而严重影响城镇交通。一般在城镇住房的内部卫生设备日趋完善的今天，将生活污水与雨水径流进行雨污分流是比较容易做到的。而在工业企业内部达到清浊分流，却难度大得多。这是因为，在一般生产工艺较为复杂而生产设备的平面、竖向位置又比较固定的工业企业内部，将工业废水按水质而分别排放的难度是很大的。此外，在道路不太宽但地下管线复杂又密集，地上交通量大又拥挤的大城市，进行这种合流制排水系统的改造工程，不是轻而易举的，而是相当困难的。从某种意义上讲，甚至比新建的排水工程难度和复杂程度还要大些。工程不仅耗资巨大，而且工期也要延续相当长的时间。

（2）在城镇原有合流制排水系统的基础上，增建截流干管，以形成截流式合流制排水系统。

虽然，将合流制排水系统改造成为分流制排水系统是一种比较彻底而有效的途径，但由于这种改造的方式难度大、复杂因素多、施工期长、投资大，因此，在城镇合流制排水系统的改造过程中，多采用保留合流制排水系统，再增建沿水体敷设的截流干管，将原直泄式合流制排水系统，改造成为新的截流式合流制排水系统。

（3）在截流式合流制排水系统中，对溢流混合污水进行适当处理。

随着城镇建设的发展和人口的增长，截流式合流制系统的溢流混合污水也将可能构成对自然环境的严重威胁。所以应进一步考虑在溢流后的混合污水排入自然水体前进行适当的处理，而后再向自然水体排放。通常对溢流混合污水的简单处理方法有沉淀、细筛滤以及必要的投氯消毒等。另外，也可在溢流管渠上增加蓄水池、地下人工水库等，将经过溢流的混合污水引进蓄水池暂时蓄存，待暴雨过后，再陆续排入截流干管，再引入污水处理厂，经处理后再排放。

由于城镇的不断发展和城镇面积的逐渐扩大，会不断出现新的城区，并形成新、旧城区并存的局面。从排水体制的选择上看，在新区可能是采用分流制排水系统。这样，便在一个城镇或地区，可能形成两种不同排水体制并存的状况。

上述两种排水体制的排水系统，其相互连接的方式如图 6.22 所示。

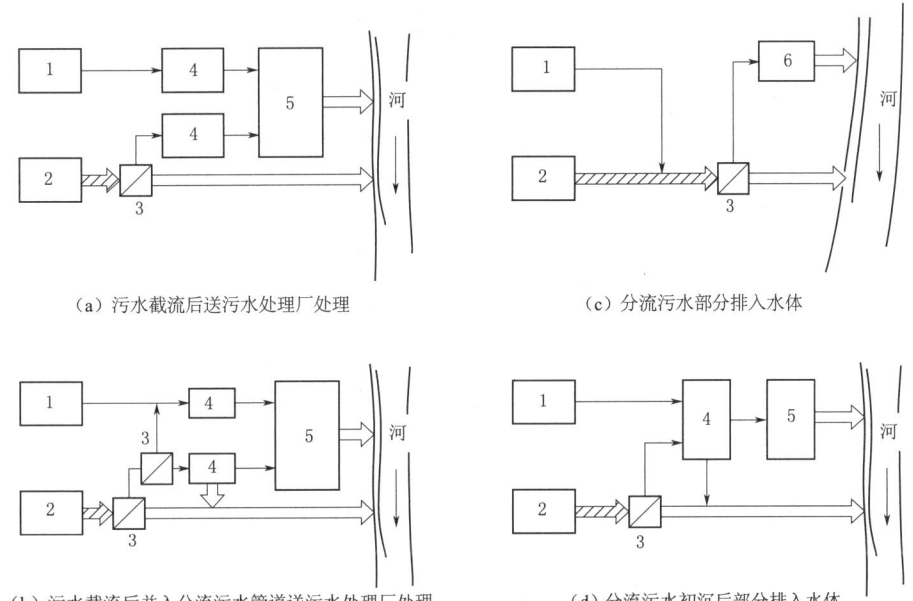

图 6.22 合流制与分流制排水管系统的连接方式

1—分流区域；2—合流区域；3—截流井；4—初沉池；5—曝气池与二沉池；6—污水处理厂

由图 6.22 可知，当合流制系统中雨天截流的混合污水全部由污水处理厂进行二级处理时，分流制与合流制这两种排水系统的连接比较灵活。如果合流制管网系统中雨天截流的混合污水，因污水处理厂处理设备能力的限制而不是全部进行二级处理时，则在雨天有部分混合污水由污水处理厂的二级处理设备前溢流入水。采用（a）、（b）两种连接方式的特点是合流制排水系统的混合污水先溢流，然后再与分流制系统的污水管网连接。截流后的污水全部经过污水处理厂的二级处理，然后再向水体排放；而（c）、（d）两种连接方式则是在管网上，或者是初次沉淀池中汇流，然后，再将部分混合污水溢流入水体，这无疑会使溢流的污水受到更严重的污染。很明显，在合流制系统中，已经被生活污水及工业废水污染过的混合污水又进一步受到分流制系统中污水的二次污染，从环境保护的观点出发，这是不允许的。

思 考 题

1. 如何确定综合生活污水定额？它受哪些因素影响？
2. 如何进行污水管道系统的平面布置？应遵循的原则是什么？

3. 排水支管的布置形式通常有哪几种？
4. 如何计算污水管道的设计流量？
5. 试述污水管道水力计算的方法和步骤。
6. 雨水管渠系统布置的原则是什么？
7. 雨水管渠设计流量如何计算？
8. 常用的排洪沟断面形式有哪些？
9. 截流式合流制排水系统管道有哪些特点？如何确定截流倍数？

实 践 训 练 题

1. 图 6.23 为某厂区污水管道平面图。已知生产污水设计流量为 25L/s，厂内污水经局部处理后允许与生活污水混合排入城镇污水管道。城镇污水管线接管点的管径 D 为500mm，管底高程为 20.500 m；管道 1 点为工厂污水管道接管点，该点埋深定为 2.0m；职工住宅生活污水量标准为 120L/(人·d)，街区人口数如图 6.23 中标注，各管段长度如表 6.22 所示。试进行污水管道系统水力计算（从管段 1-2 至管段 5-6）。

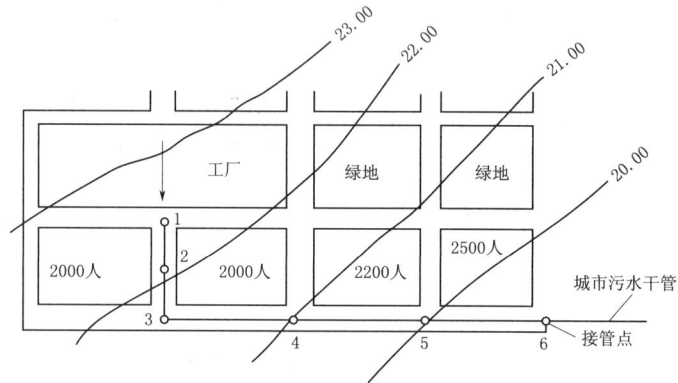

图 6.23 为某厂区污水管道平面图

表 6.22 管 道 长 度

管段编号	1-2	2-3	3-4	4-5	5-6
管段长度/m	100	100	350	360	320

2. 北京某小区面积共 30hm²，其平均径流系数 $\psi=0.47$。当采用设计重现期为 $P=5$ 年、2 年、1 年时，设计降雨历时=30min 时的雨水设计流量各是多少？

项目 7

排水管道（渠）、附属构筑物及管理养护

【学习目标】
1. 知识目标：①能了解排水管渠、材料，掌握排水管道连接及基础形式。②掌握排水系统附属构筑物基本形式与构造要求。③掌握排水系统管理养护的方法与技术要求。
2. 技能目标：①能根据工程要求选择适合的排水管渠形式与材料，正确连接排水管道、选择基础形式。②能正确选择排水系统附属构筑物。③能正确进行排水系统日常管理养护。
3. 思政和素质目标：培养社会责任感和使命感，提升工程管理维护意识，为美丽中国和生态文明建设贡献力量。

7.1 排水管道（渠）及附属构筑物

7.1.1 排水管渠断面形式与材料

管渠有明渠和暗渠之分。暗渠埋在地下，明渠沿地面修筑。城市和工厂中的管渠主要是暗渠，工厂中也常采用加盖明渠。

7.1.1.1 排水管渠的材料要求

排水管渠的材料应满足下列要求。

1. 必须具有足够的机械强度

埋入地下的排水管渠，一般是按重力流设计的，通常情况下不承受内压。然而，在特殊情况下，如：①由于管渠淤塞，形成局部充水时；②当雨水或合流制管网的暴雨径流量，超过设计的满流流量时；③由于清通管渠的需要（如进行污水自冲），人为地使检查井的水位提高时；④在设有排水泵站的管网系统，排水泵站由于事故或其他原因不能及时提升时等，都会使排水管渠产生一定的内压。当然，深埋在地下的排水管渠还要承受土壤压力及车辆行驶所造成的外部荷载。为保证管渠在运输或施工过程中不致损坏，也要求管渠具有一定的机械强度。

此外，对用于压力排水或倒虹管的管渠，则要求承受更大的内压。对用于穿越铁路或高速公路，且埋设深度又较小的管渠，则要求能承受更大的外压。对用于顶管之类的无沟施工中采用的管渠，则要求具有更高的机械强度。

2. 必须不渗水

为了防止管渠内的污水渗出或地下水的渗入，埋入地下的排水管渠应不渗水。地

下管渠污水的渗出，一方面可能污染地下水源；另一方面，可能破坏附近建筑物的基础。当地下水渗入排水管渠时，将会影响排水管网的正常排水能力，还会加大排水泵站及污水处理厂的无功负荷。

3. 应有一定的抗腐蚀、抗冲刷能力

排水管渠对于流动于内部的污水及其杂质形成的冲刷、腐蚀，应具有一定的抵抗能力。此外，对于污水或渗入地下水所造成的浸蚀作用，也应有一定的抵抗能力，以防排水管渠在短期内，很快被磨损或腐蚀，以致不能正常排水。

4. 具有较好的水利条件

在排水管网系统中，排水管渠断面以具备最大截面积、最大的水力半径、最小的湿周为最好。这样，可在一定的坡度条件下，达到流速最大、排水量最大。为了减小管渠的阻率，还要求管渠的内壁光滑、整齐。

5. 经济耐用

用作排水管渠的各种建筑材料，应尽量就地取材，大型管渠，要尽可能大量预制，在施工现场快速安装。这样，可以降低管渠的造价，并可保证工程质量，加快施工进度，减少工程投资。

7.1.1.2 常用排水管渠材料

常用的管渠材料一般有混凝土、钢筋混凝土、球墨铸铁、塑料、钢等。

1. 混凝土管与钢筋混凝土管

混凝土管管径一般小于450mm，长度多为1m，适用于管径小的无压管。其优势包括价格较低，制造方便简单，因此被广泛采用。但抗腐蚀性能差，不耐酸碱，抗渗性能差，管节短、接头多、自重大。

当管道埋深较大或敷设在土质条件不良的地段，为抗外压，当管径大于400mm时通常都采用钢筋混凝土管。钢筋混凝土管可分为轻型钢筋混凝土管和重型钢筋混凝土管，其产品规格可参考《给水排水设计手册》第10册的有关部分。

混凝土管与钢筋混凝土管都适用于排除雨水、污水，可在专门的工厂预制，也可以在现场浇制。管口一般有承插式、企口式、平口式。图7.1为混凝土和钢筋混凝土排水管道的管口形式。

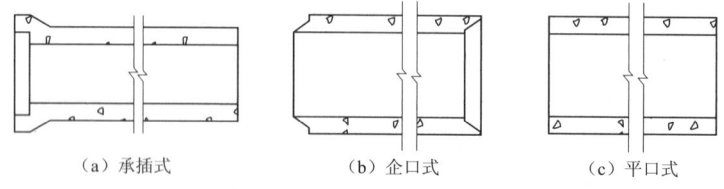

图7.1 混凝土和钢筋混凝土排水管道的管口形式

2. 金属管

常用的金属管有铸铁管和钢管，铸铁管连接方式有承插式和法兰式两种，钢管有焊接和法兰连接。室外排水管渠工程中一般采用金属管较少。只有当管道承受高内外压或对渗漏要求特别高的地方，如排水泵站的进出水管，穿越铁路、倒虹管或靠近给水管道和房屋基础时，才采用金属管。此外，在严重流沙、地下水位较高或地震烈度较大的地区也采用金属管。

金属管质地坚固，抗震抗压，抗渗性能好，管壁光滑，水流阻力小，管节长度大，接口少，且运输和养护方便。但价格较贵，抗腐蚀性能较差。采用钢管时必须充分考虑防腐要求，以防锈蚀。

3. 塑料管

塑料排水管由于其优点突出，现今在排水管道工程中已得到广泛应用，包括聚乙烯管、高密度聚乙烯管和硬聚氯乙烯管等塑料管。但塑料管的主要缺点是管材强度低、易老化。塑料管的管节间一般采用热熔、电熔、胶圈连接等方式。

7.1.1.1.3 排水管渠断面形式

排水管渠的断面形式除必须满足静力学、水力学方面的要求外，还应经济和便于养护。在静力学方面，管道必须有较大的稳定性，在承受各种荷载时是稳定和坚固的。在水力学方面，管道断面应具有最大的排水能力，并在一定的流速下不产生沉淀物。在经济方面，管道单长造价应该是最低的。在养护方面，管道断面应便于冲洗和清通淤积。

常用的管渠断面形式有圆形、半椭圆形、马蹄形、矩形、梯形和蛋形等，如图7.2所示。

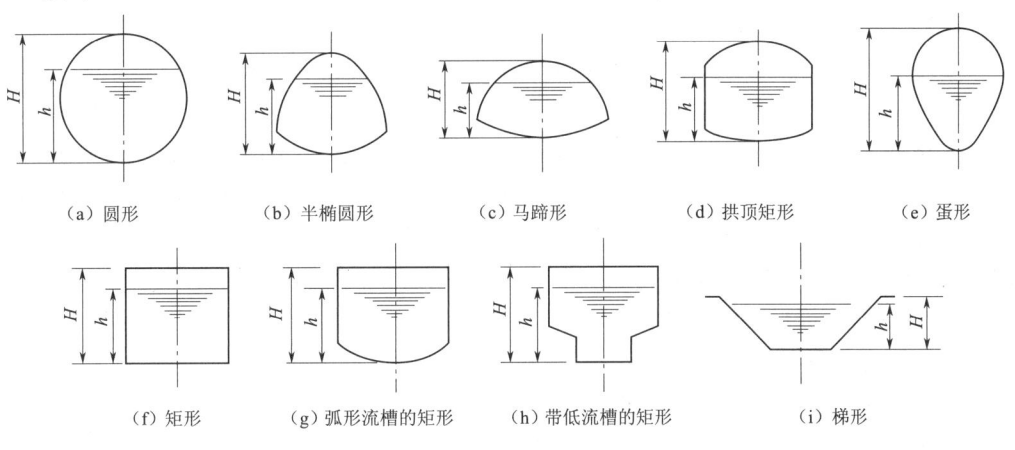

图 7.2 常用管渠断面

1. 圆形断面

该断面具有较好的水力性能，在坡度一定、指定的断面面积具有最大的水力半径，所以流速大、流量大。此外，圆形管道抗外压能力强，便于预制，使用材料经济，运输和施工养护较方便。因此，圆形管在排水工程中被广泛采用。

2. 半椭圆形断面

该断面上部空间较小，在土压力和活荷载较大时，可以更好地分配管壁压力，因而可以减少管壁厚度。在污水量无大变化及管渠直径大于 2m 时，采用此种断面较为合适。

3. 马蹄形断面

该断面高度小于宽度，在地质条件较差或地形平坦，受纳水体水位限制时，需要尽量减少管道埋深以降低造价，可采用此种形式的断面。马蹄形断面的下部较大，对于排除流量无大变化的大流量污水较为适宜。但马蹄形管的稳定性,需依靠还土的坚实度,要求还土坚实,稳定度大,若还土松软,两侧底部的管壁易产生裂缝。

4. 矩形断面

该断面能现场浇制或砌筑,可按需求调整其高度以增大排水量。某些工业企业的污水管道、路面狭窄地区的排水管道以及排洪沟道常采用这种形式。

不少地区在矩形断面的基础上,将渠道底部用细石混凝土或水泥砂浆做成弧形流槽,以改善水力条件。也可在矩形渠道内做低流槽。这种组合的矩形断面是为合流制管道设计的,晴天时污水在小矩形槽内流动,以保持一定的充满度和流速,使之能够免除或减轻淤积程度。

5. 梯形断面

该断面适用于明渠,它的边坡决定于土壤性质和铺砌材料。

6. 蛋形断面

该断面底部较小,理论上来说水力条件好,在小流量时,仍可维持较大的流速,可减少淤积。但是实际管渠养护、管理的经验证明,此种断面的疏通工作比较困难,制作、运输及施工也较复杂。因此,现在较少采用。

7.1.2 排水管道的接口和基础

7.1.2.1 排水管道的接口

已建成的排水管道,在使用过程中,由于管材本身的质量原因而发生渗漏,以至损坏的可能性很小。然而,因为管道的接口处理不好,而造成管道渗漏以至损坏的现象是常见的。由此可见,排水管道接口质量,将会直接影响整个排水管网的使用。

在排水管网系统中,各条管线都是由一节节的管道连接而成的。两节管道之间的连接处,即管道接口,它是整条管线的薄弱环节。从某种意义上讲,排水管道的耐久性及透水性,在相当的程度上要取决于管道接口的强度及其防渗透、防腐蚀的能力。因此,在排水管道工程中,要求管道接口在强度、抗渗透、耐腐蚀等方面都不低于管材本身。为适应各种不同类型的土质条件,对某些排水管道的接口,除了要满足上述要求外,还需要在保证管道有效连接的前提下具有一定的弹性。

按照对排水管道接口的弹性要求,管道接口一般可分为柔性接口、半柔性接口及刚性接口三类。

1. 柔性接口

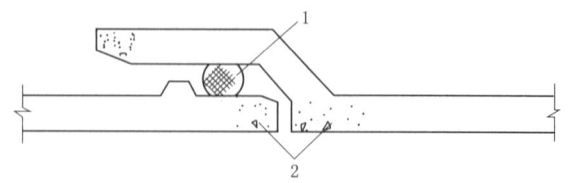

图 7.3 管道橡胶圈接口示意图
1—橡胶圈止水;2—管壁

以柔性接口连接的管道,在保证管道不渗漏并具有相当强度的条件下,允许两管间在轴线方面交错 3~5mm 或相错一个很小的角度。图 7.3 为排水管道工程中应用非常广泛的一种管道柔性接口——承插管道橡胶圈接口。

由图 7.3 可知,这种接口形式仅适用于特殊承插口型式的管道。

橡胶圈接口结构简单、施工方便。采用橡胶圈接口的管道,可以不做混凝土管基，而直接敷设在原状土上。当施工地段土质较差、地基硬度不均，或处于地震地区，可以考虑选用这种管道接口。

2. 半柔性接口

排水管道的半柔性接口的性能及适用条件，介于柔性接口与刚性接口之间。图7.4是半柔性接口的一种。

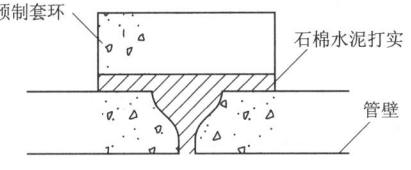

图 7.4　预制套环石棉水泥接口示意图

在排水管道工程中，一般情况下，半柔性管道接口多用柔性接口取代。因此，半柔性管道接口很少使用。除上述一般的管道接口外，对具有一定腐蚀性工业废水的输送和排除，不但要选用耐腐蚀性的管材，也要求具有相应耐腐蚀性的管道接口——特殊填充料的管道接口。

用于防腐蚀管道接口的一般材料有树脂胶泥、沥青胶泥、氯磺化聚乙烯胶泥和硫磺砂等。

3. 刚性接口

以刚性接口连接起来的管道，两管间不能有轴向的交错。在排水管道工程中，经常采用的管道刚性接口是水泥砂浆接口。这种接口造价低，适用于各种管口型式的排水管道，企口管、平口管、承插管均可采用此种接口，如图7.5所示，在管子接口处用1：(2.5～3.0)的水泥砂浆抹成半圆形或其他形状的砂浆带，带宽 $B=120\sim 150$mm，属于刚性接口。

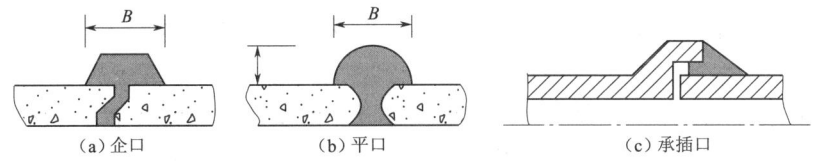

图 7.5　水泥砂浆接口示意图

由于水泥砂浆管道接口的抗震性能低，而且不允许管道接口处有错动，为防止管道渗漏，须保证其整体性。水泥砂浆接口一般适用于地基土质较好的雨水管道，或用于地下水位以上的污水支线上。在土质较差的地区，水泥砂浆管道接口一般应与管道枕形或带形混土基础结合使用。

7.1.2.2　排水管道的基础

一般排水管道的基础由地基、管基、管座三个部分组成，如图7.6所示。深埋在地下的排水管道，要承受车辆、土壤及本身自重等动、静荷载的作用。要使排水管道在上述诸力因素的作用下，保持自身的稳定，从而确保排水管道正常的排水能力。应根据排水管道承受的外部荷载、覆土深度、土质以及地下水等条件，结合选用的管材及其管道接口形式

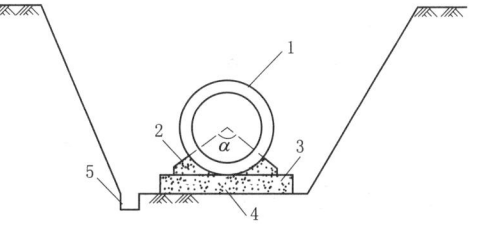

图 7.6　管道基础示意图

1—管道；2—管座；3—管基；4—地基；5—排水沟

等，确定排水管道的基础形式。

1. 管道的地基

在管道的基础结构以下，承受并传递由管道基础传递来的各种荷载及管道与基础的自重，并支持管道与基础的部分，称为管道的地基。

由于排水管道承受的荷载及周围的荷载、土壤，地下水等条件的不同管道地基形式，一般有以下几种。

（1）天然土壤地基。从理论上讲，在一般情况下，即使是充满水的地下管道，其重量也较同体积的原状土壤轻。可见，在排水管道明开槽施工时，在地下土质较好、没有地下水的情况下，只要沟槽底部没有受到扰动，可以用原状土作为管道地基。这种地基称为天然土壤地基。

（2）卵石、碎石地基。地下水位虽在开槽的槽底以上，但是其水量并不大，而且，在施工中，又可将地下水位降至槽底以下，槽底的土质一般，原状土被扰动深度又不超过10cm时，可以用天然级配的卵石或碎石铺设管道地基。

（3）块石地基。当地下水位高于设计槽底标高很多，而且水量又很大，沟槽底部土质较差，被扰动原状土的深度在20～30cm时，可采用大块石作为管道的地基。在大块石的孔隙间须用碎石或卵石填实。最后要在块石层的表面铺设0.5～3.0cm碎石或卵石层，以便再浇筑混土管基。

（4）换土。当沟槽底部土质十分恶劣，如河淤、回填垃圾之类，由于其承载能力很低，不能使管道与基础保持稳定。必要时，要将槽底的劣质土彻底清除，再换上好土。所换新土要做到分层夯实，以确保密实。如能在新土里掺和部分白灰，则效果更为理想。

（5）木筏地基与桩式地基。当地下土质较差且土层又很深，采取换土很不经济或没有来源时，可采用木筏式或桩式地基，但这类情况是很少见的。

2. 管道的基础

管道的基础，一般是指管道地基以上的承托管道的结构部分。管道基础的作用是保证管道在外部荷载的作用下保持其稳定，并将受力通过基础传给地基。当地基因某种原因发生较轻微不均匀沉陷时，可保证管道不致因此而产生错动或滚动。

在排水管道工程中，对污水管道的基础要求较高于雨水管道；管径较大的要高于管径较小的管道；埋设深度大的管道又高于埋设深度较小的管道；防渗要求高的管道也要高于一般的管道。

在排水工程中，经常采用的管道基础有砂基础及混凝土基础。

（1）砂土基础。砂土基础，一般又可分为弧形槽砂基础与砂垫层基础两种，如图7.7所示。

弧形槽砂基础，是在沟槽底部开挖一弧形槽，与敷设管道中心呈90°～120°的夹角。在槽内铺垫2～3cm的粗砂，再将管道安放在槽内，并使其达到设计标高。

1）弧形槽砂基础。弧形槽砂基础，一般适用于管径为600mm以下的小管。而且是在基底土质好、土壤干燥、无地下水的情况下使用。采用陶土管时，其管径应小于

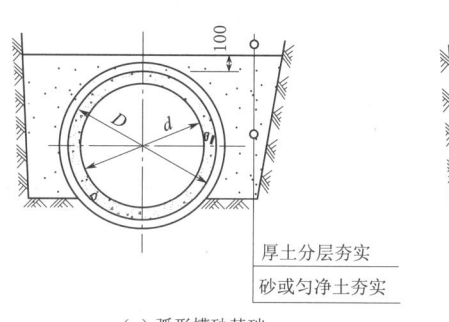 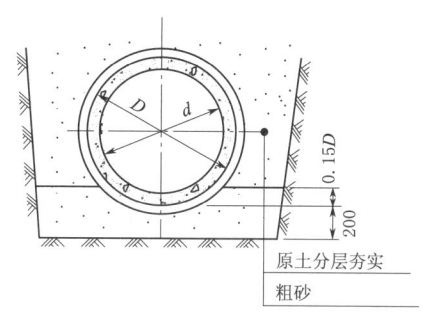

(a) 弧形槽砂基础　　　　　　　(b) 砂垫层基础

图 7.7　砂土基础

或等于 450mm，当采用承插口混凝土管时，其管径应小于或等于 600mm。

2) 砂垫层基础。砂垫层基础是在挖好的弧形管槽上，用带棱角的粗砂填 10～15cm 厚的砂垫层。这种基础适用于无地下水、岩石或多石土壤，管道直径小于 600mm 的混凝土管、钢筋混凝土管及陶土管，管顶覆土厚度 0.7～2.0m 的排水管道。砂垫层的作用，一方面可以保持管道的稳定，另一方面也便于调整管道高程，以使其符合设计要求。

(2) 混凝土基础。排水管道的混凝土基础是由管基和管座两部分组成。由于结构形式的不同，混凝土基础可分为枕形基础和带形基础两种。

1) 混凝土枕形基础。枕形基础是仅设在管道接口处的局部管基与管座，如图 7.8 所示。

枕形基础适用于干燥土壤地区的雨水管道以及不太重要的污水支线。在土壤坚实且地震烈度在 8°以内的地区，雨、污水管道皆可采用枕形基础。

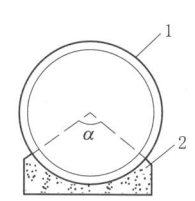 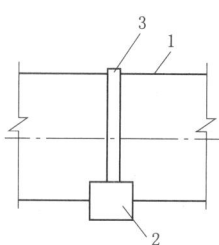

图 7.8　混凝土枕形基础
1—管道；2—基础；3—接口

枕形基础，按管座两端与管道圆心的夹角大小，分成Ⅰ型（夹角为 90°）和Ⅱ型（夹角为 135°）。使用中，可根据设计地区的土质情况以及管道的管径、埋深条件，合理选择。

2) 混凝土带形基础。带形基础是一种沿管线全长敷设的管基与管座。此种管道基础整体性强，抗弯、抗震性能都很好。按圆管中心与管座两端的夹角，带形基础又有 90°、135°、180°之分，如图 7.9 所示。

这种基础适用于各种潮湿土壤，地下水位较高且地震烈度在 8°以上的地区，并适用于雨、污水两种管道。管径为 200～2000mm，无地下水时在槽底老土上直接浇混凝土基础；有地下水时常在槽底铺 10～15cm 厚的卵石或碎石垫层，然后才在上面浇混凝土基础，一般采用强度等级为 C8 的混凝土。当管顶覆土厚度为 0.7～2.5m 时采

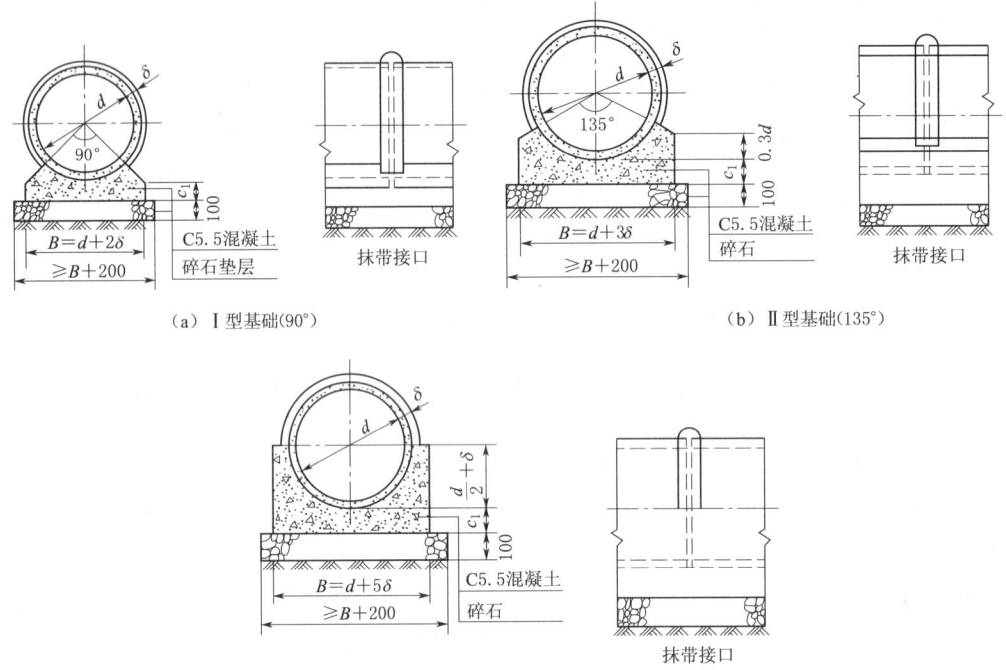

(a) Ⅰ型基础(90°)　　　　　　　　(b) Ⅱ型基础(135°)

(c) Ⅲ型基础(180°)

图 7.9　混凝土带形基础

用 90°管座基础。管顶覆土厚度为 2.6～4.0m 时，用 135°基础；覆土厚度为 4.1～6.m 时，采用 180°基础。在地震区，土质特别松软、不均沉陷严重地段最好采用钢筋混凝土带形基础。

3. 塑料管道基础

塑料管道基础一般采用弧形素土或砂砾基础。对一般土质，可在基底铺设一层砂垫层，其厚度为 0.1m；对软土地基且槽底处在地下水位以下时，可铺垫一层厚度不小于 0.2m 的砂砾基础，一般分两层铺设，下层用粒径为 5～40mm 的碎石，上层铺中、粗砂，厚度不小于 0.05m。砂砾基础的包角依地质条件、管道、输水种类、埋深等条件，通过管道结构计算确定。各种包角基础施工方法与尺寸见图 7.10 和表 7.1。塑料管基础在承插接口部位的凹槽应在敷设管道时随铺随挖，接口完成后立即用砂土回填密实。对地基松软或不均匀沉降地段，管道基础或地基应采用加固措施。

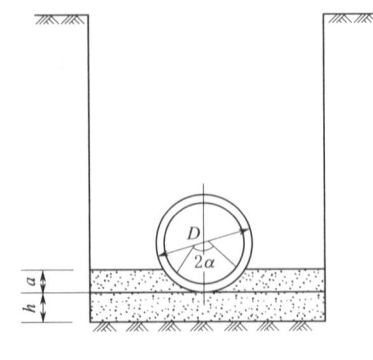

图 7.10　砂砾基础构造

表 7.1　　　　　　　　　　砂砾基础构造

基础包角 $2\alpha/(°)$	各部分尺寸/mm		说　　明
	h	a	
90		0.15D	一般土质 h 用粗砂 0.1m 铺垫；软土地基且槽底处在地下水位以下时，宜铺垫一层厚度不小于 0.2m 的沙砾基础
120	100～200	0.25D	
180		0.5D	

7.1.3　排水管渠系统的附属构筑物

为了保证排水系统的正常工作，除了设置管渠本身外，还需设置某些附属构筑物。这些附属构筑物在排水管渠系统总造价中占有相当的比例，因此如何使这些构筑物建造得合理，并使其充分发挥最大作用，是排水管渠系统设计和施工中的重要问题之一。

7.1.3.1　雨水口、连接暗井、截流井

1. 雨水口

雨水口是在雨水管渠或合流管渠上收集地面雨水的构筑物，雨水径流通过雨水口与连接管进入排水管渠。雨水口一般应设在交叉路口、路侧边沟的一定距离处及没有道路边石的低洼地方，以保证迅速、有效地收集地面雨水。雨水口的形式和数量一般应按汇水面积所产生的径流量、雨水口的泄水能力和道路形式来确定。一般一个平箅雨水口每秒可排泄 15～20L 的地面径流。在路侧边沟以及路边低洼地点，雨水口的设置间距还要考虑道路的纵坡和路边石的高度。道路上雨水口的间距一般为 25～50m，在低洼和易积水的地段，应根据需要适当增加雨水口的数量。

雨水口的构造包括进水箅、井筒和连接管三部分，如图 7.11 所示。为方便施工

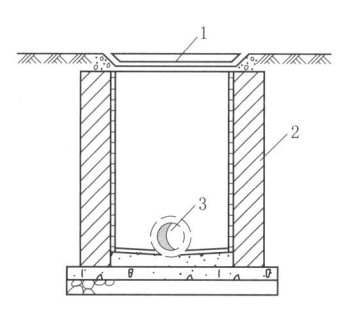
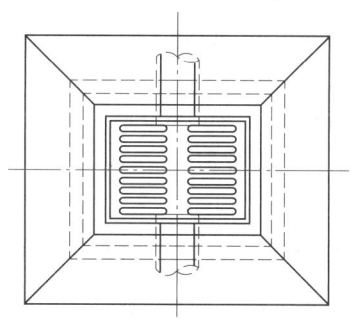

图 7.11　平箅雨水口
1—进水箅；2—井筒；3—连接管

并保证质量控制，雨水口宜采用成品雨水口。雨水口的进水箅条方向与进水能力有很大关系，箅条与水流方向平行比垂直的进水效果好，因此有些地方将进水箅条设计成纵横交错的形式，以便排除路面上不同方向流来的雨水，如图 7.12 所示。

雨水口进水箅按其在街道上的设置位置可分为边

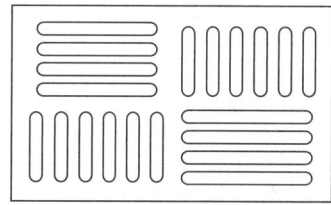

图 7.12　箅条交错排列的进水箅

沟进水箅、边石进水箅和联合式雨水口进水箅，如图7.13所示。边沟雨水口的进水箅稍低于边沟底水平放置；边石雨水口的进水箅嵌入边石垂直放置；联合式雨水口则在边沟底和边石侧面都安装了进水箅。

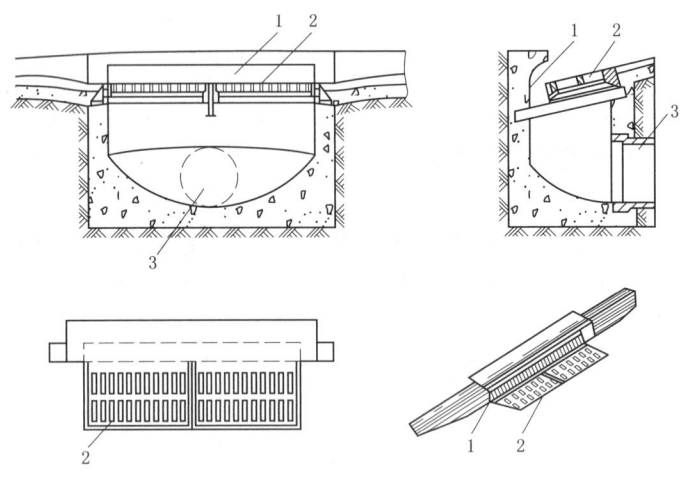

图7.13 双箅联合式雨水口
1—边沟进水箅；2—边石进水箅；3—连接管

雨水口底部可根据需要做成有沉泥井或无沉泥井的形式。有沉泥井的雨水口可以截留雨水所夹带的泥沙、石屑，避免它们进入管道造成堵塞。但沉泥井易积水而滋生蚊蝇、散发臭气，需要及时清除井底的截流物，天暖多雨季节要定时加药。

雨水口以连接管接入检查井，连接管径应根据箅数及泄水量由计算确定。连接管的最小管径一般为200mm，连接管坡度一般不小于1%，雨水连接管的长度一般不宜大于25m，连接管串联雨水口的个数不宜超过3个。

2. 连接暗井

当管道的直径大于800mm时，也可在连接管与管道连接处不另设检查井，而设连接暗井，如图7.14所示。

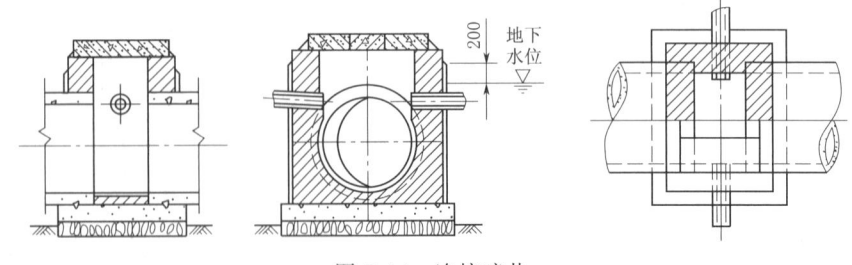

图7.14 连接暗井

3. 截流井

在截流式合流制管渠系统中，截流井设置在合流管渠与截流干管的交会处，用来将超过截流井下游管渠输水能力的那部分水量排除。常见的截流井有截流槽、溢流堰式和跳跃堰式三种。截流槽式截流井是在井中设置截流槽，槽顶与截流干管的管顶相平，如图 7.15 所示；溢流堰式截流井的溢流堰设在截流管的侧面，如图 7.16 所示；跳跃堰式截流井如图 7.17 所示。

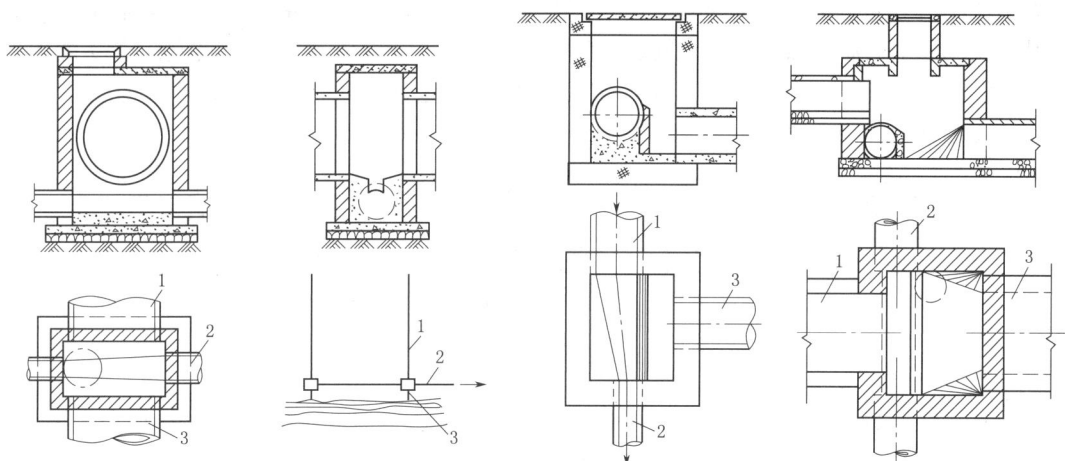

图 7.15　截流槽式截流井
1—合流管渠；2—截流干管；3—排出管渠

图 7.16　溢流堰式截流井
1—合流管道；2—截流干管；3—排出管道

图 7.17　跳跃堰式截流井
1—合流管道；2—截流干管；3—排出管道

7.1.3.2　检查井、跌水井、水封井、换气井

1. 检查井

为了便于对管渠系统进行定期检修和清通，需在管道适当位置设置检查井，一般设置在管道交会处、转弯处、管径或坡度变化处、跌水处及直线管段上每隔一定距离处。检查井在直线段上的最大间距与疏通方法有关，在不影响街坊接户管的前提下，可按表 7.2 取值。在无法进行机械养护的地区，检查井间距不宜大于 40m。

表 7.2　检查井在直线段的最大间距

管径/mm	300～600	700～1000	1100～1500	1600～2000
最大间距/m	75	100	150	200

检查井基本构造包括井底（含基础）、井身和井盖（含盖底）这三部分，如图 7.18 所示。检查井宜采用成品井，其位置应充分考虑成品管节的长度，避免现场切割，以免接口不严密造成地下水渗入。

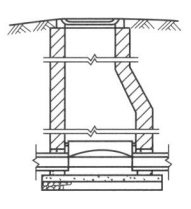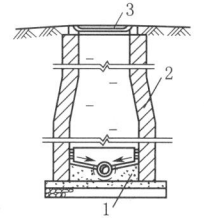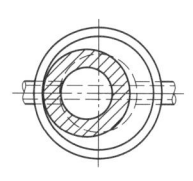

图 7.18　检查井
1—井底；2—井身；3—井盖

检查井井底材料一般采用低标号混凝土，基础采用碎石、卵石、碎砖夯实或低标号混凝土。井底应设流槽，污水管道的检查井流槽顶可与 0.85 倍大管管径高处相平，雨水管渠和合流管渠的检查井流槽顶可与 0.5 倍大管管径处相平。流槽两侧至检查井壁间的底板（称沟肩）应有一定宽度，一般应不小于 20cm，以便养护人员下井操作，

并应有 0.02～0.05 的坡度坡向流槽。在管渠转弯处,检查井内流槽中心线的弯曲半径应按转角大小和管径大小确定,但不宜小于大管的管径。检查井底流槽的平面形式如图 7.19 所示。检查井井身的材料可采用石、混凝土或钢筋混凝土,不得采用实心黏土砖砌检查井。井身的平面形状一般为圆形或方形。检查井应采用具有防盗功能的井盖。位于路面上的井盖,宜与路面持平,位于绿化带内的井盖,不应低于地面。检查井应安装防坠落装置。

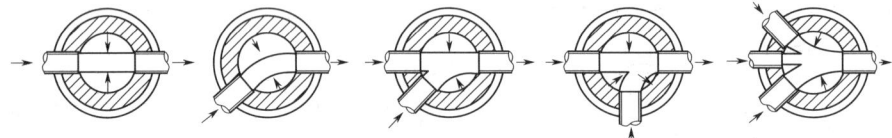

图 7.19 检查井底流槽的平面形式

2. 跌水井

跌水井是设有消能设施的检查井,可以克服水流跌落时产生的巨大冲击力,管道转弯处不宜设跌水井。当上下游管段跌水水头为 1.0～2.0m 时,宜设跌水井;跌水水头大于 2.0m 时,应设跌水井。当跌水水头在 1m 以内时可不设跌水井,将检查井井底做成斜坡即可。当管径不大于 200mm 时,一次跌水水头高度不得大于 6m;管径为 300～600mm 时,一次跌水水头高度不宜大于 4m。跌水方式可采用竖管式(图 7.20)或矩形竖槽。管径大于 600mm 时,其跌水水头高度及跌水方式应按水力计算确定。

为保证管网系统安全,污水和合流管道上的跌水井,宜设排气通风措施,并应在该跌水井和上下游各个检查井的井室内部及这三个检查井之间的管道内壁采取防腐蚀措施。

3. 水封井

当工业废水或生产污水能产生引起爆炸或火灾的气体时,其管道系统中必须设水封井。水封井应设在产生上述废水的排出口处及其干管上适当间隔距离处。水封井以及同一管道系统中的其他检查井,都不应设在车行道和行人众多的地段,并应适当远离明火。水封深度不应小于 0.25m,井上宜设通风设施,井底应设沉泥槽,如图 7.21 所示。

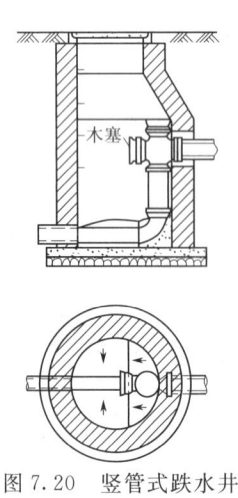

图 7.20 竖管式跌水井

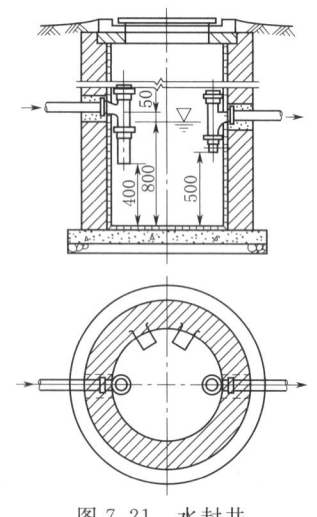

图 7.21 水封井

4. 换气井

换气井是一种设有通风管的检查井。图 7.22 为换气井的形式之一。由于污水中的有机物常在管道中沉积而厌氧发酵，发酵分解产生的甲烷、硫化氢、二氧化碳等气体，如与一定体积的空气混合，在点火条件下将会产生爆炸，甚至引起火灾。所以为了防止此类事件的发生，同时也为了保证工人在检修管道时的安全，有时在街道排水管的检查井上设置通风管，使有害气体在住宅管的抽风作用下，随同空气沿庭院管道、出户管及竖管排入大气中。

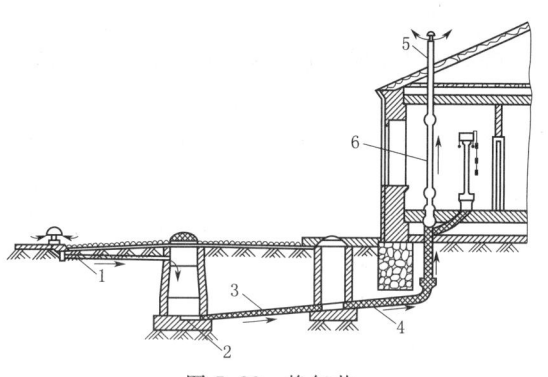

图 7.22 换气井
1—通风管；2—街道排水管；3—庭院管；
4—出户管；5—透气管；6—壁管

7.1.3.3 倒虹管

排水管渠穿越河道、山涧、洼地、铁路或地下构筑物等障碍物时，不能按原有的坡度埋设，而是按下凹的折线方式从障碍物下通过，这种管道称为倒虹管。倒虹管一般由进水井、下行管、平行管、上行管和出水井等组成，如图 7.23 所示。

倒虹管线应尽可能与障碍物正交通过，以缩短其长度。通过河道的倒虹管，不宜少于两条；通过谷地、旱沟或小河的倒虹管可采用一条。通过障碍物的倒虹管，尚应符合与该障碍物相交的有关规定。由于倒虹管的清通比一般管道困难得多，因此必须采用各种措施来防止倒虹管内污泥淤积。

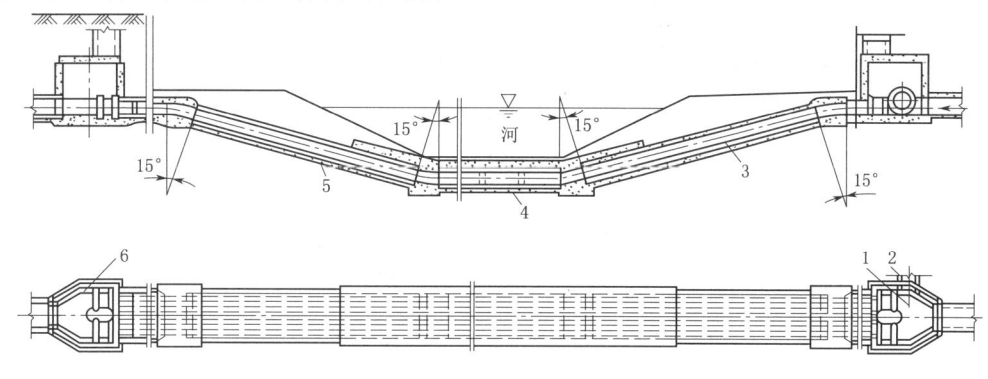

图 7.23 倒虹管
1—进水井；2—事故排出口；3—下行管；4—平行管；5—上行管；6—出水井

7.1.3.4 冲洗井、防潮门

1. 冲洗井

当污水管内流速不能保证自清时，可设置冲洗井以防止淤塞。常采用的是人工冲洗井，其构造简单，是一个具有一定容积的普通检查井。冲洗井出流管道上设有闸门，井内设溢流管防止井中水深过大。冲洗水可采用上游污水或自来水，用自来水时，供水管的出口必须高于溢流管管顶，以免污染自来水。自动冲洗井的特点是一般采用虹吸式，构造复杂，造价高，很少采用。冲洗井使用条件是管径小于400mm的管道，冲洗管道长度一般为250m左右。

2. 防潮门井

防潮门井是装有防潮闸门的检查井。临海、临河城市的排水管道，往往受到潮汐和外界水体水位的影响，为防止潮水或河水倒灌进排水管道，在排水管道出水口上游的适当位置应设置防潮门井。防潮门一般为铁制，略带倾斜地安装在井中上游管道出口处，倾斜度一般为1∶10~1∶20。排水管道无水时，防潮门靠自重密闭；上游排水管道来水时，水流顶开防潮门排入水体；涨潮时，防潮门靠下游潮水压力密闭，使潮水不会倒灌入排水管道，如图7.24所示。

7.1.3.5 出水口

排水管渠出水口的位置、形式和出口流速，应根据受纳水体的水质要求、水体的流量、水位变化幅度、水流方向、波浪状况、稀释自净能力、地形变迁和气候特征等因素确定。

出水口一般设在岸边，当排水需要同受纳水体充分混合时，可将出水口伸入水体中，伸入河心的出水口应设标志。雨水排水管出水口宜采用非淹没式排放，出水口顶不宜低于多年平均洪水位，一般应在常水位以上，以免水体倒灌。污水排水管出水口为使污水与水体水较好地混合，宜采用淹没式排放，出水口淹没在水体水面以下。出水口应采取防冲刷、消能、加固等措施，并设置警示标志。出水口与水体岸边接连处，一般做成护坡或挡土墙，以保护河岸及固定出水管渠与出水口，如图7.25和图7.26所示。江心分散式出水口如图7.27所示。

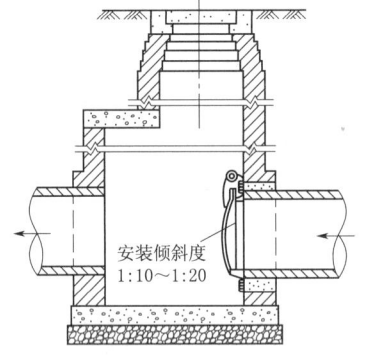

图7.24 防潮门井

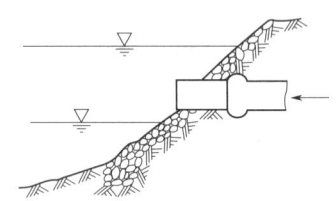

图7.25 护坡式出水口

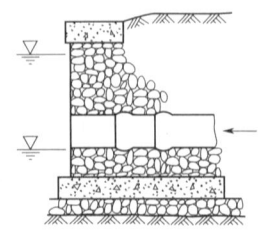

图7.26 挡土墙式出水口

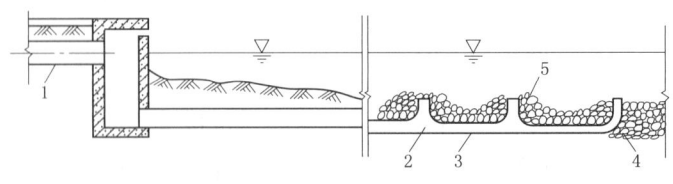

图7.27 江心分散式出水口

1—进水管渠；2—T形管；3—渐缩管；4—弯头；5—石堆

7.2 排水管渠系统的管理和养护

排水管渠系统建成通水后,为保证其正常工作,必须经常进行养护和管理。排水管渠内常见的故障有:污物淤塞管道,过重的外荷载,地基不均沉陷或污水的侵蚀作用,使管渠损坏、裂缝或腐蚀等。

管理和养护的主要任务是:①验收排水管渠;②监督排水管渠使用规则的执行;③经常检查、冲洗或清通排水管渠,以维持其通水能力;④修理管渠及其构筑物,并处理意外事故等。

城镇排水系统的管理一般可分为管渠系统、排水泵站和污水厂三部分。工厂的排水系统一般由工厂自行管理和养护。在城镇管渠系统的养护中,可根据管渠中沉积污物可能的大小,划分若干养护等级,以便对其中水力条件差、排入管渠污物较多的管渠段给予重点养护。

7.2.1 排水管渠系统的管理

排水管渠系统的管理,在不同的城镇有不同的管理模式。有的城镇实行统一管理,即将排水管道、排水泵站和污水处理厂统一交给一个机构进行管理;有的城镇实行分散管理,即由一个机构负责排水管渠的管理,由另一个机构负责排水泵站和污水处理厂的管理;还有的城镇实行分级管理,即连接支管由所在地区的一个机构管理,而排水总管则由另一个机构来统一管理。采用何种管理模式,主要取决于工程规模和如何达到管理的效率最高、管理的力度最大,能确保排水管渠系统发挥最好的效益。

城镇对排水管渠系统的管理逐步实现计算机化,如:建立城镇排水管理信息系统,将排水管渠系统的用户资料、现有排水设施的图纸档案、排水管渠系统运行数据、养护维修的记录都存储在计算机内,随时调用,以便对排水管网系统进行科学的优化控制调度与指挥决策,以及对城镇地区暴雨径流雨水的水质水量进行管理等。

7.2.2 排水管渠系统养护

排水管渠系统养护的目的是使排水管渠系统始终保持良好和安全的运行状态,发挥排水管渠的功能。

排水管渠系统的养护包括对管渠的定期检查、定期进行污泥清除和管道的疏通等。其具体包括:对雨水口、检查井清掏积泥,洗刷井壁,配齐或更换井盖、井座及踏步;对排水管道定期清通;对排水明渠定期整修边坡、清除污泥;对污水排放口经常巡视,及时制止向排放口倾倒垃圾和在其附近堆物占用等。

排水管渠系统管理养护中,经常性的和大量的工作是清通排水管渠。在排水管渠中,往往由于水量不足、坡度较小、污水中污物较多或施工质量不良等原因而发生沉淀、淤积,淤积过多使得管渠的通水能力降低,甚至使管渠堵塞。因此,必须进行定期清通。清通的方法主要有人工清掏、水力清通和机械清通。

1. 人工清掏

人工清掏是在淤积污物可靠人力清除时所采用的清掏方法,如雨水口的清掏,这在管道养护中被称为把守大门，雨水口干净了，进入管道的垃圾就会减少。清掏作业的工作量很大，通常要占整个养护工作量的60%～70%。

2. 水力清通

水力清通的方法是用水对管道进行冲洗。既可利用管道内污水自冲，也可利用自来水或河水进行冲洗。在用管道内污水自冲时，管道本身必须具有一定的流量，同时管内淤泥不宜过多（20%左右）；在用自来水冲洗时，通常从消防龙头或街道集中给水栓取水，或用水车将水送到冲洗现场。一般来说，在街坊内的污水支管，每冲洗一次需水2000～3000L。图7.28为水力清通操作示意图。

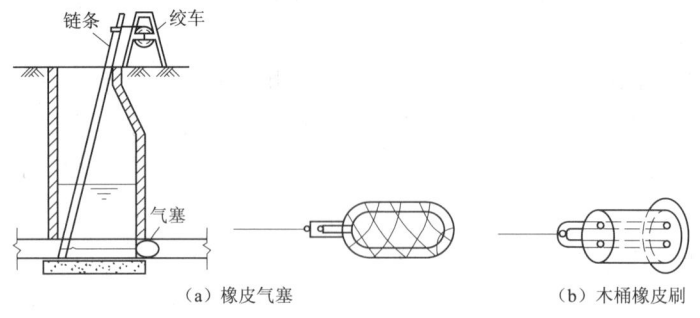

图7.28　水力清通操作示意图

首先用一个一端由钢丝绳系在绞车上的橡皮气塞或木桶橡皮刷堵住检查井下游管段的进口，使检查井上游管段充水，待上游管中充满并在检查井中水位提高至1m左右以后，突然放走气塞中部分空气，使气塞缩小，气塞便在水流的推动下往下游浮动而刮走污泥，同时水流在上游较大水压作用下，以较大的流速从气塞底部冲向下游管段。这样，沉积在管底的淤泥便在气塞和水流的冲刷作用下排向下游的检查井，管道得到清洗。

污泥排入下游检查井后，可用吸泥车抽运走。由于污泥含水率很高，采用泥水分离吸泥车，可以减少污泥的运输量，同时可以回收其中的水用于下游管段的清通。在使用泥水分离吸泥车时，污泥被安装在卡车上的真空泵从检查井吸上来后，进入储泥罐经过筛板和工业滤布组成的脱水装置连续真空吸滤脱水，脱水后的污泥储存在罐内，而滤出的水则经车上的储水箱排至下游检查井内，整个操作过程均由液压控制系统自动控制。

通常，水力清通不仅能清除下游管道250m以内的淤泥，而且在150m以内上游管道中的淤泥也能得到相当程度的清除。当检查井的水位升高到1.20m时，突然松塞放水，不仅可清除污泥，而且可冲刷出沉在管道中的碎砖石。但在管渠系统相通的地方，当一处用了气塞后，虽然此处的管渠被堵塞了，由于上游的污水可以流向别的管段，无法在该管渠中积存，气塞也就无法向下游移动，此时只能采用水力冲洗车或运水来冲洗，消耗的水量较大。

采用水力冲洗车进行管道的清通，这种冲洗车由半拖挂式的大型水罐、机动卷管器、消防水泵、高压胶管、射水喷头和冲洗工具箱等组成。它的操作过程是：由汽车发动机供给动力，驱动加压水泵，将从水罐抽出的水加压到1.1～1.2MPa；高压水沿高压胶管流到射水喷嘴，水流从喷嘴强力喷出，推动喷嘴向反方向运动，同时带动胶管在排水管道内前进；强力喷出的水柱冲带管道内的沉积物使之成为泥浆并随水流流至下游检查井。当喷头到达下游检查井时，减小水的喷射压力，由卷管器自动将胶管抽回，抽回胶管时仍继续从喷嘴喷射出低压水，以便将残留在管内的污物全部冲刷到下游检查井，然后由吸泥车吸出。对于表面锈蚀严重的金属排水管道，可采用在射高压水中加入硅砂的喷枪冲洗，其效果更佳。

水力清通方法操作简便、效率较高、操作条件好，目前已得到广泛的应用。

3. 机械清通

当管渠淤塞严重，淤泥已黏结密实，水力清通的效果不好时，需要采用机械清通方法。图 7.29 为机械清通操作示意图。它首先用竹片穿过需要清通的管渠段，竹片一端系上钢丝绳，绳上系住清通工具的一端。在清通管渠段两端检查井上各设一架绞车，当竹片穿过管渠段后将钢丝绳系在一架绞车上，清通工具的另一端通过钢丝绳系在另一架绞车上，然后利用绞车往复绞动钢丝绳，带动清通工具将淤泥刮至下游检查井内，使管渠得以清通。绞车的动力可以是手动，也可以是机动。

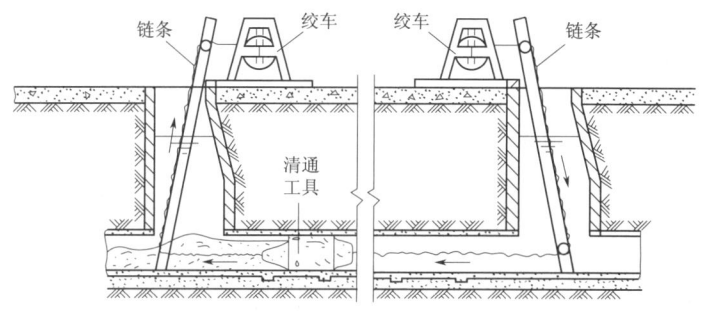

图 7.29 机械清通操作示意图

机械清通工具的种类繁多，按其作用分，有耙松淤泥的骨筋形松土器；有清除树根及破布等沉淀物的弹簧刀和锚式清通工具；有用于刮泥的清通工具，如胶皮刷、钢丝刷、铁牛等。清通工具的大小应与管道管径相适应。当淤泥数量较多时，可先用小号清通工具，待淤泥清除到一定程度后再用与管径相适应的清通工具。在清通大管道时，由于检查井井口尺寸的限制，清通工具可分成数块，在检查井内拼合后再使用。

新型的排水管渠清通工具还有气动式通沟机与钻杆通沟机。气动式通沟机借压缩空气把清泥器从一个检查井送到另一个检查井，然后用绞车通过该机尾部的钢丝绳向后拉，清泥器的翼片及时张开，把管内淤泥刮到检查井底部。钻杆通沟机是通过汽油机或汽车引擎带动一机头旋转，把带有钻头的钻杆通过机头中心由检查井通入管道内，机头带动钻杆转动，使钻头向前钻进，同时将管内的淤积物清扫到另一个检查井中，在淤泥被刮到下游检查井后，可用吸泥车吸出。

吸泥车的类型有装有隔膜泵的吸泥车、装有真空泵的真空吸泥车和装有射流泵的射流泵式吸泥车。

4. 雨水口防臭

雨水口异臭影响环境卫生。防臭技术可分为两类：一类是挡板式，即在雨水箅下面安装一个由门框和活门组成的挡板，平时靠弹簧或平衡块使活门保持关闭状态，下雨时活门自动开启。这类装置兼有防蚊蝇、防老鼠、防蟑螂、防臭等多功能，大多由尼龙制成，少数采用不锈钢。挡板式的优点是不需要改造原有雨水口，价格较低、安装方便兼多种功能，缺点是活门有时会被杂物卡住而导致失灵。另一类是水封式防臭装置，这是一种工厂预制的混凝土雨水口，管口处有一道混凝土挡板，雨水需从挡板下面以倒虹的方式进入管道，其缺点是在久旱无雨的季节里，水封式雨水口会因缺水而导致水封失效。

5. 生产操作安全

排水管渠的养护工作必须注意安全，管渠中的污水通常能析出硫化氢、甲烷、二氧化碳等气体，某些生产污水能析出石油、汽油或苯等气体，这些气体与空气中的氮混合能形成爆炸性气体。煤气管道失修、渗漏也能导致煤气逸入排水管渠中造成危险。如果养护人员要下井，除应有必要的劳保用具外，必须先将安全灯放入井内，如有有害气体，由于缺氧，灯将熄灭；如有爆炸性气体，灯在熄灭前会发出闪光。在发现管渠中存在有害气体时，必须采取有效的排除措施，如：将相邻两检查井的井盖打开一段时间，或者用抽风机吸出气体，排气后要进行复查。即使确认有害气体已被排除，养护人员下井时仍应有适当的预防措施，如：在井内不得携带有明火的灯，不得点火或抽烟，必要时可戴上附有气带的防毒面具，穿上系有绳子的防护腰带，井上留人，以备随时给予下井人员必要的援助。

7.2.3 排水管网修复

系统地检查管渠的淤塞及损坏情况，有计划地安排管渠的修复，是养护工作的重要内容。当发现管渠系统有损坏时，应及时修复，以防损坏处扩大而造成事故。

管渠的修复有大修与小修之分，应根据各地的技术和经济条件来划分。修理内容包括：检查井、雨水口顶盖等的修理与更换；检查井内踏步的更换，砖块脱落后的修理；局部管渠段损坏后的修补；由于出户管的增加需要添建的检查井及管渠；或由于管渠本身损坏严重、淤塞严重，无法清通时所需的整段开挖翻修。

1. 热塑内衬法修复

为减少地面开挖，采用热塑内衬法技术进行排水管道的修复。

热塑内衬法技术的主要设备是一辆带吊车的大卡车、一辆加热锅炉挂车、一辆运输车、一只大水箱。其操作步骤是：在起点窨井处搭脚手架，将聚酯纤维软管管口翻转后固定于导管管口上，导管放入窨井，固定在管道口，通过导管将水灌入软管的翻转部分，在水的重力作用下，软管向旧管内不断翻转、滑入、前进，软管全部放完后，加 65℃热水 1h，然后加 80℃热水 2h，再注入冷水固化 4h，最后借助水下作业工具割开导管与固化管的连接，修补管渠的工作全部完成。图 7.30 为

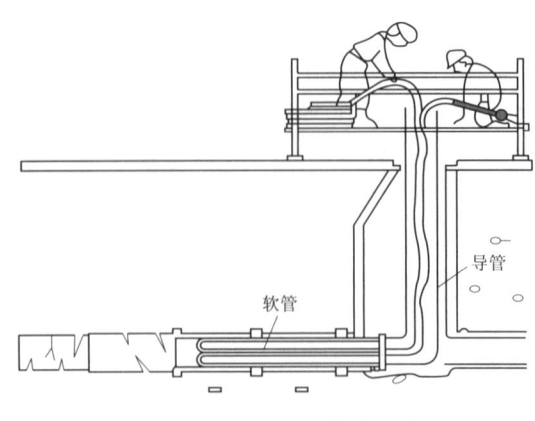

图 7.30　热塑内衬法技术示意图

热塑内衬法技术示意图

2. 胀破内衬法修复

胀破内衬法是以硬塑管置换旧管道，如图 7.31 所示。其操作步骤是：在一段损坏的管道内放入一节硬质聚乙烯塑料管，前端套接一钢锥，在前方窨井设置一强力牵引车，将钢锥拉入旧管道，旧管胀破，以塑料管替代，一根接一根直达前方检查井。两节塑料管的连接用加热加压法。为保护塑料管免受损伤，塑料管外围可采用薄钢带缠绕。

图 7.31 胀破内衬法技术示意

上述两种技术适用于各种管径的管道，且可以不开挖地面施工，但费用较高。

当进行检查井的改建、增建或整段管渠翻修时，常常需要断绝污水的流通，应采取措施，如安装临时水泵将污水从上游检查井抽送到下游检查井，或者临时将污水引入雨水管渠中。修理项目应尽可能在短时间内完成，如能在夜间进行更好。在需时较长时，应与有关交通部门取得联系，设置路障，夜间应挂红灯。

7.2.4 排水管渠渗漏检测

排水管道的渗漏检测是一项重要的日常管理工作，但常常受到忽视。如果管道渗漏严重，将不能发挥应有的排水能力。为了保证新管道的施工质量和运行管道的完好状态，应进行新建管道的防渗漏检测和运行管道的日常检测。图 7.32 表示一种低压空气检测方法，是将低压空气通入一段管道，记录管道中空气压力降低的速率，检测管道的渗漏情况。如果空气压力下降速率超过规定的标准，则表示管道施工质量不合格，或者需要进行修复。

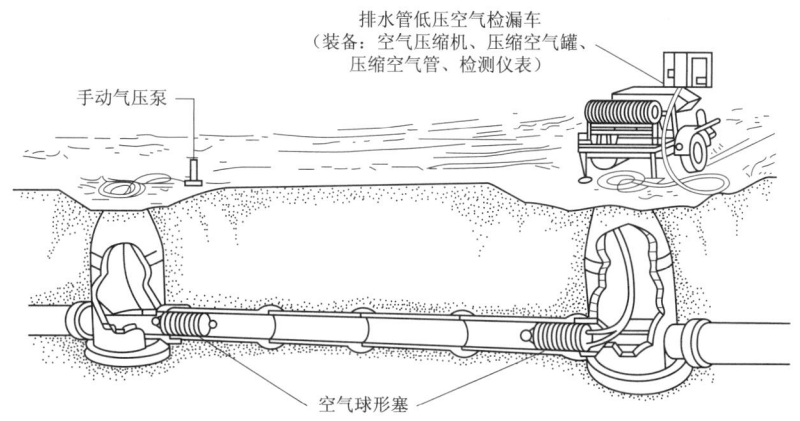

图 7.32 排水管道渗漏的低压空气检测示意

思 考 题

1. 对排水管渠的材料有何要求？常用的排水管渠有哪几种？各有何优缺点？
2. 排水管渠的断面形式必须满足哪些要求？为何常用圆形断面？
3. 排水管渠中，为何要设置检查井？试说明其基本构造及设置位置。
4. 排水检查井的底部为何要做流槽？
5. 跌水井的作用是什么？常用的跌水井形式有哪些？
6. 雨水口由哪几部分组成？雨水口的设置类型及布置形式有哪些？试说明雨水口的设置位置。
7. 倒虹管由哪几部分组成？在什么情况下设置倒虹管？设计倒虹管时应注意哪些问题？
8. 截流井的作用及常用形式有哪些？
9. 排水管渠系统管理和维护的任务是什么？
10. 排水管道的清通方法有哪些？
11. 排水管道的修复方法有哪些？

附 录

附录 A 钢筋混凝土圆管（不满流 $n=0.014$）水力计算图

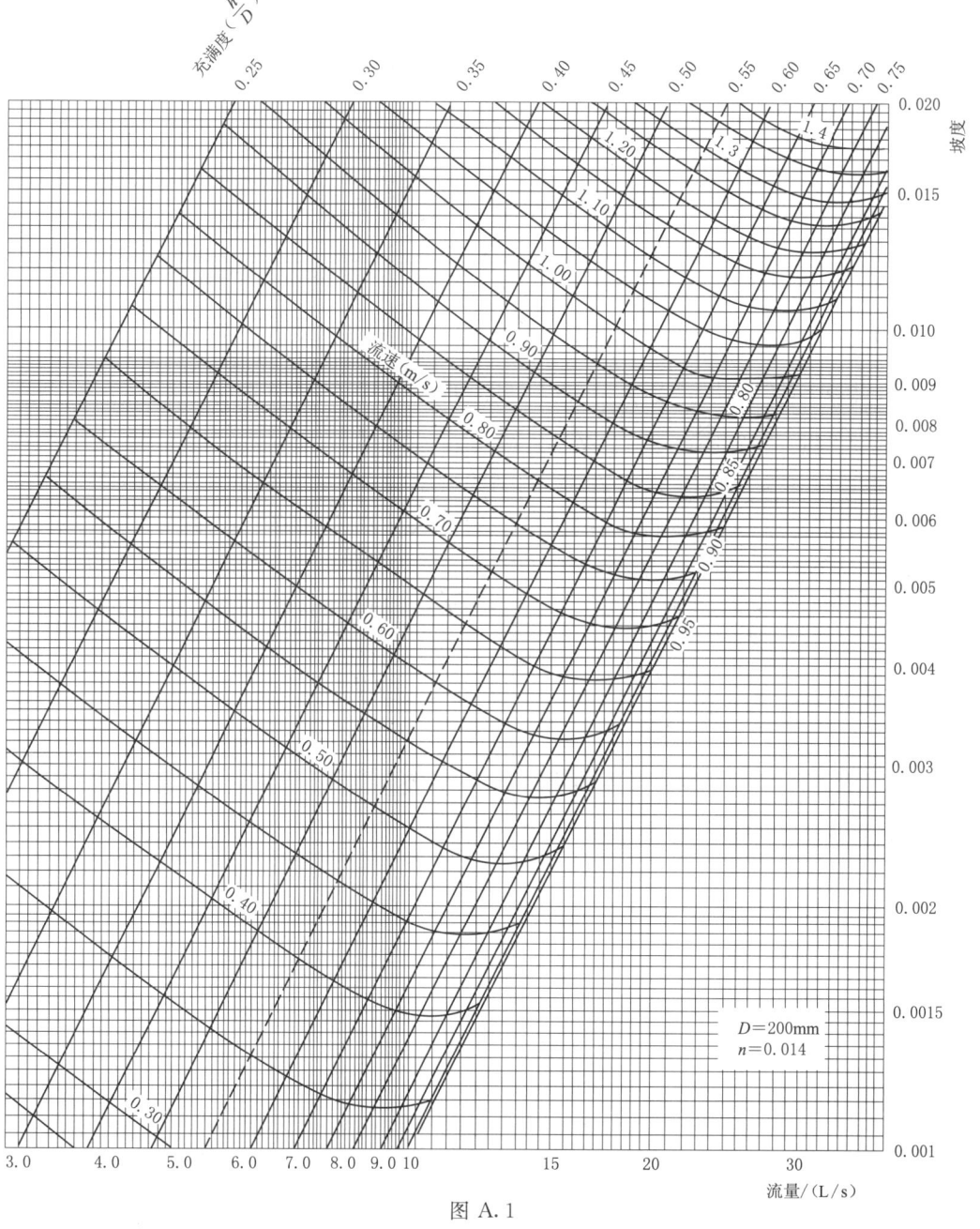

图 A.1

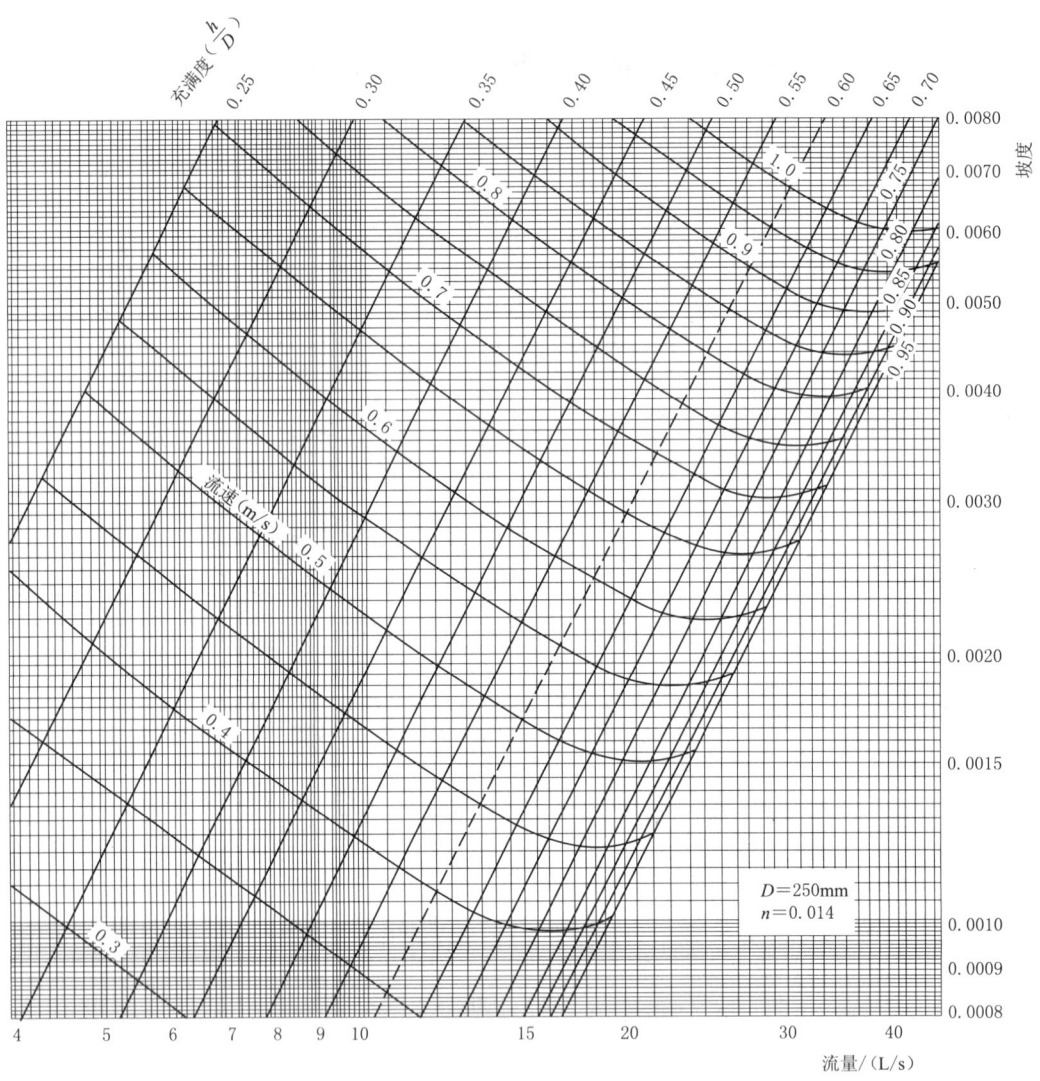

图 A.2

钢筋混凝土圆管（不满流 $n=0.014$）水力计算图 | 附录 A

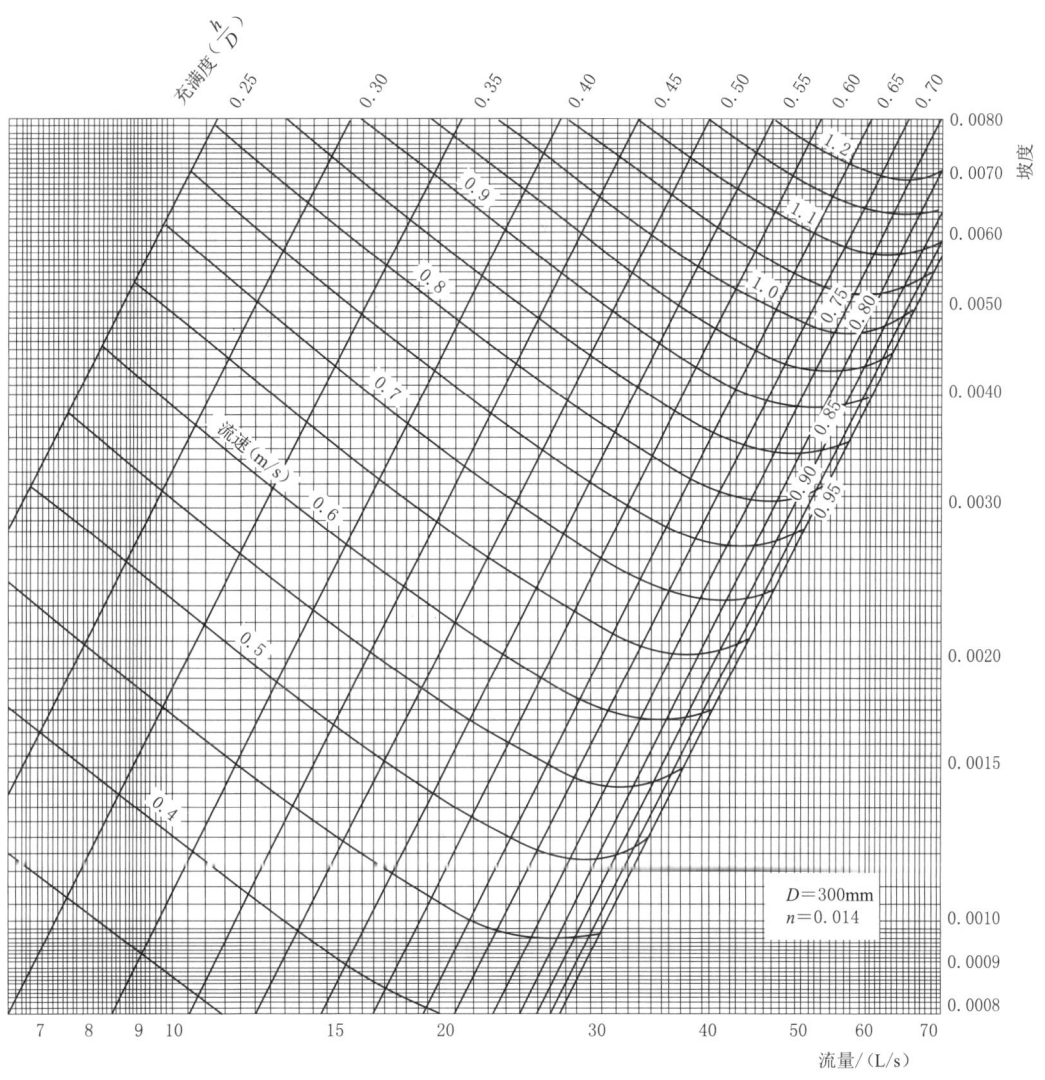

图 A.3

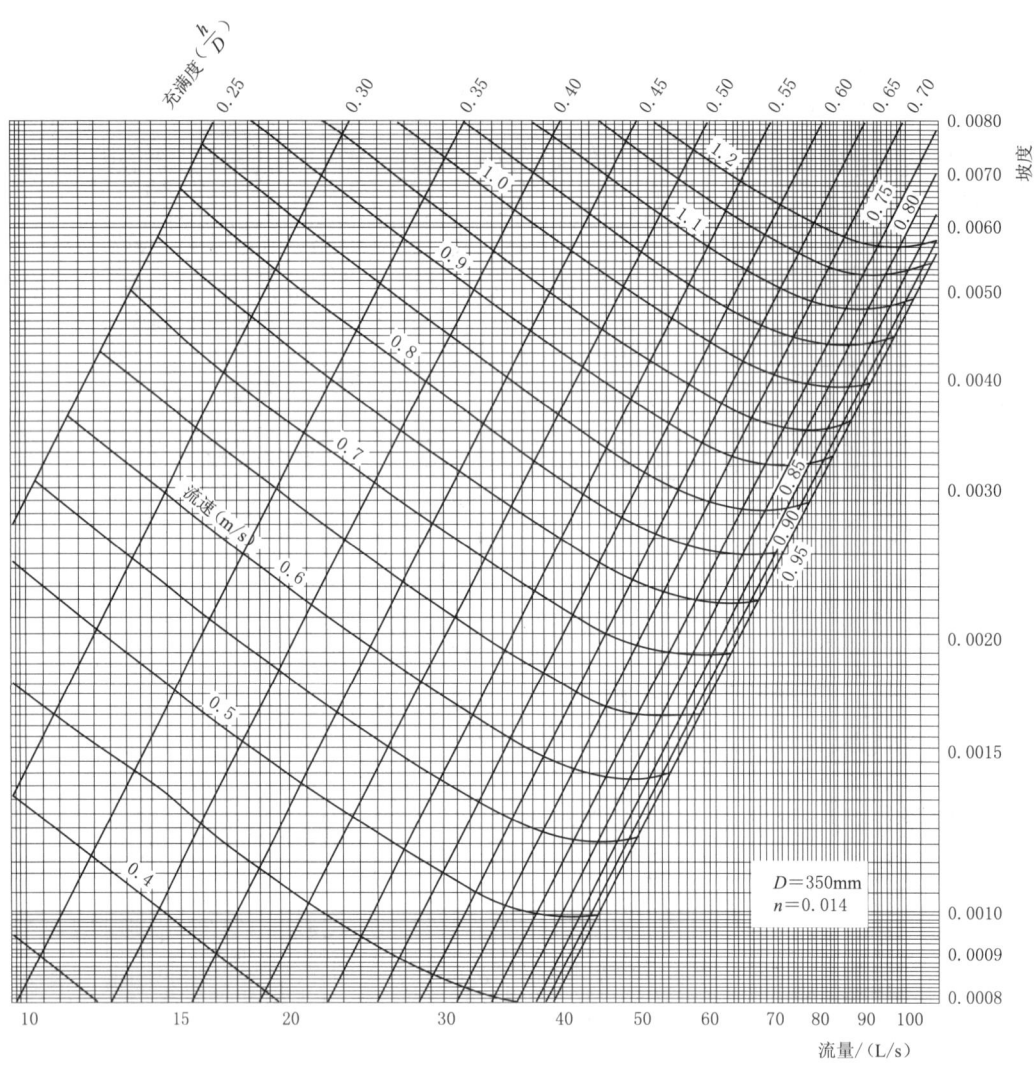

图 A.4

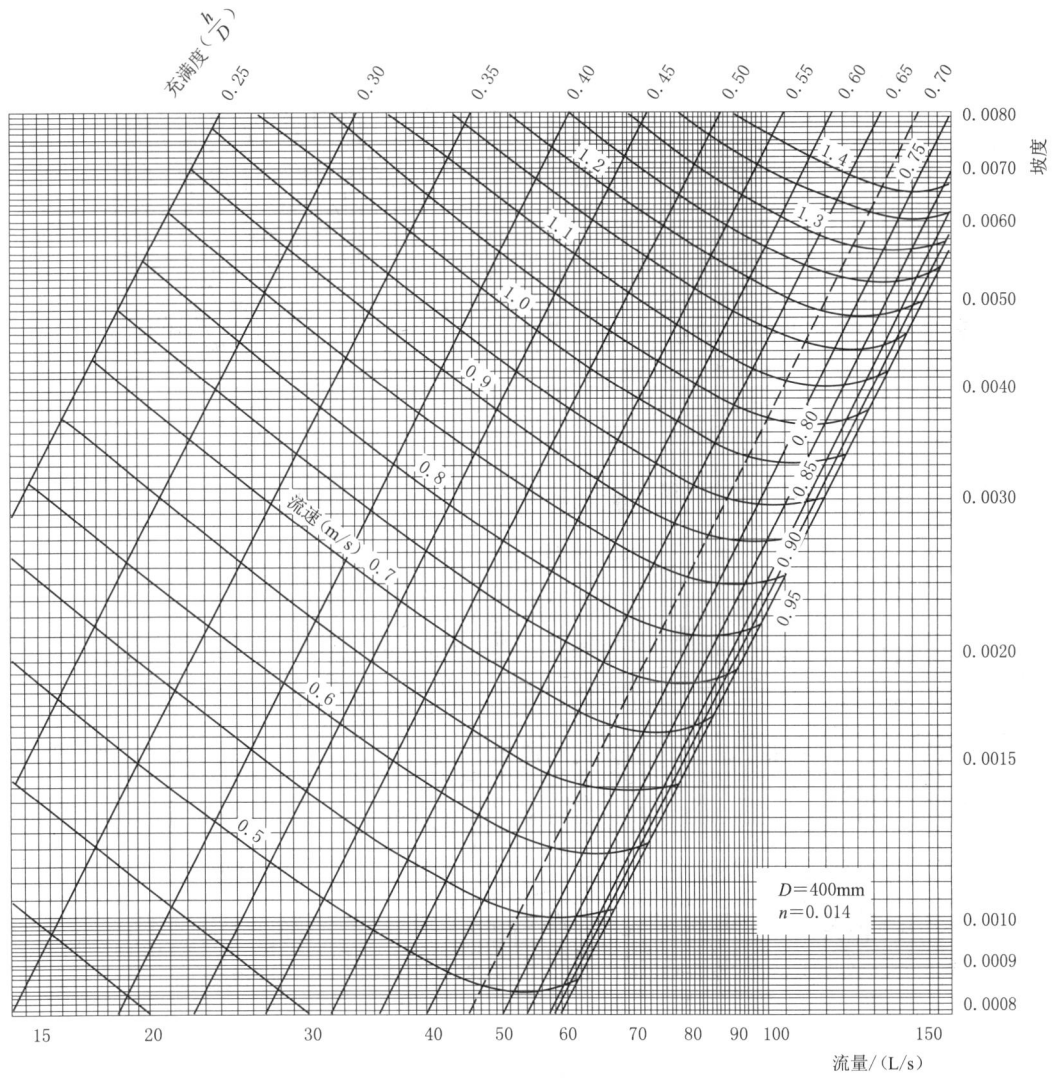

图 A.5

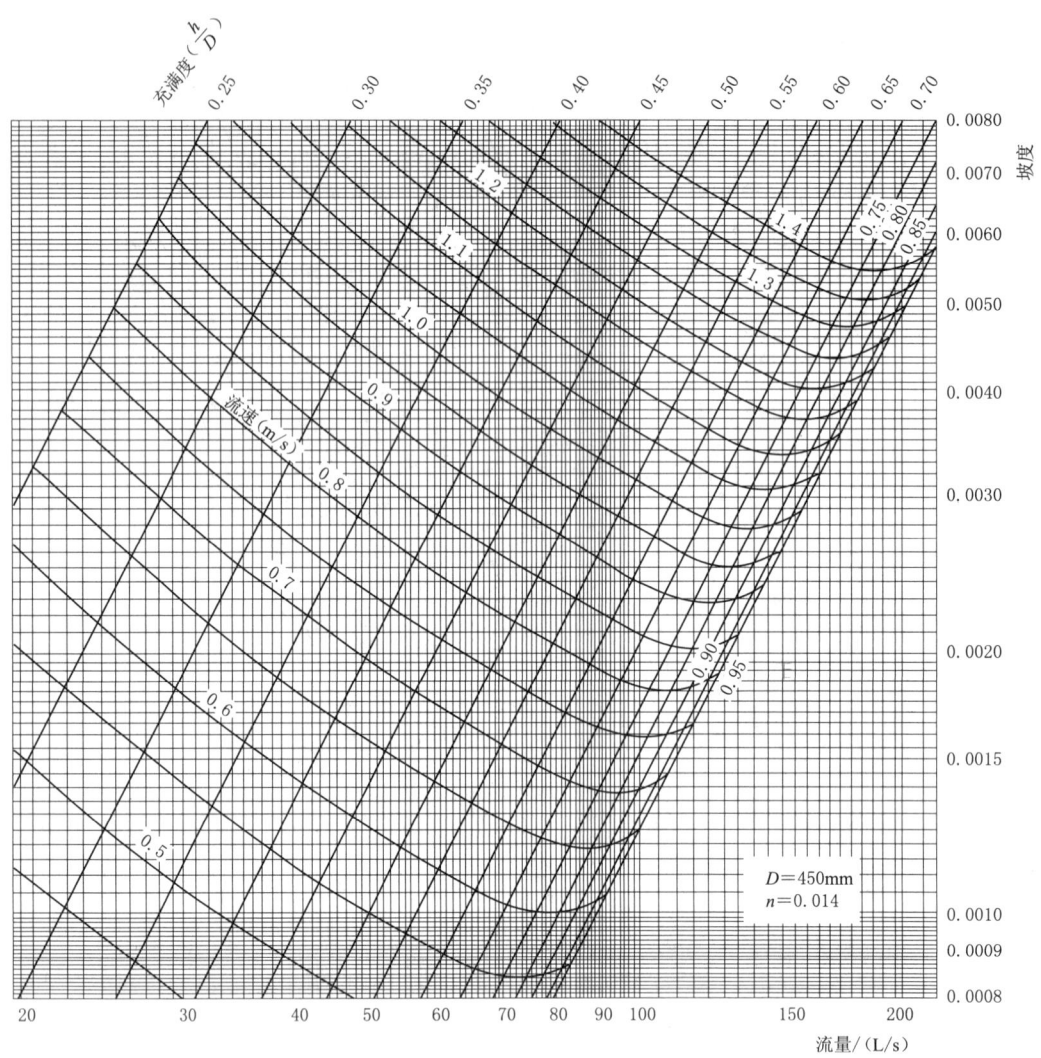

图 A.6

钢筋混凝土圆管（不满流 $n=0.014$）水力计算图 | 附录 A

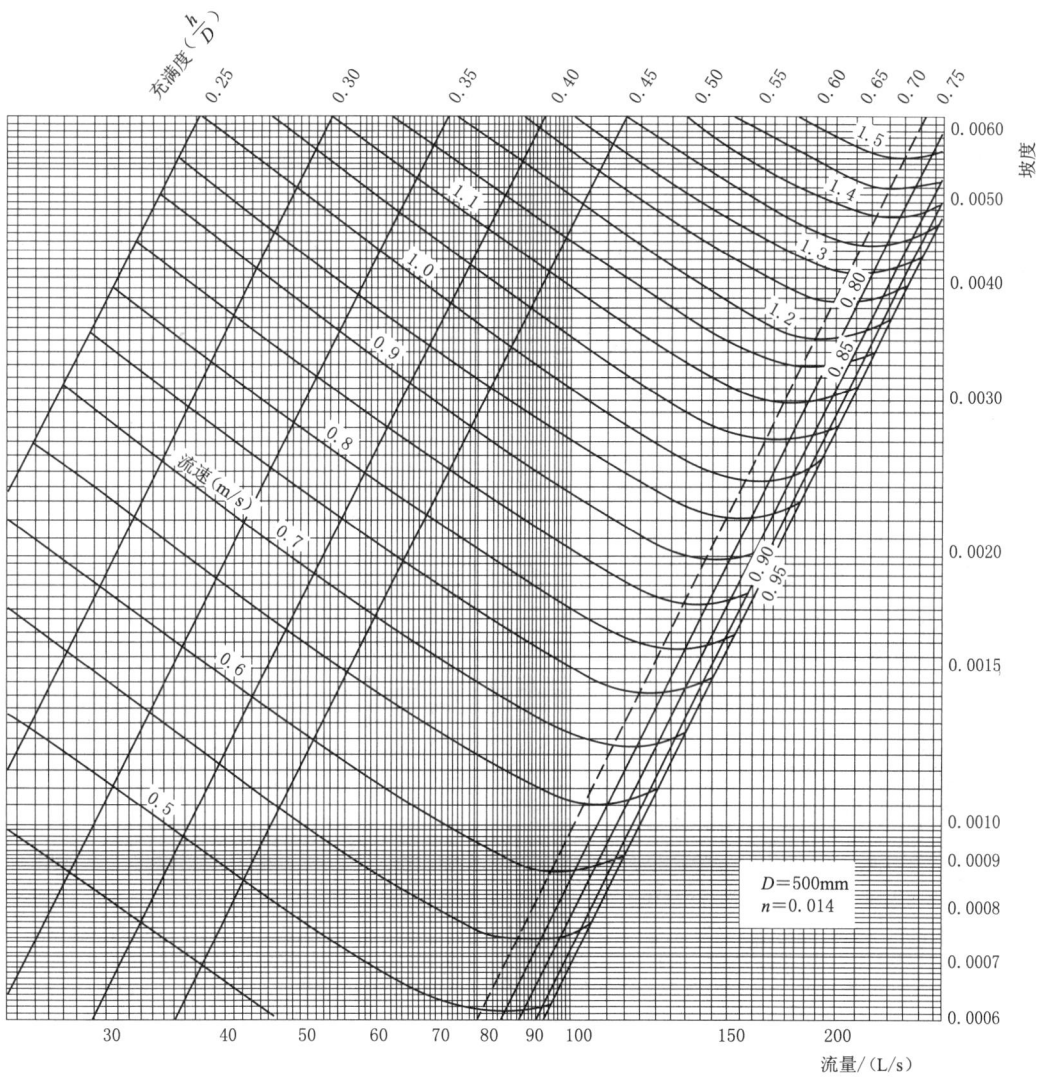

图 A.7

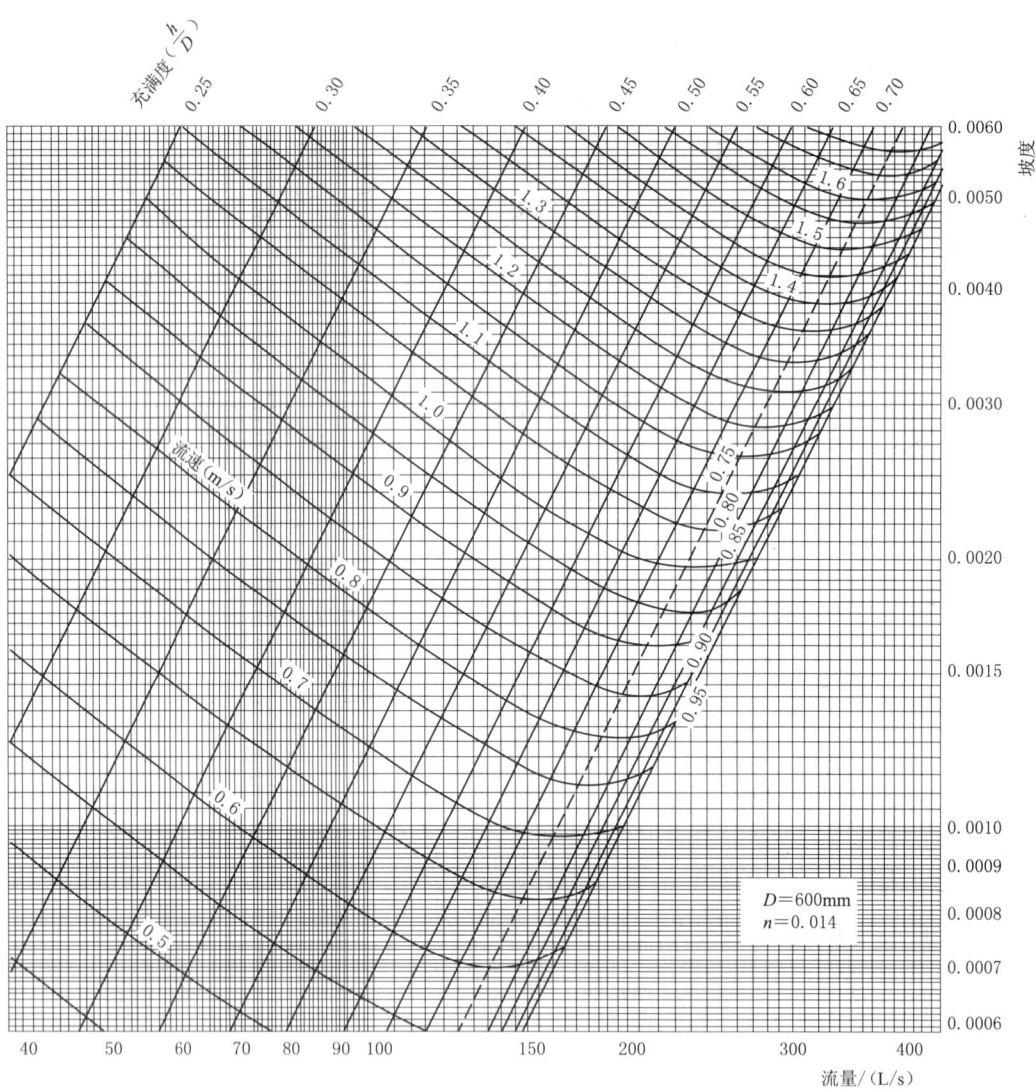

图 A.8

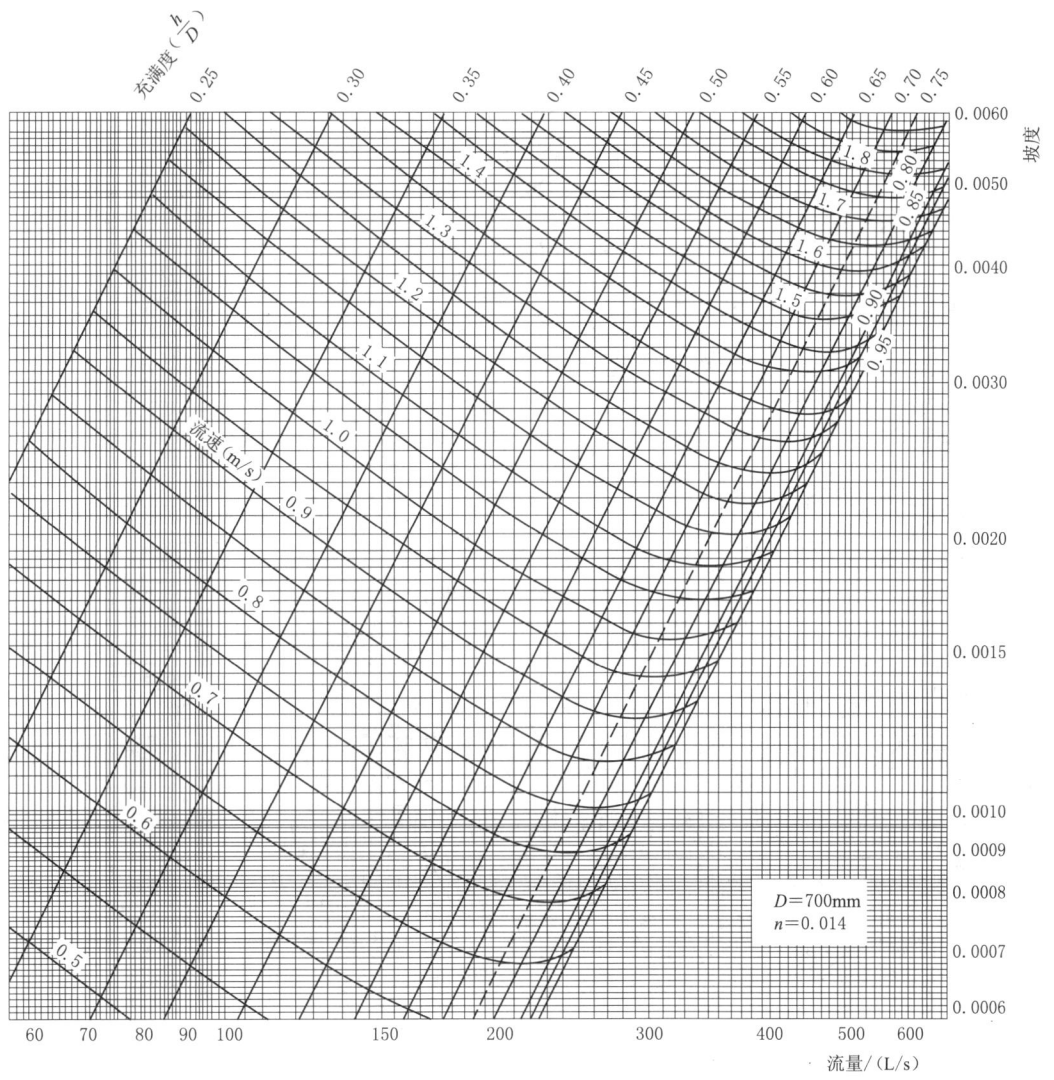

图 A.9

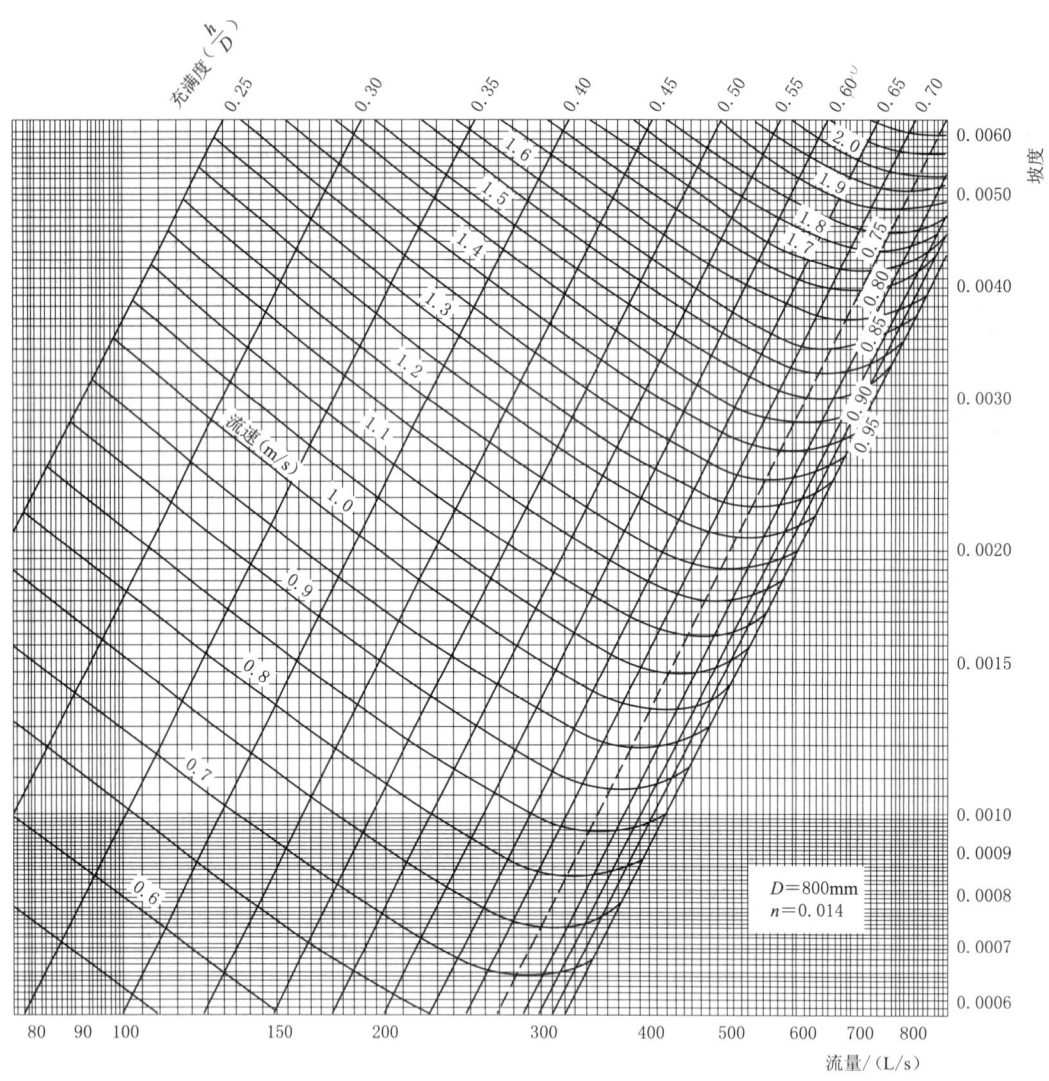

图 A.10

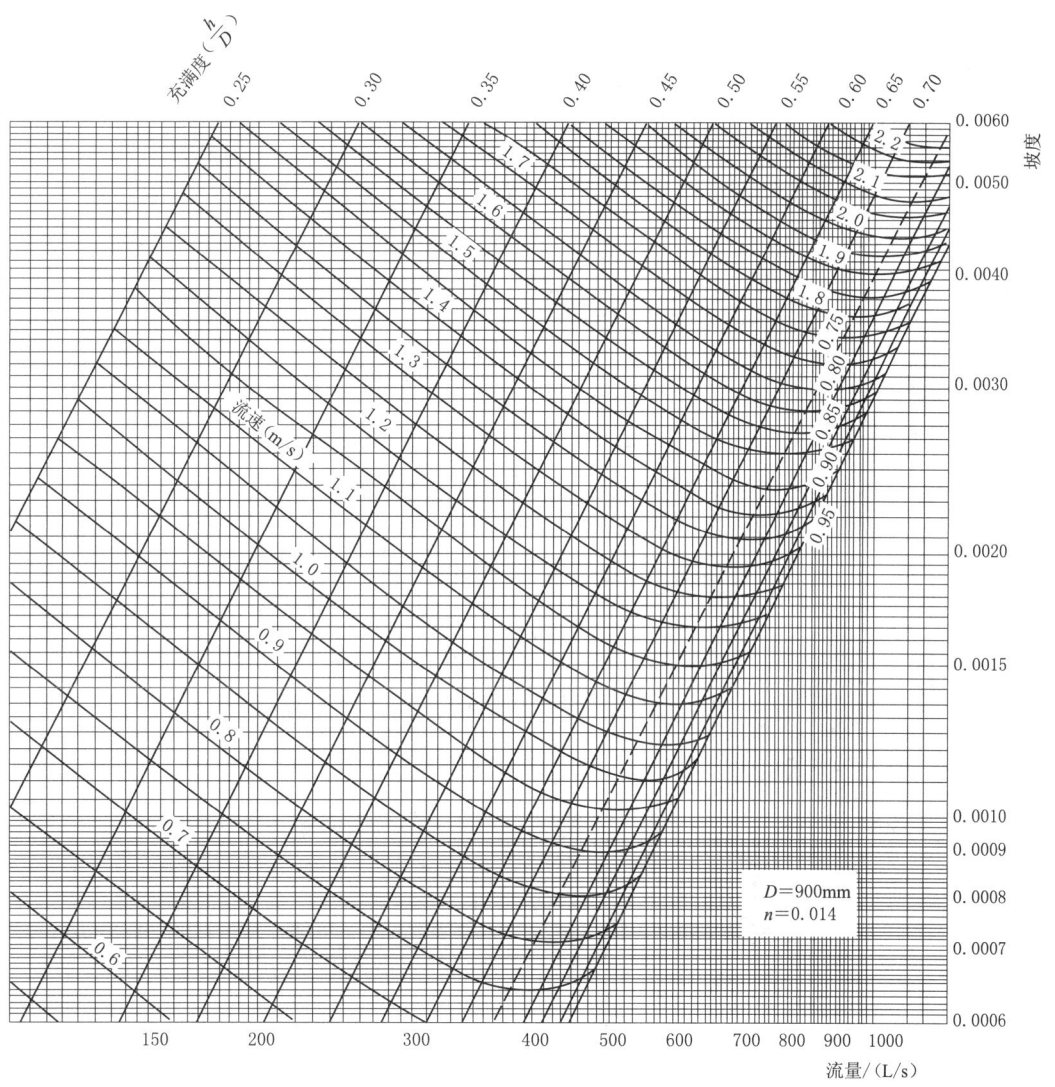

图 A.11

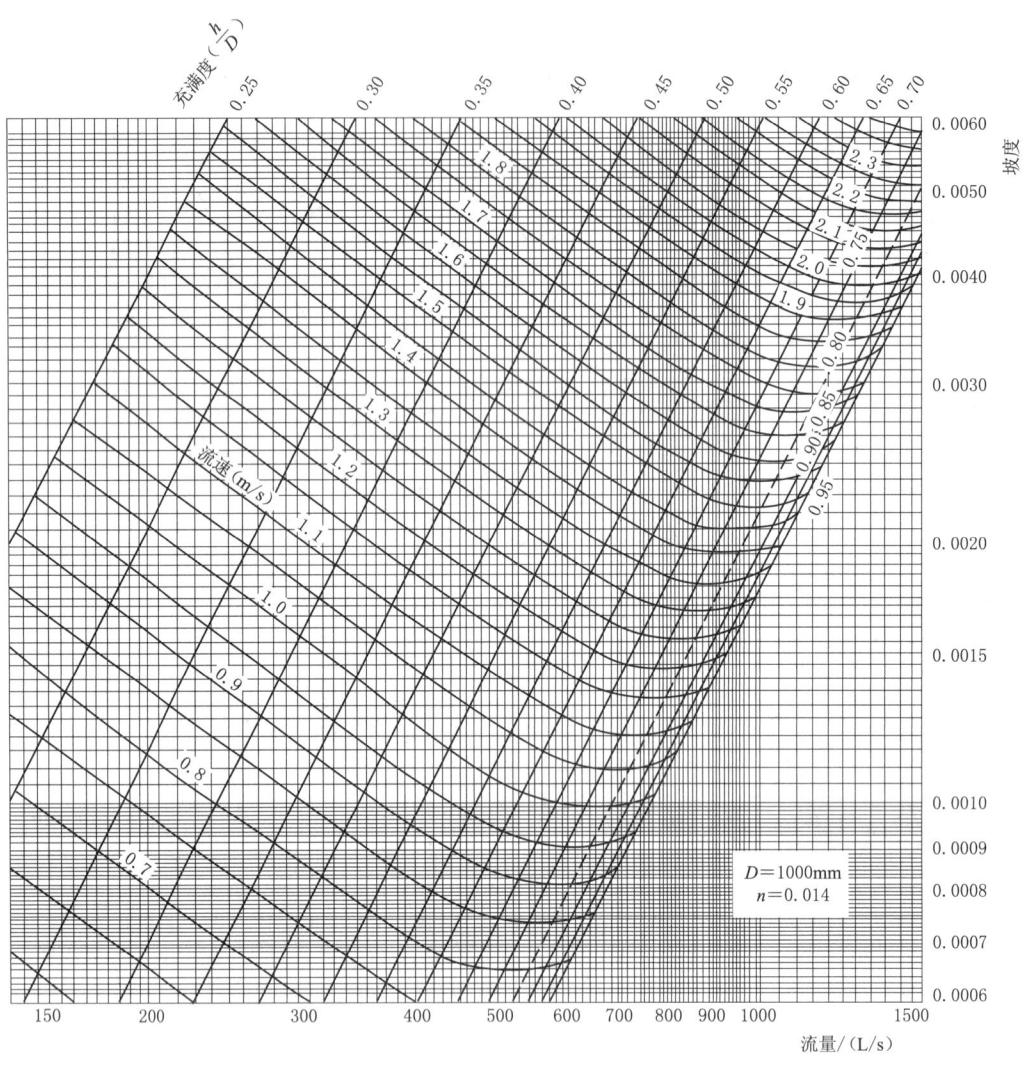

图 A.12

附录B 钢筋混凝土圆管（满流 $n=0.013$）水力计算图

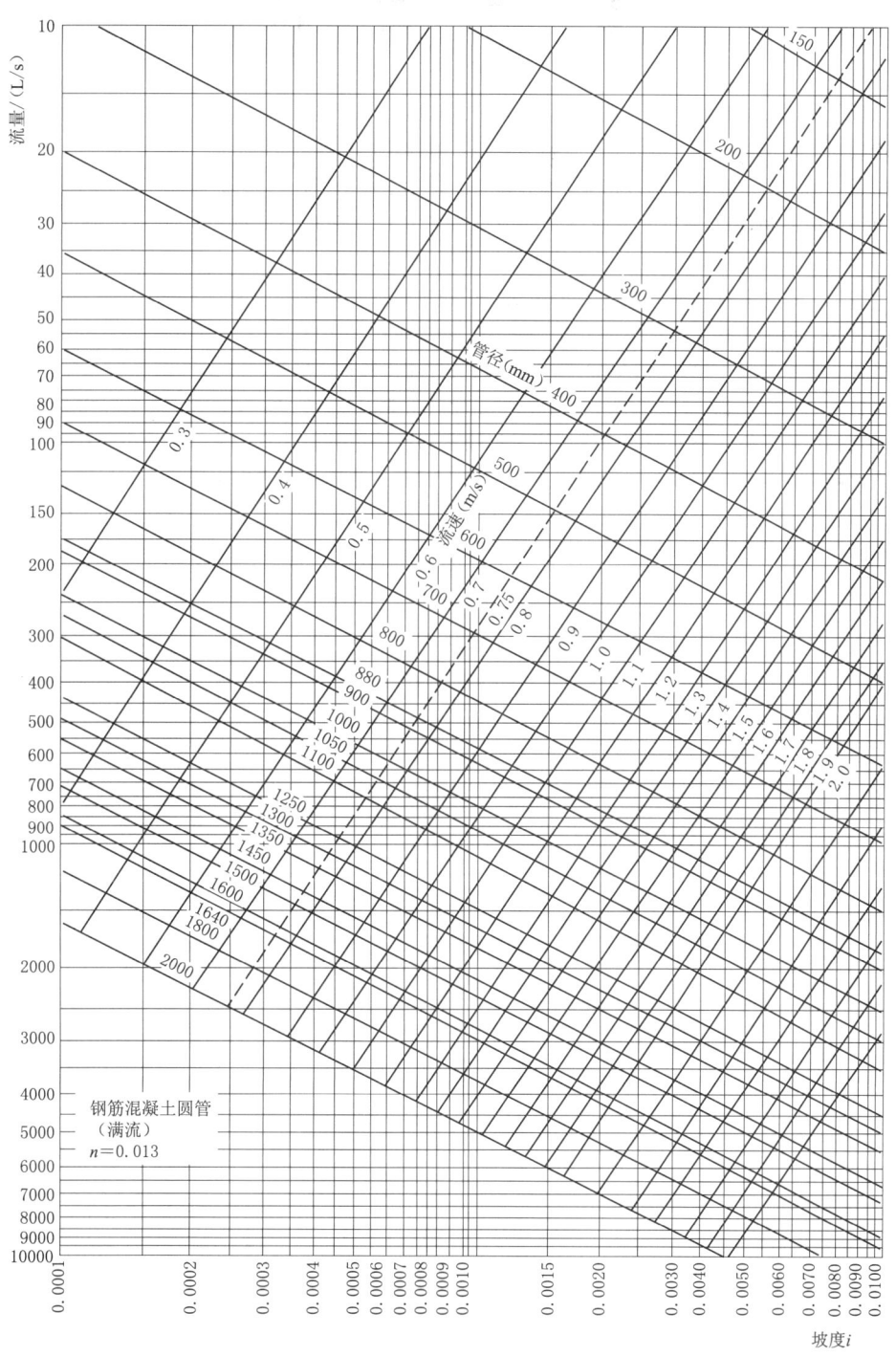

图 B.1

参 考 文 献

[1] 黄敬文. 城市给排水工程[M]. 2版. 郑州：黄河水利出版社，2020.
[2] 汪翙. 给水排水管网工程[M]. 2版. 北京：化学工业出版社，2012.
[3] 中华人民共和国住房和城乡建设部，国家市场监督管理总局. 城市给水工程项目规范：GB 55026—2022[S]. 北京：中国建筑工业出版社，2022.
[4] 严煦世. 给水工程[M]. 北京：中国建筑工业出版社，2022.
[5] 张玉先. 给水工程[M]. 北京：中国建筑工业出版社，2011.
[6] 张智. 排水工程[M]. 5版. 北京：中国建筑工业出版社，2015.
[7] 张自杰. 排水工程[M]. 5版. 北京：中国建筑工业出版社，2015.
[8] 胡开林，胡昱姝，王云珊. 城镇给水工程技术和设计[M]. 北京：化学工业出版社，2010.
[9] 张启海，原玉英. 城市与村镇给水工程[M]. 北京：中国水利水电出版社，2005.